Carole Enz

Michèle Combaz Thyssen

Rabenherz

und der mysteriöse Mord von Einsiedeln

Sistabooks

Enz, Carole; **Combaz Thyssen**, Michèle
Rabenherz und der mysteriöse Mord von Einsiedeln
Originalausgabe – 1. Auflage – Horgen 2024
Sistabooks GmbH, Churfirstenstr. 5, CH-8810 Horgen
Homepage: www.sistabooks.ch
(Sistabooks – Fantasy-Roman)
ISBN: 978-3-907860-30-4

© Sistabooks GmbH

1. Auflage 2024
Alle Rechte vorbehalten
Covergestaltung: Carole Enz
Herstellung: Books on Demand GmbH, Norderstedt

Carole Enz, Michèle Combaz Thyssen

Rabenherz
und der mysteriöse Mord von Einsiedeln

Inhaltsverzeichnis

In memoriam Jimmi Rabenherz,
unserem treuen Rabenherz-Fan,
dessen Begeisterung für Plonk buch-
stäblich unter die Haut ging.

Prolog

Die werdende Mutter verkrampft sich, im Bett liegend, und krallt sich verzweifelt am Arm ihres Gatten fest, als drohe sie zu ertrinken. Ihr schmerzverzerrtes Gesicht, ihre vor Angst aufgerissenen Augen und ihr schwerer Atem zeugen von ihren Qualen. Beruhigend spricht der Ehemann auf seine Frau ein, obwohl in ihm ebenfalls eine dunkle Panik hochkriecht. Zudem bohren sich ihre Fingernägel schmerzhaft in die Haut seines kräftigen Unterarms. «Ruf… die Ambu…», röchelt Marianne Gygax mit erstickter Stimme, und ihr Mann Heinrich streichelt sanft mit der rechten Hand ihre schweissgebadete Stirn.

Das Paar wollte eben gerade den Tag beginnen, als bei Marianne die Wehen eingesetzt haben. «Vergiss die Ambulanz. Dafür ist es zu spät,… die Fruchtblase ist ja schon geplatzt. Das Kind kommt… jetzt…», antwortet Heinrich in beinahe wissenschaftlichem Tonfall, um seine eigene Angst zu bändigen. Der junge Biologe schiebt alle Bedenken zur Seite und fügt mit fester Stimme hinzu: «Ich habe schon einer Kuh, einem Pferd und zwei Ziegen beim Gebären geholfen. Das kriegen wir hin.» Marianne lacht gequält, Heinrich fährt fort: «Gut atmen und nur pressen, wenn die Wehen kommen. Sobald das Kind den Kopf herausstreckt, kannst du mit dem Pressen aufhören. Die Kontraktion des Geburtskanals reicht dann aus…» Marianne schreit herzzerreissend, besinnt sich dann aber der Worte ihres Gatten und presst zeitgleich mit den nächsten Wehen. Die Tortur wird dadurch nicht weniger schlimm, doch sie hat das Gefühl, etwas tun zu können – auch wenn es ihr vorkommt, als würde es sie zerreissen. Zudem beschert ihr die Vorfreude auf das Kind neue Kraft, und sie presst aus Leibeskräften. Und siehe da, nach einigen Minuten, die der Gebärenden wie Stunden vorkommen, erscheint schon das Köpfchen des Kindes, ein Wesen, so verschrumpelt wie eine Dörrzwetschge.

Heinrich windet sich aus Mariannes Klammergriff heraus und wendet dem Kind seine volle Aufmerksamkeit zu, denn das kleine Wesen steckt noch zur Hälfte im Mutterleib. Er legt seine kräftigen Hände sehr geschickt um das winzige Wesen und zieht ganz sachte an Kopf und Schultern des Neugeborenen, so dass es mit einem Flutschen auf die von Fruchtwasser und Blut getränkte Matratze zu liegen kommt. Im nächsten Moment schreit das Neugeborene los – seine Lungen können sich so entfalten. Dann entnabelt er sein Kind geschickt mit einem zuvor desinfizierten, sehr scharfen Japanmesser.

Marianne atmet erschöpft und erleichtert zugleich auf. Sie ist lediglich mit dem Oberteil ihres Pyjamas bekleidet, das pitschnass ist vom Schweiss. Heinrich starrt mit Tränen in den Augen auf das hilflose Geschöpf in seinen Armen, dann begibt er sich zum Kopfende des Bettes und legt das Neugeborene in die Arme seiner Frau. Das Baby schaut zum Entzücken der Eltern mit grossen Augen neugierig in die Welt, in die es gerade hineingeboren wurde.

Glücksgefühle durchströmen die Mutter, und der ganze Schmerz ist vergessen. Marianne lächelt schwach und raunt: «Maximilian!» – Heinrich räuspert sich und grinst: «Die Ärzte haben sich beim Ultraschall geirrt. Es ist ein Mädchen! Und… wir haben gar keinen Namen für ein Mädchen…» – Marianne schaut ihren Mann verdattert an und erwidert: «Dann soll sie Margarethe heissen, wie deine Grossmutter, die du so gern hattest und die mich so herzlich in der Gygax-Familie willkommen geheissen hatte.» – Heinrich kullert eine Träne die linke Wange hinunter, denn es rührt ihn zutiefst, dass Marianne dem Töchterchen den Namen jener Frau geben will, die ihn wie eine Mutter grossgezogen hat, weil seine leiblichen Eltern gestorben waren. Leider ist diese gute Frau vor rund acht Monaten, im Januar 2004, von ihnen gegangen. Sie kann dieses freudige Ereignis wohl allenfalls als Schutzengel begleitet haben – Marianne glaubt, die Präsenz eines solch kraftvollen Geistwesens während der ganzen Geburt gespürt zu haben.

Marianne dreht ihr Töchterchen leicht, um der Kleinen das Finden einer Brustwarze zu erleichtern, damit das Neugeborene eine erste stärkende Milchration einnehmen kann. In diesem friedlichen Moment ertönt ein gewaltiger Knall wie aus einem Gewehr – und das in einer sonst so stillen Gasse gleich in der Nähe des Klosters Einsiedeln. Die frischgebackenen Eltern blicken sich verdattert an, das Töchterchen beginnt vor Schreck zu schreien, und Heinrich hastet zutiefst besorgt zum Fenster.

Als der junge Vater hinausschaut, sieht er, wie ein blonder Mann in einem schwarzen Anzug aus einer ziemlich klobigen Pistole einen zweiten Schuss abfeuert – auf eine Frau – und dies morgens in einer ruhigen Wohngegend von Einsiedeln. Die Angeschossene stürzt stumm zu Boden und bleibt reglos auf der gepflasterten Gasse liegen. Blut sickert unter dem Opfer langsam der Strasse entlang zu einem Schachtdeckel. Heinrich erbleicht. Der Schütze schaut zu ihm herauf. Die Blicke der beiden Männer treffen sich. Heinrich sackt der Blutdruck zusammen, und er muss sich am Schlafzimmerschrank festhalten. Gut, haben dessen Türen dicke Zierleisten. Heinrichs Herz rast, und Marianne fragt mit zitternder Stimme: «Was ist… los?» – Stille, erdrückende Stille folgt auf die zwei Schüsse.

Nach einer halben Ewigkeit, wie es der jungen Familie vorkommt, verschafft sich der Mörder rücksichtslos und gewaltbereit Zugang zur kleinen Wohnung. Die Eheleute sind wie gelähmt vor Schreck und Margarethe heult los, als der Mann in Schwarz ins Schlafzimmer stürmt und seine Waffe, eine alte sowjetische Tokarew der 1930er Jahre, auf Mutter und Kind richtet. Heinrich ist der Ohnmacht nahe, weiss aber, dass er seine Familie verteidigen muss. Das Adrenalin, das jetzt ihn ihm hochschiesst, drückt seinen Blutdruck wieder hoch, und er macht ein paar Schritte auf den Mann zu, der seine Familie bedroht. Heinrich zückt ein kleines Klappmesser, das er während seiner Doktorarbeit in freier Natur oft benutzt hat und immer bei sich trägt. Er betätigt den Verschluss, der sogleich die Klinge freigibt, die kurz aufblitzt. Wie ein Schwert hält er das offene Messer in seiner rechten Faust. Der kaltblütige Killer verzieht keine Miene – respektive, Heinrich kann wegen der Sonnenbrille im Gesicht des bleichen Fremden keine nennenswerte Regung bei seinem Kontrahenten erkennen. Dafür erfassen Heinrichs Augen eine silberne Halskette, an der ein Amulett in Form von Rabenkrallen hängt.

In diesem Moment landet ein Rabe auf dem Sims des Schlafzimmerfensters. «Kraaaa, kraaaa, kraaaa!», kräht der Gefiederte eindringlich. Und ein zweiter Rabe gesellt sich zum rufenden Tier. Da senkt der Bewaffnete die Pistole und spricht mit eindrücklicher Bassstimme: «Meinrads Raben beschützen also das Baby! Ich werde euch verschonen, weil ich nicht enden will wie die Mörder des Benediktinermönchs Meinrad, die von dessen Raben verfolgt und der Justiz übergeben wurden. Unter folgenden Bedingungen lasse ich euch leben: Ihr verschwindet sofort von hier. Und als Geburtstag von Rabenherz gebt ihr dem Zivilstandsamt keinesfalls den heutigen Tag, nicht den 24., sondern den 21. September an. Ihr wart seit drei Tagen nicht mehr hier, ihr habt nichts gesehen und nichts gehört. Sollte jemand von euch der Polizei etwas anderes sagen, werde ich euch finden und töten.» – Gerade, als er seinen letzten Satz beendet hatte, schlagen die Glocken der Klosterkirche Einsiedeln acht Mal dumpf und nachhallend in den beginnenden Tag hinein.

* * *

1
Hinter dicken Mauern

«Das muss ein Alptraum sein!», jammert Leon. «Meine Haare sind weg, diese Kutte juckt fürchterlich, und obendrein ist Mäg verschwunden!»

Wie ein Tiger geht er auf und ab in der winzigen Zelle, deren schiesssschartenartiges Fenster vergittert ist. Die Türe ist verriegelt, und nur ein kleines Guckloch erlaubt einen Blick nach draussen. Durch diesen <Spion> schaut ein blau-graues Augenpaar hinter Gläsern herein zu dem Beklagenswerten. «Für die ersten drei Punkte kannst du nichts, aber den Arrest hast du dir selbst zuzuschreiben!», bemerkt eine vertraute Stimme tadelnd. «Du hast gewütet wie ein… na ja, wie ein Löwe eben!»

Fauchend reagiert der Angesprochene auf den Vorwurf: «Ru, was denkst du denn? Ich war eben gestresst! Stell dir vor, du erwachst… unter diesen Umständen!» – «Weiss ich; mir geht es genauso, falls du das vergessen hast!», erinnert ihn sein Gegenüber. «Meinst du, ich finde es lustig, dass ich plötzlich eine Glatze habe und nicht weiss, was aus meiner Raina geworden ist?» Nachdenklich fährt er sich über seinen Hinterkopf. «Wobei eine solche Tonsur eigentlich noch ganz praktisch ist!» Seufzend quittiert Leon diese Feststellung: «Sonst geht's dir noch gut? Was soll an einer Glatze praktisch sein? Und das sieht sicher voll bescheuert aus!» Rudy überlegt einen Augenblick, dann entgegnet er eiskalt analysierend: «Praktischer als deine Löwenmähne ist sie auf jeden Fall, ausserdem sollst du nicht toll aussehen, sondern dich auf geistige Genüsse konzentrieren, auf das Gebet, die Andacht! Du als angeblicher Buddhist solltest doch der Meditation zugetan sein! Die wilden Haare lenken nur ab und machen unnötigen Aufwand!» – «Du hast ja Recht, die Eitelkeit, *vanitas*, das grosse Laster der Welt… bloss, wenn Mäg mich so sieht! Aber wo ist sie nur? Und Rai?» Traurig blickt Leon aus seinen leuchtendgrünen Augen durch das Guckloch hinaus in die blau-grauen Augen seines unterdessen besten Freundes, die beruhigend auf ihn wirken – ruhig wie ein Bergsee. Rudy dagegen nimmt Leons Augen wahr wie das wilde Meer – unbezähmbar, getrieben, voller Energie und Lebenslust. Kurz irritiert ihn dieser Gedanke, da er normalerweise nur seiner Freundin Seraina tief in die Augen blickt und keine Gedanken an die Seelenfenster anderer Menschen verschwendet. Allein, dieses Guckloch erlaubt nur den Blick auf einen beschränkten Ausschnitt des Gesichtes, und so schenken die Männer einander ungewohnt tiefe Blicke.

Als das Leon bewusst wird, nimmt er Zuflucht zu seinem gewohnten Ritual: Wenn es zu gefühlvoll wird, klopft er einen Spruch. Nur will ihm gerade kein treffender einfallen. Stotternd fängt er an, da kommt ihm Rudy zuvor: «Bilde dir bloss nicht ein, dass du mich hypnotisieren könntest, Leo! Auch nicht mit deinem zauberhaften Augenaufschlag!» Völlig baff reagiert Leon nicht gleich, sondern ist sprachlos. Dann bricht er in Gelächter aus: «Ru, du bist einmalig! Wenn du mir so tiefe Blicke aus deinen blauen Augen schickst, könnte ich mich glatt verlieben!»

«Blau-grau, wenn ich bitten darf!», korrigiert Rudy, wird dann aber wieder ernst: «Scherze nicht mit solchen Dingen, in Klöstern herrschen andere Gesetze! Hier gilt das Keuschheitsgelübde! Auch unter Männern!» – «Keuschheit! Auch das noch!», seufzt Leon. «Das überlebe ich nicht!» – «Solange Mäggy nicht da ist, musst du es wohl oder übel überleben», gibt Rudy zu bedenken. «Aber ich frage mich, wo Raina und Mäggy sind!»

Leon erinnert sich wie durch einen Nebel: «Wir standen doch erst noch zu viert in der Klosterkirche von Einsiedeln, und Plonk wartete draussen. Wir wollten eine Kerze anzünden; also Mäg wollte das, für ihren kranken Grossvater, aber dann…» – «Dann landeten wir hier. Und du benahmst dich so unmöglich, dass sie dich gleich in die Arrestzelle verfrachtet haben», fasst Rudy zusammen. «Und sieh dich vor, am Ende wirst du noch gezüchtigt! Das tun sie nämlich mit unbelehrbaren Klosterbrüdern!»

Leon reisst seine Augen weit auf. «Das würdest du aber doch nicht zulassen, mein lieber Ru, oder?» Ernst reagiert dieser: «Nein… wenn ich überhaupt ein Wörtchen mitzureden habe.»

* * *

Fassungslos stehen Margarethe und Seraina unter einem vergoldeten Himmel aus goldenen Wolken, auf welchen Engel sitzen, als wäre nichts geschehen. Unbeschwert tummelt sich das Himmelsvolk unter Deckengemälden von Christi Geburt und dem Abendmahl. Manche der geflügelten Himmelsboten turnen an den Orgeln auf den Emporen herum, andere spielen Trompete. Die Statuen wirken so vergnügt und lebendig, dass sich die Mädchen in einem Traum wähnen. «Was zum Geier ist jetzt gerade passiert?», wundert sich Seraina. «Dieser seltsame Nebel… es hat mich gerade geschaudert! Und wo sind unsere Männer?»

«Sie standen doch gerade noch hinter uns», spricht Margarethe langsam, während sie ihren Blick durch den mit Besuchern überfüllten Kirchenraum schweifen lässt, in der Hoffnung, dass Leon und Rudy gleich wieder auftauchen. Vielleicht haben sie sich einen der seitlichen Altäre angesehen oder sind ganz nach vorne zum Chor spaziert, wo die Chorherren jeweils für den Gottesdienst jenseits des Gitters hinter dem Altar auf ihren hölzernen Stühlen sitzen. Allein, sie sieht weder den einen noch den anderen ihrer Freunde. Beunruhigt blickt sie sich nervös im <irdischen> Bereich der grossen Kirche um, dann wendet sie ihre Aufmerksamkeit erneut dem prunkvoll verzierten <Himmelszelt> zu, von welchem rosarote und weisse Engel herabblicken –

als hoffte sie, die Himmelsbewohner könnten ihr mitteilen, wo sich ihre Liebsten befinden.

Der Kirchenraum ist so dicht geschmückt, dass die Betrachterinnen sich in einer anderen Sphäre wähnen; sie fühlen sich wahrhaftig emporgehoben ins Himmelszelt, wo Heilige und Engel auf den Wolken sitzen und feiern. Aber die Beklemmung ist stärker als die Verzauberung, und die Furcht um ihre Freunde mischt sich erneut mit Verwunderung. Verwirrt murmelt Seraina: «Warum zum Geier sind so viele Engel rosa?» – «Warum ist die Madonna schwarz?», kommt prompt die Retourkutsche von Margarethe, und beide Mädchen sehen sich in die Augen. Sie wissen nicht, ob sie weinen sollen vor Verzweiflung über das Verschwinden ihrer Freunde oder lachen sollen über die Absurdität ihrer Bemerkungen.

«Ich verstehe wirklich nicht, was passiert ist», sinniert Margarethe. «Soeben habe ich doch noch die Kerze für Opa angezündet und war darum einen Moment lang abgelenkt…» – «…und ich war in die Betrachtung der schwarzen Madonna vertieft», gesteht Seraina und kann auch jetzt ihren Blick fast nicht von der prachtvoll gewandeten Statue der Mutter Gottes mit dem Christkind im Arm lassen. Sie ist selbst überrascht, wie stark sie diese berühmte und faszinierende Figur anzieht. «Die ist, glaube ich, schwarz, weil die Klosterkirche mehrmals gebrannt hat», spricht sie. – «Aber dann wäre sie doch nicht so regelmässig gefärbt», gibt Margarethe zu bedenken. «Ich habe mal irgendwo gelesen, sie sei schwarz vom Weihrauch.» Als sie das bemerkt, muss sie unwillkürlich husten. – «Kein Wunder, die räuchern hier ja wie die Weltmeister!», stellt Seraina fest mit Blick auf einen Klosterbruder, der ein Weihrauchfässchen schwenkt, aus welchem stark duftender Wohlgeruch entströmt wie eine Rauchwolke. Seraina muss niesen. «Weihrauch erzeugt bei mir Heuschnupfen!», entschuldigt sie sich und sucht fieberhaft nach einem Taschentuch, bis ihr Margarethe ein Päckchen reicht. Beide mustern die dunkle Frauenstatue mit dem ebenso schwarzen Baby im Arm eindringlich. Sie strahlt Ruhe und Zuversicht aus, und im Angesicht der bewunderten doppelten Heiligenstatue werden die Mädchen von Ehrfurcht erfasst.

Seraina atmet geräuschvoll durch ihre verschnupfte Nase ein und hofft, auf diese Weise die Atemwege freizukriegen. Leider kann ihr auch die Maria nicht verraten, wo sich ihr geliebter Rudy im Augenblick befindet, obwohl Seraina in Gedanken diese Frage an die Heilige richtet. Margarethe seufzt: «Es kommt mir vor wie ein Filmriss. Das riecht mir ziemlich verdächtig nach…» – «…Weihrauch», beendet Seraina den Satz ihrer Freundin, welche trotz ihrer Beunruhigung lachen muss: «Zeitreise!»

«Aber wohin und weshalb?», stellt Seraina die Frage, die beide beschäftigt. – «Und vor allem: Wieso ohne uns?», doppelt Margarethe nach. – «Scht!», zischt eine ältere Frau und schickt den Mädchen einen grimmigen Blick. Obwohl sie sich flüsternd unterhalten, erregen die beiden Mädchen die Aufmerksamkeit der anderen Kirchenbesucher, die tief in ihre Andacht versunken sind und sich durch das Geflüster gestört fühlen. Seraina fasst Margarethe am Ellenbogen, um ihr zu signalisieren, dass sie besser hinausgehen, und letztere nickt zustimmend.

Als sie gerade die Kirche verlassen wollen, fällt Margarethes Blick auf eine Statue hoch über einem Altar, die in einem Sonnenstrahl glänzt, der durch das Kirchenfenster fällt. «Schau mal, diese Frau da oben trägt ein Schwert!», staunt sie. Auch Seraina blickt empor und stutzt: «Ist es eine Frau… oder ein Engel? Die sehen ja manchmal ziemlich androgyn aus.» – «Wie auch immer», winkt Margarethe ab, «in Zeiten von LGBTQ spielt das doch keine Rolle mehr. Könnte dieses schwerttragende Wesen die Zeitreise unserer Herzbuben verursacht haben? Aber da müsste doch ein Rabe im Spiel sein!» – «Sogar zwei Raben!», entgegnet Seraina, und Margarethe kapiert sofort: «Genau, die beiden Wappentiere von Einsiedeln.» Seraina nickt: «Dann hat es doch mit Vögeln zu tun. Ausserdem sieht das Schwert da oben eher aus wie eine überdimensionierte Feder.»

Weitere Zischlaute weisen die Freundinnen darauf hin, dass die andächtigen Kirchenbesucher sich auf den bevorstehenden Gottesdienst einstimmen wollen und durch das aufgeregte Getuschel der jungen Frauen irritiert sind. Als sie durch die Glastüre in den Windfang schlüpfen, der zur Eingangspforte führt, greift Seraina nach einer dort auf einem Gestell zum Verkauf aufgelegten Broschüre über die schwarze Madonna und wirft eine Münze in die Spendenurne.

Sobald die beiden Freundinnen aus dem Kirchentor treten, werden sie geblendet von einem Sonnenstrahl, und ein Krächzen erinnert sie daran, dass der Rabe Plonk vor der Klosterkirche auf sie gewartet hat. Margarethe sucht ihren Zögling mit ihren Augen und gewahrt zuerst eine eindrückliche Erscheinung in Überlebensgrösse genau vis-à-vis der Türe: einen Mann, der ein Schwert oder einen Degen trägt. Die Sonne leuchtet auf seine goldglänzende Waffe. Auf dem Kopf des marmornen Waffenträgers gurrt eine Taube.

Geblendet vom Sonnenlicht, braucht Margarethe einen Augenblick, um ihren Raben zu finden: Hoch oben auf dem Dachfirst hat er sich neben anderen Statuen verborgen. Die Augen der Vogelmutter gewöhnen sich erst langsam wieder an die Helligkeit nach dem schummrigen Kirchenraum, in welchem es trotz der goldenen Pracht düster war. Sie wendet sich erneut zu Seraina um und gewahrt aus dem Augenwinkel einen Mann in einem schwarzen Anzug. Und dieser Mann ist definitiv aus Fleisch und Blut, keine Statue, denn er macht sich mit einer Nagelfeile an seinen Nägeln zu schaffen. Dazu benutzt er eine kleine ausklappbare Feile an einem Schweizer Taschenmesser, das er am Schlüsselanhänger trägt – wie das auch Margarethe tut als waschechte Schweizerin. Um den Hals des Unbekannten hängt eine silberne Kette, an der ein Amulett in Form von Rabenkrallen baumelt. Warum dieser Mensch sie plötzlich interessiert, wird ihr erst klar, als Plonk erneut krächzt.

* * *

Rudy erwacht auf einer harten Unterlage. Sein Rücken schmerzt, und ihm ist kalt. «Wieso kratzt mein Pyjama so, und wieso ist die Matratze so bretthart? Habe doch extra eine aus diesem Raumfahrer-Schaumstoff gekauft, der auf Druck und Wärme reagiert und nachgibt», stöhnt er leise und wird von lautem Zischen zurechtgewiesen. Überrascht zuckt er zusammen und bemerkt, dass sich noch andere Schläfer in dem gleichen Raum befinden. Ohne Brille kann er nicht erkennen, wie viele Leute zugegen sind, und er tastet nach seinem Nachttisch, welcher jedoch nicht existiert – stattdessen kriegt er etwas Seltsames, Unförmiges zu fassen, was sich plötzlich bewegt und… niest! «Hatschi!», macht der Schläfer neben Rudy, und dieser zuckt erneut zusammen und zieht seine Hand hastig zurück, die er offensichtlich auf der Nase des Schlafenden platziert hatte. Angewidert wischt Rudy seine Finger an seinem Schlafgewand ab und bemerkt irritiert, dass dieser Vorgang weh tut: «Was trage ich da für ein furchtbar kratziges Ding?», wundert er sich und sieht an sich herab – ohne Brille ein schwieriges Unterfangen. Tastend stellt er fest, dass er eine Art Kutte trägt in einer im Dunkeln undefinierbaren Farbe – und nichts darunter. Das ist ihm furchtbar peinlich und unangenehm, zumal der grob gewobene Stoff auf der nackten Haut kratzt und er ihn also nicht einmal ausziehen kann. Endlich findet er seine Brille, die er neben seiner Bettstatt auf den Boden gelegt hatte, und er setzt sie sich auf die Nase, um den Durchblick zu bekommen. Im schummrigen Morgenlicht, das durch schmale Fensterluken fällt, sieht er auch mit Brille nicht besonders viel.

Mindestens zwanzig weitere Männer liegen auf Betten, die eher wie Pritschen in einem alten Gefängnis anmuten, wie man es aus Filmen kennt – oder wie ein Massenlager in Klassenlagern. Die meisten schnarchen; alle tragen ungewohnte Frisuren, welche Rudy sofort als Mönchs-Tonsuren erkennt: Auf dem Kopf sind die Haare zur Glatze geschoren, und übrig bleibt nur ein Ring rund um den Kopf. «Fast wie ein Heiligenschein», schiesst es Rudy durch den Kopf. Er fasst sich selbst an ebendiesen und ist nun wenig überrascht, dass auch er eine kahle Stelle hat und einen Haarring. «Oh Mann, Leo hat Recht, das sieht sicher nicht schlau aus!», denkt er und erinnert sich jetzt, dass er am Vorabend noch mit Leon eine Unterhaltung zum Thema Frisuren hatte. Jetzt dämmert es ihm, dass es kein böser Traum war, sondern dass er sich offenbar wirklich in einem Kloster befindet. Wo, hat er bisher nicht herausfinden können, da die Klosterbrüder schweigsam sind – dem Stillschweigen verpflichtet, wie Rudy annimmt. «Leo mit seiner grossen Klappe ist natürlich voll ins Fettnäpfchen getreten, und zwar mit beiden Füssen!», denkt Rudy und weiss nicht, ob ihn dieser Gedanke amüsiert oder beunruhigt. Er beschliesst, nachzusehen, wie es seinem Freund geht. Als er sich langsam aufrichtet, keine Pantoffeln oder Schuhe findet und daher barfuss zur Türe schlurft, spricht ihn jemand an: «He!» Rudy wendet sich um und entgegnet: «Was ist?» – «Zu früh ist es für die Morgenandacht, schlafet weiter, Bruder!», flüstert ihm der Mönch zu, ein älterer, hagerer Mann mit Hakennase. – «Aber ich… muss mal!», erfindet Rudy eine Ausrede und stellt dabei fest, dass er in der Tat ein dringendes Bedürfnis verspürt. Der Klosterbruder nickt und weist in die Ecke, wo Rudy eine Ansammlung von seltsamen, grossen Töpfen erblickt… Nachttöpfe! Der Anblick widert ihn an. Das erklärt auch den unangenehmen Geruch im Schlafsaal. «Ich würde gerne ein bisschen frische Luft schnappen», erklärt er dem anderen. Dieser schüttelt den Kopf: «Verschlossen ist die Türe bis zur Morgenandacht.» Rudy schaudert es: Auch er ist gefangen!

* * *

Leon wälzt sich unruhig auf dem harten Boden. Er hat die ganze Nacht kein Auge zugemacht. «Das ist doch einfach ein Alptraum!», jammert er vor sich hin. «Und meine Haut ist ganz wund von der rauen Kutte! Wäre es hier nicht so kalt, würde ich sie sofort ausziehen!» Der körperliche Schmerz und die Müdigkeit machen ihm zu schaffen; noch mehr allerdings belastet ihn, dass er nicht weiss, wo seine Mäg ist. «Wie sind wir nur in diese blöde Situation geraten? Und warum?», hadert er mit dem Schicksal. Er ärgert sich über sich selbst, dass er am Vortag so überreagiert und die anderen Mönche verärgert hat. Rudy hat Recht: Er hat Glück gehabt, dass er nicht mit der Geissel gezüchtigt wurde! «Im Kloster waren sie früher nicht zimperlich!», weiss er und erinnert sich auch an Berichte von Margarethe, welche schon mehrmals durch die Zeit gereist und dabei auch im Kloster gelandet war. Dass Klöster Horte des Gebets, der Einkehr und der Gottesverehrung waren, wusste Leon schon, und dass sie für Menschen, die sich von der Welt zurückziehen und Wissen erwerben wollten, überdies eine Oase der Ruhe und Erkenntnis sein konnten, hatte er auch erfahren: «Für Rudy und andere Nerds ist doch so ein Kloster perfekt!» Aber auch wenn Leon früher mit dem Gedanken geliebäugelt hatte, Zeit in einem buddhistischen Kloster zu verbringen, so lebt er mittlerweile ganz und gar im Jetzt, in der Gegenwart, mit seiner Margarethe, und er ist mit seinem Leben zufrieden und im Einklang.

Jedoch ist dieses Gleichgewicht empfindlich gestört worden! Dabei wollten sie doch nur die schöne Klosterkirche von Einsiedeln besuchen – Einsiedeln, eine Stadt, die ihr Interesse auch deshalb geweckt hat, weil das Wappen zwei Raben trägt und weil sie im Zusammenhang mit ihrer letzten Zeitreise-Mission in Rapperswil immer wieder auf eine Beziehung zu Einsiedeln gestossen waren. Reine Neugier hat sie hergetrieben, und plötzlich finden sich Rudy und Leon in einem Mönchskloster wieder, weg von ihren Freundinnen, und wissen weder, was sie hier sollen, noch, wie sie von hier wieder fortkommen. Und als wäre das nicht schon schlimm genug, hat sich Leon bereits eine halbe Stunde nach ihrer unfreiwilligen <Landung> so viel Ärger eingehandelt, dass der Klostervorsteher ihm Arrest verordnet hat. «Super gemacht, Leoboy!», tadelt er sich selber.

«Was hatte ich eigentlich Schlimmes gesagt?», versucht er sich zu erinnern. «Ich hatte vielleicht den einen oder anderen Spruch geklopft… irgendwas mit der Unbefleckten Empfängnis… aber in einem katholischen Kloster ist damit wohl nicht zu spassen! Zumal wir vermutlich nicht mehr im Januar 2023 sind.» Er beschliesst, Rudy zu fragen, was dieser unterdessen in Erfahrung gebracht hat. «Wo bleibt nur Ru? Soll mal endlich kommen, der Penner!» Der Gefangene hofft, dass sein Freund es irgendwie schafft, ihn zu befreien.

2
Eine Geburt und zwei Schüsse

Als Margarethe erwacht, liegt sie in einer Seitengasse auf dem harten Pflaster. Seraina liegt neben ihr, ist aber noch nicht ansprechbar. Da vernimmt Margarethe zwei hallende Schüsse. Sofort ist sie hellwach. Kurz zögert sie. Soll sie nachsehen oder lieber nicht? Es könnte ja gefährlich sein! Doch ihre Neugier obsiegt, sie wagt ein paar Schritte vorwärts und schielt um eine Häuserecke. Da sieht sie eine Frau am Boden liegen. Margarethe erschrickt. Kurz blickt sie zurück und nimmt wahr, dass sich Seraina rührt. Weil die Luft rein ist und Seraina wohl allein zurechtkommt, eilt sie zur fremden Frau und bemerkt erst jetzt das viele Blut, das über das Pflaster rinnt. Margarethe erbleicht und erstarrt vor Schreck, als sie die Schusswunden in der Brust der liegenden Person sieht. Sie möchte schreien, doch kein Laut entweicht ihrer Kehle.

Als sich Margarethe wieder einigermassen in Griff hat, blickt sie um sich wie ein gehetztes Reh. Sie stellt fest, dass sie noch immer in Einsiedeln ist, denn die hohen Türme der Klosterkirche überragen die Häuser. Sie bückt sich zur liegenden Person und will gerade Seraina herbeirufen, da bemerkt sie, dass die offensichtlich leblose Frau mit der rechten Hand etwas krampfhaft umklammert hält. Vorsichtig zieht Margarethe den Fetzen Papier aus deren Faust. Zitternd fühlt sie danach den Puls der Liegenden am Handgelenk, doch da ist kein Pochen zu spüren – folglich muss die fremde Frau tot sein. Margarethe erschaudert, blickt sich gehetzt um und beeilt sich, zurück zu Seraina zu gelangen.

«Was ist…?», fragt eine noch verwirrte Seraina, als Margarethe total aufgeregt zu ihr zurückkehrt und etwas von einer Toten stottert. Jetzt ist Seraina auf einen Schlag hellwach, doch Margarethe hält sie zurück, gerade als die angehende Ärztin sich aufmachen will, zur liegenden Person zu eilen. «Die ist tot, das hab sogar ich feststellen können, da ist nix mehr zu machen, aber schau dir das Papier da mal an, das ist irgendwie… gruselig», meint Margarethe und zeigt ihr mit zittrigen Fingern das Zettelchen aus der Hand der Toten. Darauf ist eine Rabenkralle gekritzelt. Margarethe ist es mulmig zumute. – «Warum hast du so Schiss vor diesem Kindergekritzel? Die Tote in der Gasse finde ich viel beunruhigender…», findet Seraina, noch etwas benommen. – «Weil es aus der Hand… einer Toten stammt. Und weil der… Mann vorhin, als Plonk ge… gekrächzt hat, ein Amulett aus… aus ebendieser Rabenkralle um den Hals trug», stammelt Margarethe und fügt hinzu: «Irgendwie habe ich das Gefühl, dass dieses Symbol mehr zu bedeuten hat. Irgendwie kommt es mir auch bekannt vor. Vielleicht, weil ich es oft in meinen Träumen, also in meinen Alpträumen gesehen habe. Da ist amigs ein böser Mann in Schwarz, der mich töten will… auch der trägt so einen Anhänger…» – «Träume sind Schäume, sagt Rudy», moniert Seraina und seufzt, weil sie für einen kurzen Moment ihren Freund vermisst. Dann aber besinnt sie sich darauf, dass sie als angehende Ärztin einem Gewaltopfer in jedem Fall helfen muss. Trotz Margarethes Einwände eilt Seraina ihrerseits zur Liegenden und untersucht sie eigenhändig. «Eindeutig tot», murmelt Seraina, von Demut erfasst. Doch ihr bleibt keine Zeit, sich weiter mit der Toten zu befassen, denn im nächsten Moment wird sie von Margarethe gepackt und weggezerrt.

* * *

Bevor die Polizei am Tatort eintrifft, haben sich die völlig verstörten Mädchen weit genug von der Toten entfernt. Sie ahnen zudem schon, dass sie in einer anderen Zeit gelandet sind. Für eine Aussage bei der Polizei muss man sich ausweisen – nach einem Zeitsprung könnte das zu einer ziemlichen Verwirrung beitragen.

Auf dem Platz vor dem Kloster Einsiedeln fragen sie eine ältere Passantin nach dem Datum. Diese meckert: «Die jungen Leute heute! Es ist der 24. September 2004!» – Margarethe erbleicht, denn vor drei Tagen soll sie laut Geburtsurkunde geboren worden sein. Und in einem anonymen Schreiben, das sie kürzlich in der Post vorgefunden hatte, machte jemand sie darauf aufmerksam, dass etwas mit diesem Datum nicht stimmte.

Margarethe versucht, die seltsamen Geschehnisse zusammenzufassen, und Seraina hört ihr gespannt zu: «Mein Geburtstag ist angeblich nicht mein Geburtstag. Und ein Mord am selben Tag wurde nie aufgeklärt. So jedenfalls formuliert es der, der mir den seltsamen Brief geschrieben hat. Wir sind also nach dem Zeitsprung genau hier gelandet, um herauszufinden, wer die junge Frau getötet hat und wann ich wirklich geboren wurde…» – Seraina seufzt und sinniert: «Also wenn du mir noch sagen kannst, WO GENAU du geboren worden bist, dann könnten wir einfach hingehen und nachfragen.» – Margarethe stutzt: «… genau… hier… in Einsiedeln. Ich glaube sogar, die damalige Wohnung meiner Eltern war hier ganz in der Nähe. Sie haben mir mal das Haus gezeigt. Meine Mama meinte, sie seien noch am Tag meiner Geburt zu ihren Eltern gezogen.» – «Dann hat sie dir nicht die Wahrheit gesagt», mutmasst Seraina, und Margarethe reagiert säuerlich: «Geht's noch? Meine Mama lügt nicht!» – «Wenn dem so wäre, was macht denn dein Papa da neben einer Ambulanz? Jetzt steigt er vorne ein», kommentiert Seraina eine Szene, die sich gerade auf der anderen Seite des Klosterplatzes abspielt. Margarethe blinzelt hinüber und erkennt gerade noch ihren Vater, der einfach nur viel jünger aussieht.

* * *

Nachdem die Ambulanz davongefahren ist, schauen sich die Freundinnen konsterniert an. Margarethe ist total verblüfft, und Seraina meint augenzwinkernd: «... du kommst wie die Jungfrau zur Waage... oder so ähnlich.» – «Hä? Was? Wieso? ... ach, du meinst... Hey, das ist kein Beweis, dass ich heute, am 24. statt am 21. September geboren wurde. Vielleicht hat meine Mama lediglich einen Schwächeanfall gehabt», grübelt Margarethe darüber nach und ist noch nicht bereit, ihr Sternzeichen zu wechseln. Zudem begreift sie nicht, weshalb ihre Eltern ein falsches Datum angeben sollten. Irgendwie passt das weder zu ihrer akribisch genauen Mutter noch zu ihrem wissenschaftlich arbeitenden Vater. Aber Seraina doppelt nach: «Aber warum sagte sie dir dann, dass sie gleich nach der Geburt zu den Grosseltern, äh gell, mütterlicherseits, gezogen sind? Da sind sie ja grad gewesen, deine Eltern, am andern Ende des Klosterplatzes, und du auch, sogar doppelt, als Baby im Krankenwagen und als Erwachsene neben mir!» – «Wir haben nur meinen Papa gesehen!», kontert Margarethe. – «Schon, aber warum steigt er vorne in den Krankenwagen ein, wenn nicht deine Mama mit dir hinten drin steckt?», treibt es Seraina in Rudy-Manier auf die Spitze, da stöhnt Margarethe auf: «Gopfridstutz, ich kann es einfach nicht glauben, dass mir meine Eltern einen Bären aufgebunden haben!» – «Wir müssen das Rätsel um diesen Bären lösen und auch deinen Löwen finden! Und meinen Rudy-Wolf obendrein auch!», seufzt Seraina.

* * *

«Aber wie kann man ein Geburtsdatum fälschen, wenn man am Tag der Geburt ins Spital fährt?», grübelt Margarethe weiter, als sie mit Seraina zusammen auf Schleichwegen ihr Elternhaus aufsucht, ohne von der Polizei angehalten zu werden. Es wäre nämlich überaus problematisch, falls sie sich jetzt ausweisen müssten, denn gemäss der Identitätskarten der Mädchen ist Margarethe erst drei Tage alt und Seraina aktuell noch gar nicht auf der Welt.

Margarethe wiederholt ihre Frage, weil ihre Freundin gar nicht zugehört hat. Seraina ist so sehr damit beschäftigt, die Briefkästen nach den Namen von Margarethes Eltern abzusuchen, dass sie nur ein «Hä?» von sich gibt. Als angehende Ärztin hat sich Seraina mit einigen Fragen rund ums Kinderkriegen beschäftigt, weil sie kürzlich einen Schnuppertag in der Geburtsabteilung am Universitätsspital machen durfte. «Bei einer Hausgeburt ist die Hebamme für die Meldung der Geburt zuständig. Wenn keine da war, sind es die Eltern. Dein Vater kann dem Zivilstandsamt jedes Datum nennen, Voraussetzung ist nur, dass er es innerhalb von drei Tagen tut», erklärt Seraina, streicht mit der Hand ein paar schwarze Strähnen aus dem Gesicht und fügt hinzu: «In deinem Fall war das gut möglich: Falls du am 24. September geboren wurdest, kann er den 21. September ganz legal als Geburtsdatum eintragen lassen. Das Spital mischt sich da nicht ein, denn nur bei einer Spitalgeburt meldet das Krankenhauspersonal ein Kind an.» – Margarethe macht grosse Augen und grummelt: «Du bist langsam echt wie Rudy, wenn du wie ein Lexikon redest. Hast du das auswendig gelernt oder eben grad im Internet nachgeschaut?» – Seraina grinst und winkt ab, dann zeigt sie auf einen Türrahmen: «Du hattest Recht, hier haben deine Eltern gewohnt. Neben dem vierten Klingelknopf steht *M.&H. Gygax*, das sind sie doch.» – Margarethe staunt noch mehr: «Kannst du das von hier aus lesen? Hast du Sperberaugengläser in deinem Brillengestell?» – Seraina lacht und zieht beide Augenbrauen hoch, was Margarethe wiederum schmerzlich an ihren Leon erinnert. Seraina meint keck: «Klar, bin doch auch ein Cyborg wie mein Liebster! Ach quatsch, die neue Brille gleicht meine Hornhautverkrümmung optimal aus. Hmm, und du siehst es nicht von hier aus? Vielleicht brauchst du bald auch eine Brille…» – Margarethe verzieht das Gesicht, geht aber nicht darauf ein.

Weil die beiden Mädchen sehr nahe am Tatort sind und der Polizei verständlicherweise nicht begegnen wollen, klingeln sie aufs Geratewohl bei zwei Mietern – und tatsächlich macht jemand auf. Schnell drücken sie die schwere Eingangstür auf und treten hastig ein. «Wie hast du dich so schnell in den Gässchen zurechtgefunden, Mäg? Du warst doch ewig nicht mehr hier», fragt jetzt Seraina leicht überrascht. – Margarethe zuckt mit den Achseln und erwidert: «Es stand ja im Brief, dass Verbrechen und Geburt etwas miteinander zu tun haben, also musste das Haus ganz in der Nähe sein. Ich habe einfach nur kombiniert…» – «Elementar, mein lieber Watson, also eigentlich Mrs. Watson», scherzt Seraina und bleibt abrupt stehen. Mit der rechten Hand greift sie nach hinten an Margarethes rechte Schulter und flüstert: «Stopp, da ist jemand.» Sofort bleibt auch Margarethe mitten auf der ersten Treppe wie angewurzelt stehen.

«Wer ist da?», erhebt sich eine piepsige, heisere Stimme im Treppenhaus. Die Fragende ist wohl eine ältere Frau, die zuoberst wohnt, mutmasst Margarethe und raunt Seraina ins Ohr: «Sag: Post für Gygax.» Seraina kichert. «Was ist so lustig daran?», fragt Margarethe erstaunt, da erklärt Seraina: «Das kitzelt brutal im Ohr, wenn du mir in die Lauscher pustest.» Margarethe grinst und ruft stattdessen selber hinauf, dass ein Paket für Gygax da ist. Oben scheint die Tür wieder geschlossen zu werden. Die Luft ist rein.

Die beiden Mädchen steigen vier Treppen hoch bis zum Stockwerk, wo gemäss Türschild Margarethes Eltern wohnen. Und siehe da, die Tür ist nicht verschlossen – vermutlich eine Nachlässigkeit aufgrund des Schocks nach den schrecklichen Vorfällen. Die Freundinnen treten mit einem mulmigen Gefühl ein.

Verstohlen und auf leisen Sohlen inspizieren sie die Räumlichkeiten, die aus einer winzigen Küche, einem noch kleineren Bad und zwei eher grossen Zimmern bestehen. Alles wirkt alt, aber liebevoll erhalten und stellenweise fachgerecht renoviert. Ein Balkon fehlt. Im Schlafzimmer finden die Mädchen eine blutverschmierte Matratze vor. Margarethe dreht sich fast der Magen um. Seraina bückt sich unbeirrt hinunter, um mit dem rechten Zeigefinger die Konsistenz des Blutes zu untersuchen. «Das ist frisch. Eine Geburt muss eben gerade hier stattgefunden haben. Du bist definitiv heute geboren – am 24. September, und nicht am 21., wie du immer gedacht hast.» – Margarethe seufzt und legt mit einem Augenzwinkern nach: «Dass ich keine Jungfrau mehr bin, war ja eh schon klar… seit ich Leon kenne…»

3

Beten und Arbeiten

«Das muss echt ein Aprilscherz sein!», stöhnt Leon, als er sich endlich wieder mit Rudy im gleichen Raum befindet. Die beiden müssen den Abwasch erledigen für die ganze Klostergemeinschaft, die aus 35 Mönchen besteht. «Keine Abwaschmaschine!», murrt Rudy. «Die leben ja total hinterm Mond hier!» – «Wüsste gern, in welcher Zeit wir uns befinden», rätselt Leon. «Hast du nix rausbekommen, Ru?» Der Angesprochene schüttelt den Kopf, während er angeekelt einen schmutzigen Teller mit zwei Fingern anfasst und ins schmuddelige Abwaschbecken befördert. «Fliessendes Wasser haben sie auch nicht. Und wortkarg sind die Typen ja!» – «Stillschweigen!», entgegnet Leon. «Nicht so ganz mein Fall!» – «Allerdings!», bestätigt Rudy und verzieht seine Mundwinkel zu einem Schmunzeln. «Du hast da ganze Arbeit geleistet! Ich konnte den Prior nur mit Müh' und Not davon abbringen, dir eine Ration Stockhiebe zu verpassen!» – «Ach du Schande!», keucht Leon. «Ich bin dir ewig dankbar, Ru, mein Freund!» Rudy grinst diabolisch: «Freu dich nicht zu früh! Du wirst deine Abreibung schon noch kriegen! Wegen dir bin ich zum Küchendienst verdonnert worden!» – «Auch das rechne ich dir hoch an, dass du mich nicht im Stich gelassen hast!» – «Offen gestanden wasche ich lieber mit dir zusammen ab, als allein die Latrinen zu putzen oder irgendwas Schlimmeres!», gesteht Rudy und verzieht erneut das Gesicht, als er sich mit einem Lappen an den Tellern zu schaffen macht. «Und wenn du mir nicht endlich hilfst, sorge ich dafür, dass du noch zu deinen Stockhieben kommst – oder wär dir die Peitsche lieber?»

Mit weit aufgerissenen Augen schüttelt Leon vehement den Kopf, und beide schweigen eine Weile, bis Rudy erneut spricht und dabei Leon treffend imitiert: «Was habe ich von der Unbefleckten Empfängnis, wenn es kein Fleisch gibt!» Dann fügt er kopfschüttelnd hinzu: «Ich glaube es einfach nicht!» – Leon prustet heraus: «Habe ich das wirklich so ausgedrückt? Na, ist aber doch wahr, wenn sie um dieses Datum so ein Brimborium machen und wenn dann ausgerechnet am 8. Dezember kein Fleisch serviert wird!» Rudy zieht einen Mundwinkel hoch: «Ganz übel war der Spruch nicht. Nur nervt es mich, dass die letzten paar Zeitsprünge nicht nur die Jahreszahlen, sondern auch die Monate verändert haben. In der Gegenwart hatten wir Januar, jetzt ist Dezember… irgendwie komisch… na ja, Zeitsprünge an sich sind ja schon nicht normal…» – Leon nickt. Die beiden blicken sich ratlos an, dann waschen sie einträchtig die Teller ab und schweigen ein paar Minuten.

Schliesslich beginnt Leon wieder ein Gespräch: «Wie hältst du das aus?» – «Was? Dass Raina nicht da ist?» – «Ja, das auch, aber vor allem dieses kratzige Gewand ist ja der blanke Horror! Bis ich Mäg wiedersehe, bin ich überall wund!» Obwohl beiden offensichtlich nicht wohl in ihrer Haut ist, bringt sie das geteilte Leid zum Lachen. «Bis wir unsere Frauen wiederhaben, ist nix mehr zu wollen unter der Kutte!», bestätigt Rudy. «Ist sicher Teil der Strategie der Klosterleute, dass ihnen die Lust vergeht, weil sie von dem Kratzhemd wund sind und gar nix mehr spüren», vermutet er. Leon schüttelt konsterniert den Kopf: «Das ist ja wirklich voll fies!» Rudy erwidert: «Vermutlich sind wir einfach Weicheier!»

Kurz darauf wälzen sich beide Jungs am Boden vor Lachen, weil beide das Gleiche gedacht haben nach Rudys Bemerkung. Leon wischt sich Tränen des Lachens aus seinen Augen und wiehert: «W-w-wir s-sind W-wa-weicheier, w-weil unsere… unsere w-wundgescheuert sind!» – «Was eigentlich überhaupt kein Grund für Heiterkeit ist!», gibt Rudy zu bedenken, während er sich seine Brille putzt, die vor lauter Lachen beschlagen ist. Immer noch lachend, raffen sich beide auf und verrichten breit grinsend ihre unerfreuliche Küchenarbeit, und kurz darauf klingelt die Glocke zur Abendandacht.

Der Klosteralltag ist eintönig. Die Regeln der Mönche, die dem Benediktinerorden angehören, sind streng. *Ora et labora*, bete und arbeite, lautet das Gebot des heiligen Benedikts. Zentral ist das Gebet, und auch zu nachtschlafender Zeit werden die Mönche geweckt und in die Kirche getrieben, wo sie die Andacht verrichten, die länger dauert, als es den Neuankömmlingen lieb ist. Allein, sie wissen: Wenn sie sich sträuben, landen sie in Teufels Küche! Leon hat sich bereits unmöglich gemacht und steht unter Beobachtung. Er und Rudy sind bestrebt, nicht mehr unnötig aufzufallen, vor allem aber wollen sie herausfinden, warum es sie ausgerechnet an diesen Ort verschlagen hat – und in welche Zeit. Dies konnten sie immer noch nicht erörtern. Ihre Mitbrüder sind ausserordentlich wortkarg und auch nicht besonders freundlich gegenüber den <Novizen>. Sogar bei Tisch wird geschwiegen, ausser, man bittet den Tischnachbarn um eine Scheibe Brot oder um den Wasserkrug. Ein Mitbruder liest jeweils aus der Bibel vor, während die Klostergemeinschaft ihr nach Ansicht der beiden Neuzugänge karges Mahl einnimmt. Dennoch halten sich nicht immer alle an die Stillschweige-Pflicht. Als zwei Klosterbrüder namens Raimund und Norbert in eine heftige Diskussion geraten über eine Bibelstelle, werden sie vom Abt zur Ruhe ermahnt. Daraufhin knurrt der eine: «Ihr solltet besser Schreimund heissen, nicht Raimund.» Der andere kontert: «Und Ihr Schnorrbert, nicht Norbert!» Leon platzt fast vor unterdrücktem Lachen und flüstert, als er sich etwas gefasst hat, Rudy zu: «Das hätte von mir sein können!»

Am zweiten Tag fasst sich Leon ein Herz und spricht einen der Mönche an, als er im Garten beim Unkrautjäten eingeteilt wird. Im Kloster werden die Aufgaben jeden Morgen neu verteilt, und ohne Murren soll verrichtet werden, was einem aufgetragen wurde. Gegen Gartenarbeit hat der junge angehende Biologe nichts einzuwenden; er liebt die Betätigung an der frischen Luft, und nach der Abwascherei und der Nacht im Kerker ist er erleichtert, sich sinnvoll betätigen zu dürfen. Der alte, gänzlich kahle Mönch erscheint ihm zugänglicher als andere, die er anzusprechen versucht hatte. Fältchen um seine Augen und Mundwinkel verraten, dass er von heiterem Gemüt sein dürfte. Bruder Theobald reagiert dann auch freundlich auf Leons Frage: «Im Kloster Einsiedeln im Jahre des Herrn 1142, auch wenn mich deine Frage absonderlich dünkt!» Leon beschwichtigt den Klosterbruder mit einer Handbewegung und einem Grinsen: «Ich bin etwas durcheinander, da von weither gereist.» Lächelnd nimmt sein Gegenüber diese Antwort zur Kenntnis. «Und die Raben, nicht wahr, Sankt Meinrads Raben, die haben dir zugeflüstert», spricht der Mönch geheimnisvoll. Bei diesen Worten läuft Leon ein prickelnder Schauder über den Rücken.

Rudy ist derweil in der Schreibstube, dem Skriptorium, und versucht krampfhaft, Buchstaben zu malen. Er ärgert sich über sich selbst: «Wie konnte ich nur behaupten, ich könne mich beim Bücherabschreiben betätigen? Wo Schönschreiben doch wirklich nicht meine Stärke ist!» Sein Nachbar wirft ab und zu einen missbilligenden Blick zum Neuling herüber. Obwohl auch in der Schreibstube Stillschweige-Pflicht herrscht, spricht er Rudy an: «Ihr sagtet, Ihr wärt des Schreibens kundig? Was für absonderliche Zeichen setzet Ihr auf das Pergament?» Rudy errötet und gerät ins Schwitzen, und das Sitzen ist ihm unangenehm auf dem kratzenden Stoff, weshalb er auf dem harten Holzstuhl herumrutscht. Er weiss nicht, was er antworten soll. Seine Implantate an den Schläfen, die er sich in der Zukunft hatte implantieren lassen, nützen dem Cyborg augenblicklich wenig. Weil er meistens am Computer oder am Smartiefon schreibt, hat er keinerlei Übung mehr mit dem Schreiben von Hand, und das wird ihm jetzt zum Verhängnis. Auch die Tinte ist ihm fremd, und er wird nervös, weil es ihm nicht gelingen will, mit der Feder – einer echten Vogelfeder! – die Buchstaben nachzuzeichnen wie in der Vorlage, einer kunstvoll verzierten Handschrift, mit Gold und vielen Farben gemalt. Er macht eine fahrige Handbewegung und wirft das Tintenfässchen um. Die Tinte ergiesst sich über das Blatt vor Rudy, und sein Nachbar kann gerade noch das wertvolle Buch retten, bevor sich die Schwärze über die Originalhandschrift verteilen kann. Wütend ist der Blick, den der Schreiber Rudy schickt, und Rudy glaubt, unter diesem Blick geradezu zu schrumpfen. Beschwichtigend hebt er seine Handflächen und möchte zu einer Entschuldigung ansetzen, aber da ertönt lautes Getöse: Rufe und Schreie, Lärm, Gepolter, als würde jemand versuchen, die Türe einzuschlagen. Der Tumult ist ohrenbetäubend, und Rudy wünscht sich weit weg von diesem Ort.

* * *

Margarethe braucht dringend frische Luft. Die blutverschmierte Matratze, auf der sie mutmasslich geboren worden ist, hat Übelkeit bei ihr ausgelöst. Sie begibt sich leicht torkelnd in die Küche und reisst das Küchenfenster sperrangelweit auf. Seraina gesellt sich zu ihr und umarmt sie fürsorglich, spricht aber kein Wort. Sie führt stattdessen Margarethe zu einem Stuhl und verschwindet, nachdem sich ihre Freundin gesetzt hat, im Wohnzimmer. Zurück kommt Seraina mit einer Flasche <Cherry Brandy>, die sie aus der Wohnzimmer-Bar geholt hat, und füllt damit ein Schnapsglas für Margarethe. «Trink, das belebt die Lebensgeister wieder!», fordert Seraina ihre Freundin auf. Margarethe nippt zuerst am Getränk, leert dann das Gläschen in einem Zug. Kurz darauf durchströmt eine wohlige Wärme Margarethes Körper.

«Was hat das alles zu bedeuten? Wer ist die Tote, wer ihr Mörder? Hat ein Religionsfanatiker eine Abtrünnige hingerichtet? Oder war es eine Abrechnung unter Geheimdienstleuten? Sind wir wieder in einen Agenten-Thriller geraten? Mata Hari spiele ich aber nicht mehr!», grübelt Margarethe, als sie wieder einigermassen klar denken kann – obwohl der Alkohol ihr langsam in den Kopf steigt, denn sie hat in der Zwischenzeit den Inhalt von zwei weiteren Gläschen intus. Seraina stellt grinsend die Likörflasche weg und antwortet: «Das Amulett mit der Rabenkralle wird uns weiterhelfen, du Schnapsnase, du! Schliesslich hast du es am Hals dieses Fremden gesehen, der mitgeholfen hat, uns in die Vergangenheit zu bugsieren, weil er sein Messer gezückt hat. Und das Mordopfer hatte ein Papier mit einer Rabenkrallen-Zeichnung in der Hand.»

«Wieso bringen uns jetzt eigentlich dauernd immer Messer in die Vergangenheit? Ist es Plonk langweilig geworden mit den Schwertern? Hat er sich jetzt auf Messer spezialisiert? Und überhaupt… wo ist Plonk eigentlich?», sinniert Margarethe und sorgt sich um ihren Ziehraben. Seraina zuckt mit den Achseln: «Der weiss sich schon zu helfen, mach dir keine Sorgen. Ich habe mehr Angst um unsere Herzbuben – na ja, Rudy wird sich schon durchwursteln, aber dein Leo hat die üble Angewohnheit, kein Fettnäpfchen auszulassen…» – Aus Margarethes Gesicht verschwindet die Röte, die der Alkohol hervorgerufen hat, und macht einem fahleren Teint Platz, der deutlich anzeigt, dass Rabenherz nun an Leon denkt und um sein Wohlergehen bangt. Seraina legt ihr eine Hand auf die linke Schulter und fügt schnell hinzu: «Ach was, Rudy ist sicher bei ihm. Zu zweit schaffen sie es. The Body and the Brain sind ein unschlagbares Duo!» – «Hey, Meiner ist dann aber auch ganz clever! Nur weil Deiner die IQ-Werteskala sprengt und Cyborg-Implantate trägt, heisst das noch lange nicht, dass Leo ein hirnloser Muskelprotz ist!», kontert Margarethe indigniert. Seraina erbleicht nun ihrerseits und versucht, ihren Fauxpas auszubügeln: «Nein, so hab ich das nicht gemeint!» – «Wie dann?», grummelt eine Margarethe, die nun aus Zorn rot geworden ist. – «…nun, weil dein Leo einfach die Gabe hat, Ungemach anzuziehen wie…» – «…wie ein Kuhfladen die Fliegen?», beendet Margarethe Serainas unfertigen Satz, stemmt beide Fäuste in die Seiten und funkelt ihre Freundin wütend an. Seraina schluckt leer und stottert: «… nein, nein, …ja, also, … du musst doch… zugeben, dass… er wirklich oft in Schwierigkeiten gerät…» – «Die Pest aber hat Rudy aufgelesen, damals in Venedig! Und wir landeten in unserem DDR-Abenteuer im Folterknast der Russen, weil Rudy eine Sowjetuniform mitsamt Dienstwagen geklaut hat!», stellt Margarethe trocken fest, und Seraina seufzt: «Blöd gelaufen! Okay, okay, …unentschieden?» – Margarethe mustert Seraina misstrauisch, grinst dann aber: «Unentschieden! Unsere Jungs sind beide brauchbar, um in missliche Lagen rein und aus ebendiesen wieder raus zu kommen!» – «Rein und raus, ja, dabei sind sie unschlagbar!», lacht Seraina und zwinkert ihrer Freundin zu, die den zweideutigen Spruch sofort begreift und laut heraus prustet. Seraina stimmt in die Heiterkeit mit ein.

Nachdem sie sich beruhigt haben, stellt Seraina eine Frage, die beide beschäftigt: «A propos *raus*, wie kommen wir hier weg? Ich meine, ohne Rabe und Schwert sitzen wir hier fest.» – Margarethe seufzt und schweigt bedrückt. Ihr will auch nichts einfallen, da landet ein Rabe auf dem Fenstersims. Beide Mädchen erschrecken; Seraina macht einen Schritt auf die Seite, sodass sie hinter der sitzenden Margarethe zu stehen kommt. Im nächsten Moment landet ein zweiter Rabe auf der Fensterbank. Sie gurren. Margarethe mustert die Vögel, doch keiner von beiden ist ihr Plonk. In diesem Moment greift Seraina mit der rechten Hand nach einem Brotmesser, während sich ihre linke Hand in Margarethes Schulter festkrallt. «Au, was soll das?», protestiert Margarethe, weil ihr Serainas Griff weh tut. Doch Letztere geht nicht darauf ein. «Taschenmesser, Jagdmesser… würde mich nicht wundern, wenn dieses prächtige Exemplar eines Brotmessers sich auch zum Zeitreisen eignet. Und bei der vollen Power von zwei Raben müsste das ja kein Problem…» Weiter kommt Seraina nicht, denn es wird beiden Mädchen schwarz vor Augen…

4
Kloster unter Beschuss

«Rapperswil greift an!» brüllt einer der Mönche, und Leon ist überrascht, wie laut die Stimme des Mannes klingt, wo doch fast nichts gesprochen wird im Kloster. «Dass dem noch nicht die Stimme eingerostet ist!», wundert sich der Neuling, bevor er die Worte des Ausrufers begreift. «Rapperswil? Was… wieso?»

Mönche rennen durcheinander, versuchen, Artefakte einzusammeln, tragen Statuen, Kreuze und allerlei Dinge davon, welche offenbar einen Wert für sie besitzen. «Was wollen die mit dem Klimbim, glauben die, die Angreifer würden Heiligenstatuen rauben?», rätselt Leon halblaut, da stösst ihn ein Eilender an und wirft ihn aus dem Gleichgewicht. «Was stehet Ihr herum, helfet unsere Heiligen zu retten!», fordert ihn der andere auf, der eine Statue trägt: einen Mann, auf dessen Schulter ein kleiner Junge sitzt. «W-was… für Heilige…», stottert Leon. – «Ihr kennet doch den heiligen Christopherus!», blafft ihn der Mönch vorwurfsvoll an. Leon betrachtet die Statue und sieht dann einen anderen Klosterbruder mit einer Marienstatue davoneilen. – «Dort gehet Bruder Klaus mit dem Sankt Florian!», erklärt der Christopherusträger, und Leon wendet seinen Kopf. «Eilet die Religiuen retten!», ruft jemand. Da der unfreiwillige Novize nicht weiss, wie er sich verhalten soll, greift er nach irgendeinem grossen Gegenstand, um ihn fortzutragen. Er eilt den Statuenträgern nach und prallt fast mit Rudy zusammen. «Leo!», ruft dieser erfreut und auch erschrocken aus und mustert sein Gegenüber, «Was tust du da?» – «Ich helfe die Heiligen und Reliquien retten!», erklärt Leon. Rudy prustet laut heraus: «Seit wann werden Reliquien in Nachttöpfen aufbewahrt?»

Angewidert stellt Leon den Behälter auf den Boden und folgt Rudy, welcher offenbar zu wissen scheint, wo sie hingehen sollen. In dem Durcheinander von hin und her eilenden Mönchen und dem Geschrei ausser- und innerhalb des Klosters können sich die beiden jungen Männer aus der Gegenwart nicht verständigen. Leon begreift, dass Rudy einen Weg hinaus sucht, fasst ihn an der Kutte und zieht ihn in Richtung Kreuzgang, denn jetzt erinnert er sich an den Weg aus dem Labyrinth der Klosteranlage. Endlich im von Mauern umgebenen Garten im Kreuzgang angelangt, atmen die Freunde auf. «Was geht ab?», wundert sich Leon. «Hab ich richtig verstanden, dass die Rapperswiler angreifen?» Rudy nickt. «Das gibt uns den Hinweis, in welchem Jahr wir uns befinden. 1142 nämlich überfiel Rudolf von Rapperswil das Kloster Einsiedeln.» Leon kratzt sich am Kopf und murmelt: «Ja, das hat der Mönch im Klostergarten vorhin auch gesagt, das Jahr sollte also stimmen.» – «Hättest du das nicht gleich sagen könne?», fährt ihn Rudy an. – «Hast ja nicht danach gefragt», seufzt Leon indigniert. – «Mein Namensvetter war damals übrigens noch Vogt, nicht Graf, das war ja erst später, dass sie Grafen wurden», fährt Rudy genervt fort. – «Moment!» protestiert Leon, «Das geht mir alles zu schnell, Ru! Mir schwirrt jetzt schon der Kopf!» – «1233 erst wurde Rudolf III. von Rapperswil in den Grafenstand erhoben.» – «Wieso denn der Dritte?», wundert sich Leon, «Ich dachte, der Zweite war der mit der Hirschkuh und der untreuen Gräfin?» – «Das hatten wir doch schon mal, weil der Erste noch kein Graf war, der Zweite auch nicht, und der Dritte wurde Graf und damit der Erste», führt Rudy ungeduldig aus. – «Was zum Geier… der Dritte wird der Erste… die Letzten werden die Ersten sein oder was? Wirst du jetzt schon biblisch? Lass mich doch in Ruhe mit deinen verrückten Namensvettern!», wehrt Leon kopfschüttelnd ab. «Und labern sollten wir nicht länger, da wir in Bedrängnis sind! Obwohl es gerade erstaunlich ruhig ist hier.»

Rudy schweigt einen Moment lang verblüfft, als würde er lauschen, und vergisst darüber, zu erwägen, ob er beleidigt sein müsse. «Ja, in der Tat erstaunlich ruhig… seltsam… aber zurück zum Jahr, in welchem wir uns befinden… möglich wäre im Fall auch 1314 gewesen.» Auf Leons fragenden Blick erklärt Rudy: «Der Überfall von 1314 durch die Schwyzer löste die Morgartenschlacht aus, denn: Als Schirmvögte konnten die Habsburger die Untat nicht ungesühnt lassen, und ihnen war daran gelegen, dem Freiheitsstreben der Schwyzer Einhalt zu gebieten.» – «Morgarten also?», murmelt Leon. «Also hing das alles zusammen? Aber wem gehörte Einsiedeln denn?» – «Das ist eben reichlich verwirrend», fährt Rudy darauf mit seinen Ausführungen fort: «Das fing alles schon im 11. Jahrhundert an, als das Gebiet nördlich des Grossen Mythen und Hoch-Ybrig von Heinrich II. an das Kloster Einsiedeln übertragen wurde. 1018.» – «Welcher Heinrich jetzt plötzlich?», unterbricht Leon. «Nicht Mäggys Vater!», grinst Rudy. «Sondern der Kaiser des Heiligen Römischen Reiches Deutscher Nation. Seither lagen Einsiedeln und Schwyz im sogenannten Marchenstreit im Clinch um die Grenzen. 1217 sprach Graf Rudolf II. von Habsburg den südlichen Stiftsgebietsteil den Schwyzern zu. Darauf beruhigte sich der Grenzstreit vorübergehend.» – Leon schüttelt seinen Kopf erneut und fasst sich ans Genick, als hätte er Kopfschmerzen: «Was jetzt, schon wieder ein Rudolf, der Habsburger, oder ist das der Gleiche?» – «Spielt jetzt keine Rolle», winkt Rudy ab, «Massgeblich ist, dass wir angegriffen werden. Da sie ausdrücklich sagten, Rapperswil greife an, muss es 1142 sein, obwohl 1217 durchaus im Rahmen des Möglichen wäre, weil es um Gebiete ging, die Einsiedeln tangierten.»

«Was du alles noch weisst!», staunt Leon ohne Spott, und Rudy schüttelt seinerseits seinen Kopf: «Ich merke mir Jahreszahlen und Daten, ob ich will oder nicht. Manchmal ist das auch ein Fluch!» – «Du meinst, wenn die Schubladen voll sind? Immerhin findest du die Infos noch, kannst sie abrufen, wenn es darauf ankommt!», bemerkt Leon bewundernd.

«Solange es die richtigen Informationen sind. Aber diesbezüglich bin ich mir sicher. Einzig der Anlass des Überfalls ist mir nicht mehr in Erinnerung, dabei hatte ich die Zeittafel aufmerksam studiert betreffend Rapperswil», gesteht Rudy kleinlaut. – «Gräm dich nicht, das werden wir wohl jetzt herausfinden», stellt Leon fest, «Ob wir wollen, oder nicht. Ich erinnere mich aber, dass die Jahre 1100 und 1220 speziell waren, darum kann ich sie mir merken: 1100 waren die Rapperswiler Schirmvögte des Klosters Einsiedeln, 1220 war die Halbinsel der Stadt Rapperswil Lehen der Klöster Einsiedeln, St. Gallen und Pfäfers, als hätte sich der Spiess umgedreht. Ausser, ich verstehe da was total falsch.» – «Allerdings», korrigiert ihn Rudy, «Lehensnahme und Schirmvogtei sind zwei verschiedene Rechtsverhältnisse.»

Leon nickt: «Bloss, wer beeinflusst gerade wen?» Als Antwort auf seine Frage stürmt ein Klosterbruder in den Garten, die Arme voll von Gegenständen, deren Sinn nicht auf den ersten Blick zu erschliessen ist. «Rettet die heiligen Amulette, Brüder! Die von Rapperswil sind gekommen, zu verhindern, dass wir unseren Abt wählen!»

Die beiden Freunde tauschen Blicke aus. «Zählen wir tatsächlich das Jahr 1142?», erkundigt sich Rudy, um eine Bestätigung zu erhalten, während er dem Vollbeladenen zu Hilfe kommt, der fast unter seiner Last zusammenbricht. Leon nimmt diesem bereits einen schweren Sack ab und eine Truhe, vorsichtig, da zerbrechliche Kostbarkeiten darin liegen könnten. Der Lastenträger nickt: «Beeinflussen will Vogt Rudolf von Rapperswil die Wahl unseres Priors, damit die Macht über unser Gotteshaus in Rapperswil bleibt. Möge der Herrgott diesen Übergriff verhindern!»

Rudy hat unterdessen auch einen Teil der Lasten des Mönchs an sich genommen, und dabei fallen ihm beinahe ein paar Ketten hinunter. «Was ist das für Krempel?», entfährt es ihm, als er sieht, dass die eine Kette aus seltsam geformten Perlen besteht, die irrisierend glänzen. – «Kostbarkeiten sind diese Amulette», erklärt der Mönch, «Krankheiten vermögen sie zu heilen. Sehet diese Steine, Schrecksteine genannt; sie vermögen vor Schrecken bewahren.» Als habe er vergessen, in welcher bedrängten Lage sie sich befinden, kramt er aus seinem Beutel eine Handvoll glänzender Anhänger hervor. Leon erkennt sofort, worum es sich dabei handelt: «Onyx ist der schwarze, Bergkristall der durchsichtige und Malachit der grüne Stein.» – «Wahr gesprochen», lobt der Mönch, «Malachit kann blutende Wunden heilen, Herzensangst vertreiben und ist für die Weyber ein Reinigungsstein. Serpentin ist dieser. Amethyst nützt gegen Gifte und gegen Trunkenheit: Wer ihn trägt, wird nie betrunken sein.» Grinsend nimmt Leon dies zur Kenntnis: «Wäre ein Stein für mich, und den Malachit müsste ich Mäg mitbringen!» Rudy ist derweil in die Betrachtung der glänzenden Kette versunken mit einer Mischung von Staunen und Ekel. Als Leon den Rosenkranz genauer in Augenschein nimmt, wird er von Ehrfurcht erfasst. «Scarabäen!», ruft er voller Begeisterung aus. «Wow! Wunderschön!» – «Was?», fragt Rudy und schluckt offensichtlich. – «Diese Kette ist aus Käfern gefertigt, aus sogenannten Blatthornkäfern, welche wie der Mistkäfer Pillendreher sind!» Rudys Augen weiten sich: «Was? Mistkäfer?» Beinahe lässt er alles fallen. – «Easy, Ru, bleib locker! Erstens sind das ganz saubere Tiere, und zweitens sind sie schon lange tot!»

In der grossen Aufregung packen sie schnell alles wieder zusammen. Als Leon und Rudy davon ausgehen, dass endlich alle Wertgegenstände sicher verwahrt sind, werden sie von zwei jungen Mönchen gepackt. Die Freunde erkennen die beiden Klosterbrüder sofort wieder: Es sind Schnorrbert und Schreimund, die zwei Mönche, die kürzlich während der Mahlzeit gestritten haben und so zu ihren Übernamen gekommen sind. «Die kostbare Mauritius-Reliquie muss noch in die Krypta!», ruft Schreimund den Freunden zu. Leon blickt Rudy entnervt und fragend zugleich an. Doch auch der Cyborg kann mit diesem Namen nicht viel anfangen. «Mauritius?», seufzt Leon, «Das ist doch dieser Inselstaat im Indischen Ozean…» – «Oh Allmächtiger, gebet dem Neuen mehr Verstand!», sendet Schnorrbert ein Stossgebet gen Himmel, da verjagt es Leon und Rudy zugleich – Leon, weil er sich gekränkt fühlt, Rudy vor Lachen.

Während sie den Mönchen zum Reliquiar folgen, erklärt Schreimund keuchend, weil er nur schwerlich gleichzeitig eilen und sprechen kann: «Mauritius war einst… im Jahre 303… Kommandant einer Legion, die mehrheitlich aus Christen bestand. Der römische Kaiser Maximianus… befahl dieser Legion, gegen auf… aufmüpfige Christen vorzugehen. Sie sollten… die Alpen… überqueren, um an ihren Einsatzort… zu gelangen. Die 6600 Soldaten und ihr Kommandant… meuterten bei Agaunum, da sie nicht gegen ihre Glaubensbrüder ziehen wollten. Der Kaiser… gab daraufhin den Befehl, alle… zu töten. Offiziere und Soldaten… liessen sich ohne Gegenwehr… als Märtyrer für ihren Glauben hinrichten. Der heilige Bischof Ulrich von Augsburg übergab uns diese Mauritius-Reliquie.» – «Agaunum?», grunzt Leon verwirrt. Rudy konsultiert die Datenbank in seinen Implantaten und erklärt: «Die Siedlung heisst heute Saint Maurice und liegt im Kanton Wallis, nicht zu verwechseln mit Sankt Moritz in Graubünden.» – «Meine Fresse, woher weisst du so'n Sch…», kontert Leon säuerlich, da zuckt Rudy mit den Achseln und meint: «Solches Wissen speichere ich in meinen Microchips, so muss ich mir das nicht auch noch merken, und ich bin unabhängig vom Internet.» – Leon verdreht die Augen, sieht aber wenigstens einen Lichtblick am Horizont: Sie stehen jetzt vor dem Reliquiar, einem sehr kostbar verzierten, altarartigen <Schrank>, der es dem Betrachter wegen der mehrheitlich fast undurchsichtigen Scheiben lediglich erlaubt, die alten Knochen, die in einer kleinen, sargähnlichen Schatulle aufbewahrt werden, schemenhaft zu erahnen.

«Ist das da vorne in der Box ein Teil eines Armknochens oder eine dicke Rippe? Ist hinten noch was anderes oder bilde ich mir das nur ein? Die haben den Märtyrer wohl nicht mehr vollständig zusammenkratzen können… oder die Gebeine auf diverse Klöster verteilt…», grübelt Leon und kneift die Augen zusammen, um mehr Details zu erspähen. Rudy drückt nun ebenfalls neugierig seine Nase an der Scheibe platt, doch er sieht noch weniger, weil er seitlich hineinschaut. Den Neulingen entgeht zuerst, dass die beiden Mönche säuerlich dreinblicken, weil sich Leons Worte für sie wie Blasphemie anhören. Der Löwe achtet nicht auf die Ordensbrüder, seufzt und zuckt mit den Achseln: «Ach egal, schaffen wir das Leichenteil weg, und Ruhe ist!» – Rudy weist ihn leise zurecht: «Nicht so respektlos.» – Die Mönche indes schnappen hörbar nach Luft und wirken sehr erbost. Rudy und Leon drehen sich nach den beiden um und ziehen schuldbewusst den Kopf ein. «Sorry Jungs, wir sind manchmal etwas gar… äh…», entschuldigt sich Leon schnell, und Rudy beendet den Satz: «…pietätlos. Auch sorry!» Und der Cyborg fragt mit etwas mehr Respekt: «Okay, wie öffnen wir dieses edle Reliquiar, um die Schatulle mit der eigentlichen Reliquie, diesem heiligen Knochensplitter, unversehrt in Sicherheit zu bringen?» – Kanonendonner aus der Ferne kühlt die emotionale Wallung der beiden Mönche wieder ab, und der eine kramt einen Schlüssel aus der Kutte hervor, um das Reliquiar zu öffnen. Sobald die <Tür> offen steht, fasst sein Ordensbruder mit beiden Händen hinein und holt den kleinen goldenen <Sarg> heraus, dessen verglaste Vorderseite eine Gitterverzierung aufweist, die den Blick auf die Reliquie weiterhin erschwert. «Da steht was auf dem Knochen… Das Gekritzel ganz rechts sieht aus wie ein Krähenfuss…», flüstert Leon Rudy ins Ohr, um nicht schon wieder mit einer laut ausgesprochenen Äusserung den Unmut der Mönche auf sich zu ziehen. Rudy grinst und kratzt sich ratlos am kahlen Kopf. Doch mehr können die beiden Zeitreisenden nicht herausfinden, denn die Mönche rennen wie von der Tarantel gestochen mit der Reliquie davon, um sie schnell vor den heranrückenden Rapperswilern in Sicherheit zu bringen. Rudy und Leon bleiben etwas ratlos zurück, schauen sich an und erraten schnell, dass beide dasselbe denken: «Zeit zum Türmen – wenn nicht jetzt, wann denn dann?»

5
Ein ungelöster Mordfall

Margarethe erwacht auf dem Rücken liegend aus ihrer Ohnmacht und erkennt nur einen winzigen Schatten, der schnell näherkommt. Im nächsten Moment wird sie von etwas Hartem am Bauch getroffen. «Autsch, taminomal! Geht's noch?», ruft sie aus, da vernimmt sie Serainas Stimme: «Was ist jetzt schon wieder los? Ich habe doch diesmal nix gemacht!» Beide Mädchen erheben sich aus dem weichen Gras und bemerken, dass sie auf einer Minigolfanlage erwacht sind.

Ein Junge sucht nach seinem Ball und erschrickt, als er hinter eine Hecke blickt und zwei junge Frauen im Gras sitzen sieht. «Sorry, hab ich euch getroffen?», entschuldigt er sich kleinlaut, bückt sich nach seinem Ball und schleicht sich schuldbewusst davon. Margarethe ist so verblüfft, dass sie nichts erwidert. Seraina hat gar nicht mitbekommen, was genau passiert ist, und kramt stattdessen ihr Smartiefon aus ihrer Jacke hervor. «Wir sind nicht in unserer Zeit, aber beinahe. Wir haben heute den 22. September 2019, drei Jahre und vier Monate von unserer Gegenwart entfernt», konstatiert Seraina trocken, und Margarethe erwidert: «So wenig weit in die Vergangenheit bin ich noch nie gereist, das ist fast so, als würde ich im Dorfladen einkaufen statt in die Stadt zu fahren…» – «Ist doch mal eine Abwechslung, kleine Sprünge machen auch Spass… fragt sich nur, was wir hier sollen…» – Da entdeckt Margarethe etwas: «Hey, schau dir das Plakat da an: Einweihung des neuen Mauritius-Reliquiars am Festtag des heiligen Mauritius im Kloster Einsiedeln am 22. September 2019. Das hat sicher eine Bedeutung! – Und ich kann in zwei Tagen meinen fünfzehnten Geburtstag zum zweiten Mal in meinem Leben feiern!» – «Eher zum ersten Mal am richtigen

Datum. Bisher hast du doch gedacht, du seist am 21. zur Welt gekommen, schon wieder vergessen? Wenn wir zurück in unserer Zeit sind, musst du dich entscheiden, an welchem Tag du deinen Neunzehnten feierst», grinst Seraina. – «Langsam wird's unübersichtlich...» seufzt Margarethe und fügt grinsend hinzu: «Ach egal, ich feiere einfach an beiden Tagen!»

Die beiden Mädchen stehen auf und klettern über den Holzzaun, der die Minigolfanlage des Restaurants Klostergarten umgibt. Seraina fingert noch immer an ihrem Smartiefon herum. «Du fällst mir noch irgendwann auf die Schnauze, wenn du wie Rudy dauernd an deinem Ding rumfummelst», konstatiert Margarethe und verdreht die Augen. Seraina lässt sich nicht beirren und erklärt, was sie sucht: «Ich guugle nach dem Verbrechen vom 24. September 2004. Da steht was von einem *Cold Case* – ein unaufgeklärtes Verbrechen. Eine unbekannte Tatperson in einem schwarzen Anzug soll am frühen Morgen des 24.9.2004 zwei Schüsse auf eine junge Frau abgegeben und sie tödlich getroffen haben. Bei der Frau handelte es sich um eine Mitarbeiterin der Kantonsarchäologie Schwyz, Susanne Müller. Ihr Fachgebiet: Reliquien...» Seraina und Margarethe blicken sich verblüfft an und erraten sofort, dass beide dasselbe denken: «Es besteht vielleicht ein Zusammenhang zwischen dem Mord, dem Mann mit dem schwarzen Anzug und der Mauritius-Reliquie...»

* * *

Weil die Einweihung des neuen Reliquiars erst um 14 Uhr stattfindet, gönnen sich Margarethe und Seraina eine feine Pizza im Restaurant Klostergarten direkt beim Kloster Einsiedeln. Sie überlegen hin und her, was es wohl mit der Reliquie auf sich hat. Seraina hat die Mauritius-Legende sofort per Smartiefon im Internet gefunden und erklärt sie Margarethe folgendermassen:

«Da war so ein Typ, er war Kommandant der Thebäischen Legion. Er hiess Mauritius. Er hatte den Auftrag, irgendwelche christlichen Rebellen auszuschalten. Weil er und seine Mannen ebenfalls Christen waren, verweigerten sie den Befehl und liessen sich freiwillig köpfen. Deshalb wurde Mauritius heiliggesprochen. Zwei seiner Gefolgsleute – Felix und Regula – sollen in Zürich enthauptet worden sein. Und weil diese beiden Märtyrer unbeirrt ihre abgeschlagenen Köpfe aufhoben und einfach weitergingen, bis zum Platz, wo heute das Grossmünster steht, wurden sie zu Stadtheiligen.» – Margarethe seufzt: «Ich erinnere mich an die Legende… Mehr solche Menschen wären auch heute dringend nötig. Wie viele Kriege und weitere Grausamkeiten liessen sich verhindern, wenn die Leute den Diktatoren einfach sagen würden: Mach den Scheiss doch selber! Ich schlachte niemanden ab!» – Seraina nickt zustimmend, dann blickt sie auf die Uhr des Smartiefons: «Ups, Dessert liegt nicht mehr drin, wir müssen in die Klosterkirche, die Einweihung beginnt gleich…»

Nachdem sie per Gwint bezahlt haben, begeben sich die beiden Mädchen vors Kloster Einsiedeln und gesellen sich zur Schar der Neugierigen, die extra für die Einweihung gekommen sind. Da fällt Margarethe ein blonder Mann in einem schwarzen Anzug auf, der beim Heilwasser-Brunnen – auch Meinrads- oder Liebfrauenbrunnen genannt – herumsteht. «Das ist er doch!», entfährt es Margarethe, die den Mann aus ihren Alpträumen wiederzukennen glaubt, und sie knufft Seraina in die Seite. «Aua!», beschwert diese sich und blickt dann in die Richtung, die ihr Margarethe mit einem Nicken anzeigt, um die Zielperson nicht aufzuscheuchen. «Du schleichst dich von rechts an, ich von links, ok Raina?», legt Margarethe einen Schlachtplan zurecht, um des Mannes habhaft zu werden. «Muss das sein? Können wir nicht einfach die Bullen rufen?», wendet Seraina ein, da zischt Margarethe zwischen den Zähnen: «Ich will ihn haben und zum Reden bringen!» – Seraina erschrickt über Margarethes Eifer und gibt zu bedenken: «Das ist strafbar, was du da vorhast – Freiheitsberaubung und Nötigung. Und glaubst du, ein Profi-Killer lässt sich von dir in die Enge treiben? Willst du die Wahrheit aus ihm rauskitzeln? Ich glaub kaum, dass dies wirkungsvoll ist, die sind sowas von abgebrüht. Am Schluss landen wir in seinem Folterkeller… darauf habe ich echt null Bock!» – Margarethe kneift die Augen zusammen und meint scherzend und ernst zugleich: «A propos Bock. Den Ziegenbock von Rapperswil, den könnten wir jetzt gut gebrauchen, um dem Killer die Fusssohlen zu kitzeln und ihn zum Reden zu bringen.» – Seraina erbleicht, denn ebendiese Behandlung ist ihr zuteilgeworden, damals im alten Rapperswil, als sie einen Geheimauftrag ausführen wollten und den Zürchern in die Hände fielen.

Obwohl Seraina gar nicht von Margarethes Plan überzeugt ist, willigt sie ein, es zu versuchen. So schleichen sich die Amateur-Häscher an den Mann im schwarzen Anzug heran. Dazu begeben sich die Mädchen hinter die Gebäude, in denen Devotionalien verkauft werden und die wie Klammern um den Klosterplatz angeordnet sind. Doch als sie unten angelangt sind, wo die Gebäude enden und den Blick auf den Brunnen zulassen, fehlt von der Zielperson jede Spur.

* * *

In dem ganzen Tumult, der entsteht, als die Rapperswiler das Kloster stürmen, versuchen Leon und Rudy unbemerkt zu entkommen. Leon hat zwar Mühe, einfach davonzurennen: «Wir müssten doch kämpfen und den armen bedrängten Mönchen beistehen, wo wir doch selbst zwei Tage Teil der Gemeinschaft waren!» – «Bist du irre?», weist ihn Rudy zurecht. «Unser Ziel soll es nicht sein, Kopf und Kragen zu riskieren in der falschen Zeit.» – «Ja, aber…», protestiert Leon. – «Ausserdem haben sie dich in die Arrestzelle gesperrt, Leo», erinnert ihn Rudy. Er fasst seinen

Kumpel am Ärmel und zieht ihn in Richtung Bibliothek, in der Hoffnung, dort keine Angreifer anzutreffen. Fast werden sie über den Haufen gerannt von Mönchen, die mit Büchern schwer beladen aus der Bücherstube wanken, um die Kostbarkeiten in Sicherheit zu bringen. Leon verspürt den Impuls, mit anzupacken, aber Rudy zieht ihn gnadenlos vorbei an den Schwerbeladenen. Zwischen Bücherregalen verstecken sie sich.

Auf einmal hören sie ein Rascheln, und beide zucken synchron zusammen. Zwischen den Büchern bewegt sich etwas. Ein dumpfer Aufschlag verrät, dass ein Gegenstand vom Gestell gefallen ist: ein Buch!

Während die beiden jungen Männer über das Buch gebeugt sind, welches aufgeschlagen vor ihnen auf dem Boden liegt, raschelt es erneut: wie das Rascheln von gefiederten Flügeln! Mit einem leisen «Kraa!» landet ein Vogel direkt auf dem handgeschriebenen Werk, und beide Leser springen erschrocken auf. «Plonk!», ruft Rudy überrascht, aber Leon schüttelt seinen Kopf, weil er sofort begriffen hat, dass es sich um einen anderen Raben handelt. Ein blaugraues und ein grünes Augenpaar treffen sich, und wie aus einem Munde flüstern beide Jungs: «Schwert!» Sofort erkennt Rudy einen Gegenstand auf dem nahegelegenen Schreibpult, an den er sich erinnert hat: das Messer, um die Federn anzuspitzen. Lauter Lärm dringt in die Bibliothek herein, als würden die Angreifer den Raum stürmen wollen. Geistesgegenwärtig eilt Rudy zum Pult, greift sich die Waffe und packt Leon am Ärmel. Der Rabe hopst auf Leons Schulter.

* * *

«Leo!», raunt eine wohlbekannte Stimme in das Ohr des Genannten, und dieser murmelt zustimmende Laute. Er versucht, seine Augen zu öffnen, aber das geht nicht. Ein Tuch ist um seinen Kopf geschlungen und am Hinterkopf verknotet. Was soll das? Er möchte sich aufrichten, aber auch das geht nicht, weil seine Hände auf seinen Rücken gebunden sind – offenbar mit rauen Seilen, wie scheuernde Fesseln an seinen Handgelenken verraten. Panik wallt hoch in Leon, weil er sich nicht bewegen und nicht orientieren kann. «Was ist los?», ächzt er alarmiert und ist dankbar, dass er wenigstens seinen Mund und seine Stimmbänder gebrauchen kann. «Ru, wo bist du? Wo bin ich?» Grauen kriecht über seinen Rücken, auf welchen seine gefesselten Hände unangenehm drücken. Seine Knie schmerzen, denn er kniet auf hartem Boden.

«Ich bin hier, Leo!», antwortet Rudy leise und mit schwacher Stimme. «Sie haben uns gefangengenommen.» Leon seufzt: «Das nehme ich an! Die Rapperswiler? Und haben sie mir was über den Schädel gezogen?» – «Nein, du warst bis jetzt bewusstlos vom Zeitsprung», klärt ihn Rudy auf. «Wir landeten und wurden gleich aufgegriffen.» – «Also was jetzt, gelang der Zeitsprung oder nicht?», wundert sich Leon. – «Das schon», seufzt Rudy. «Aber wir sind vom Regen in die Traufe gelangt.» – «Das heisst? Mach's doch nicht so spannend!», protestiert Leon und schüttelt wild seinen Kopf, um die Augenbinde abzuwerfen, was ihm allerdings nicht gelingt. Auch an seinen Fesseln reissen macht die Sache nur schlimmer, indem es die Knoten an seinen Handgelenken noch enger zusammenzieht. Rudy seufzt hörbar: «Ich versuche auch erst zu verstehen, wer uns gefangen hat. Das ist ja eben erst passiert. Vorhin waren noch andere Mönche da, aber ich sehe sie nicht, weil sie mir die Augen verbunden haben. Und mir sind die Hände gebunden.» – «Mir auch, nur zu deiner Information!» Beide seufzen, dann fährt Rudy mit dem Bericht fort: «Ich glaube, wir haben in der Tat eine Zeitreise gemacht, aber wir sind wieder im Kloster...» – «Neiiiin!», brüllt Leon verzweifelt. «Ich will endlich wieder in unsere Welt, und ich will meine Mäg zurück, und meine Haare will ich auch wieder!» –

«Aufregen bringt jetzt nichts!», beschwichtigt ihn Rudy. Eine andere, unbekannte Stimme meldet sich zu Wort: «Ein wahres Wort sprechet Ihr, Bruder! Ausharren und beten und hoffen, dass der Herrgott uns seine Engel schickt zu Hilfe, das ist unsere Aufgabe!» – «Wer spricht da?», fragt Rudy. «Bruder Theobald, im März zähle ich fünfzehn Jahre im Kloster Einsiedeln», antwortet der andere. «Schon wieder ein Theobald...», grübelt Rudy vor sich hin, während der Mönch fortfährt: «Der Angriff derer von Schwyz ist zutiefst verwerflich! Angegriffen haben sie unser schönes Kloster und weggeführt die jungen Mönche! Möge der Allmächtige sie bestrafen!»

Rudy fasst sich ein Herz, zu fragen: «Wieso Schwyz? Ich dachte Rapperswil? Welches Jahr zählen wir denn?» Der Mönch zögert: «Wunderlich ist Eure Frage! So ist das Jahr 1314 ins Land gezogen, nach langer Zeit des Friedens, als die Habsburger ihre schützende Hand über unser Einsiedeln hielten. Viele Jahre hatten wir Ruhe, auch wenn sich mit der Übernahme der Schirmvogtei durch die Habsburger der Grenz-Konflikt mit Schwyz zuspitzte. Denn das Haus Habsburg war der Erzfeind der Schwyzer. Und nun erleben wir dieses grosse Unrecht, das uns die von Schwyz zugefügt haben!»

«Was haben die mit uns vor?», erkundigt sich Leon und fürchtet sich vor der Antwort. – «Ungewiss ist unser Schicksal, aber es hat den Anschein, als würden sie die jungen Brüder wegbringen und drohen, zu ermorden.» Rudy und Leon schaudert es gleichermassen. Barsche Stimmen ertönen und rufen Befehle. Unsanft werden die beiden Freunde an den Armen gepackt und auf die Füsse gezerrt. An Stricken angeseilt, marschieren sie los, einem ungewissen Schicksal entgegen. Unterwegs löst man ihnen die Augenbinden, und das Tageslicht blendet, als sie sich vor einer prächtigen Kirche wiederfinden, die ihnen unheimlich bekannt vorkommt.

6
In grosser Bedrängnis

Im Devotionalienladen erspäht Margarethe eine Medaille, die sie an etwas erinnert. «Schau mal, Raina, ist das nicht die schwarze Maria?» Ihre Freundin wendet sich um und beäugt das kleine Bild: «Ja, du hast Recht. Und auf der Rückseite» – damit dreht sie das Amulett um – «ist der heilige Christopherus, der Christusträger. – «Woher weisst du das?», wundert sich Margarethe. – «Das kann ich mir so gut merken, weil der das Jesuskind auf den Schultern trägt», erklärt Seraina. «Ausserdem hat meine Tante so ein Amulett im Auto, an den Rückspiegel gehängt.» Auf den fragenden Blick ihrer Freundin hin fährt sie fort: «Na ja, sie fing immer wieder Geschwindigkeitsbussen ein und dachte, ein Talisman könne nicht schaden.» – Margarethe grinst: «Hätt ich gar nicht gedacht!» – «Was? Dass sie abergläubisch ist?» – «Ja, und dass sie eine Raserin ist!» Seraina zuckt mit ihren Schultern: «Man hat ihr hier erzählt, der Christopherus beschütze die Reisenden.»

«Das ist wahr!», stimmt eine weibliche Stimme ihrer Rede zu. Hinter dem Vorhang, der den Ladenbereich vom Hinterzimmer trennt, tritt eine Frau mittleren Alters hervor, mit einem freundlichen Gesicht, aus dem geheimnisvolle Augen von grosser Tiefe leuchten. Margarethe fällt sofort auf, dass sie in ihrer Hand einen Brieföffner oder etwas Ähnliches hält, und instinktiv weicht sie zurück und zieht Seraina am Ärmel. – «Für eure Reise braucht ihr einen Christopherus, aber auch der Heilige Mauritius könnte euch von Nutzen sein!», spricht die Devotionalienverkäuferin geheimnisvoll. Die Sache ist Margarethe nicht geheuer, im Gegensatz zu Seraina, welche fasziniert das Amulett anstarrt, welches die Frau ihr herüberreicht. «Jetzt bloss kein Rabe!», denkt

Margarethe beunruhigt und tadelt sich gleich wieder für diesen Gedanken, wo doch in der Vergangenheit meistens ihre Wünsche in Erfüllung gingen – auch im negativen Sinne. Und prompt hebt die Verkäuferin an: «Nehmt den heiligen Meinrad!» – Margarethe schlägt beide Hände vor ihr Gesicht, als sie Krallen auf ihrer Schulter spürt – oder sind es Serainas Fingernägel? Mit einem lauten «Auuu!» sinkt sie in tiefe Umnachtung.

* * *

Lautes Gebrüll dringt an Serainas Ohren, und besorgt sieht sie nach, ob Margarethe noch in ihrer Nähe ist. Ihr Blick ist noch verschwommen, und sie vermisst ihre Brille. Als ihre Augen sich langsam daran gewöhnen, dass sie zur Abwechslung wieder ohne Korrekturgläser fokussieren müssen, begreift sie, dass sie sich mit ihrer Freundin auf dem grossen Platz vor der Klosterkirche Einsiedeln befindet. Die vielen Leute, die versammelt sind, tragen ungewohnte Kleidung, aber noch viel seltsamer ist der Tumult, der sich direkt vor dem Eingang der Kirche abspielt. «Findet hier gerade das Welttheater statt?», wundert sich Seraina angesichts der Kleider und Requisiten. «Warum haben die alle Heiligenstatuen aufgestellt, und was ist mit diesen armen Mönchen, die sie in Ketten gelegt haben?» Auch Bewaffnete stehen um die Gefangenen herum in grosser Zahl, tragen Hellebarden, Speere, Schwerter. Das versammelte Volk besteht aus Männern, Frauen und Kindern. «Unser liebs Vieh weggenommen haben uns die von Schwyz, diese Unmenschen!», klagt eine Frau lautstark. – «Was ist los?», fragt Seraina die Klagende, richtet sich auf, lässt aber die noch bewusstlose Margarethe nicht aus den Augen. «Überfallen haben sie das Kloster, die Mönche gefangengenommen!», erklärt die Frau mit entsetztem Blick. – «Wie Vieh zusammengetrieben wurden die armen Klosterbrüder!», beschwert sich eine ältere Frau, die ein Tuch um ihren Kopf gewickelt hat. – «Von wem zusammengetrieben?» – «Von den Soldaten derer von Schwyz!» – «Schwyz?», reagiert Seraina verwundert. «Jetzt müsste man wissen, was Schwyz mit Einsiedeln zu schaffen hat… Mist, Geschichte war nie meine Stärke… Mäggy, komm zu Dir! Die Schwyzer haben doch auch mit Rapperswil gekämpft, oder gegen sie, oder wie war das schon wieder?»

«Da war so ein Grenzkrieg mit Schwyz», murmelt eine vertraute Stimme. «1214 war das, glaube ich, aber Rudy weiss das sicher besser.» – «Mäggy, du bist wach, Gott sei Dank!», freut sich Seraina. Hinter ihr meldet sich die ältere Frau zu Wort: «Was redet Ihr von 1214? Hundert Jahre später überfallen heute die Unmenschen von Schwyz, dieses Lumpenpack, unser schönes Kloster! Und sehet, sie bringen alle um, diese jungen Männer mit dem Schwert!» Beide Mädchen blicken in Richtung der Klosterkirche und sehen, wie eine grössere Gruppe junger Mönche aneinander gekettet ist und sich langsam fortbewegt zur Mitte des Platzes. Den ersten Gefangenen in der Reihe, die die Platzmitte erreichen, wird befohlen, sich hinzuknien, und hinter ihnen stellen sich Soldaten mit Schwertern auf – «Als wollten sie den Gefangenen die Köpfe abschlagen!», keucht Seraina. Margarethe wird kreidebleich, die Worte scheinen ihr im Hals steckenzubleiben, dann entfährt ihr ein lauter Schrei: «Leon und Rudy!»

Der Löwe erkennt sofort die Stimme seiner Mäg, bleibt stehen und dreht sich abrupt um. Bevor er sie in der Menschenmenge, die sich wehklagend auf dem Klosterplatz versammelt hat, erkennen kann, bekommt er von einem Söldner einen Stockhieb ab. Leon duckt sich unter dem Schlag, sein schmerzverzerrtes Gesicht spricht Bände. «Weitergehen! Und dann niederknien!», befiehlt der Mann grob und will gleich nochmals zuschlagen. Doch Rudy, der hinter Leon in der Gefangenenkolonne angeseilt ist, kickt dem prügelnden Söldner mit dem linken Fuss in die linke Kniekehle und brüllt: «Noch nie was von Genfer Konvention gehört? Gefangene sind menschenwürdig zu behandeln, du Grobian!» Der Angesprochene dreht sich mit einem Gesicht, das schmerzverzerrt und wutentbrannt zugleich wirkt, herum und will gleich auf Rudy eindreschen, als er erstarrt – die Hand mit dem Stock führt den Schlag nicht aus. Rudys Augen weiten sich, erwartet er doch jeden Moment eine Tracht Prügel. Stattdessen spürt der Cyborg eine starke Hand auf seiner rechten Schulter und erschrickt fürchterlich. Jetzt weiss er auch, weshalb der Söldner nicht zugeschlagen hat, sondern plötzlich eingeschüchtert aus der Wäsche guckt: Hinter Rudy muss wohl etwas oder jemand sein, das oder der noch mehr Angst verbreitet als ein brutaler Soldat…

Margarethe und Seraina werden von weiteren Söldnern daran gehindert, zu den Gefangenen zu eilen. Rabenherz ist krank vor Angst um ihren Liebsten, und Seraina erblickt jetzt, wer die Hand auf die Schulter ihres Herzbuben gelegt hat. Da erstarrt sie für einen kurzen Moment. Als sie sich wieder unter Kontrolle hat, zerrt sie Margarethe zurück in die Menge der wehklagenden Frauen. «Da ist er wieder», flüstert Seraina ihrer leichenblassen Freundin ins Ohr und zeigt mit dem linken Arm zu den Jungs hinauf. Und jetzt bemerkt auch Margarethe den mysteriösen Fremden in seinem schwarzen Anzug.

Der Mann in Schwarz schiebt mit der einen Hand Rudy zur Seite, mit der andern bringt er seine klobige Tokarew auf Brusthöhe und zielt auf des Söldners Herzgegend. Im nächsten Moment fällt ein Schuss aus der sowjetischen Pistole, und Leons Peiniger sackt tot in sich zusammen. Als hätte er Nerven aus Stahl, nimmt er kurz seine Sonnenbrille mit der linken Hand ab, um besser auf die Seile zielen zu können, die Leon und Rudy miteinander und mit den anderen Gefangenen verbinden – nach drei gezielten Schüssen sind beide frei. Der Mann im schwarzen Anzug verbirgt schnell seine Augen hinter den fast schwarzen Brillenglässern und befiehlt Leon und Rudy, dicht beieinander stillzustehen. Er dreht sich drohend und mit der Tokarew fuchtelnd zu den anderen Söldnern, die wirken, als seien sie zu Salzsäulen erstarrt.

Diesen Moment nutzen Margarethe und Seraina, um zu ihren Liebsten zu gelangen. «Mäg», keucht Leon, «Nimm mir die Fesseln ab! Bitte schnell!» Die Angesprochene bemüht sich redlich, doch es ist nicht ganz einfach, das verknotete Seil zu lösen. Auch Seraina bekundet Mühe, Rudys Fesseln aufzukriegen. Plötzlich tritt der Mann in Schwarz in ihre Mitte und berührt sein Rabenkrallen-Amulett – da verschwimmt den Rabenherz-Freunden alles vor Augen.

* * *

Als die vier Freunde erwachen, liegen sie in einem kalten Verlies. Oder ist es bloss ein alter Keller? Eine dicke Kerze brennt auf einem Tisch in der Mitte des Raums, und ein schwarzer Schatten ist an der gegenüberliegenden Wand zu erkennen. Weil zwischen Margarethe und der Erscheinung die Kerze brennt, sieht sie nur die Umrisse, doch als der Schatten zu sprechen beginnt, blitzen schneeweisse Zähne auf. Mit einem slawischen Akzent begrüsst er die vier Freunde, die nacheinander aus der Ohnmacht erwachen. Als Letzter rappelt sich Rudy auf die Beine. Seraina beeilt sich, seine Fesseln vollends zu lösen. Der Cyborg atmet erleichtert auf, als er endlich frei ist, und reibt sich die schmerzenden Handgelenke. Leon hat sich beim Aufwachen selber befreien können, denn Margarethe hatte die Schnüre noch vor der Ohnmacht soweit gelockert, dass er sich aus den Schlingen herauswinden konnte.

«Wer sind Sie?», fragt Leon auf Russisch, weil er den Akzent des Fremden sofort erkannt hat, der selbst in diesem schummrigen Raum seine klobige Sonnenbrille trägt. Margarethe stupst ihren Freund in die Seite und grummelt: «Lass das, der soll ruhig Deutsch reden, ich will auch was verstehen!» Leon hebt beschwichtigend beide Hände, tritt etwas zurück, lehnt sich an die kalte Keller-Mauer und seufzt: «Okay Mäg, mach du. Aber bitte keinen Agenten-Thriller provozieren, das beklemmende Gefühl im Russen-Käfig steckt mir heute noch in den Knochen.»

Margarethe holt tief Luft, macht einen Schritt zum Tisch mit der Kerze und fragt mit bebender Stimme: «Ich ke-kenne Sie! Sie lungern in meinen Träumen herum… Und jetzt erscheinen S-Sie leibhaftig in unseren… Zeitsprüngen… We-wer sind Sie? Was wollen Sie?» – Auch Seraina mustert den Mann genauer. Jetzt, wo sich ihre Augen an die düstere Atmosphäre gewöhnt haben, erkennt sie, dass der Mann eine schwarze Krawatte trägt und deshalb nur wenig von seinem weissen Hemd zu sehen ist. Sein Gesicht ist käsig, sein Haar strohblond und ziemlich kurz geschnitten.

Der Mann in Schwarz grinst über beide Ohren und zeigt noch einmal seine schneeweissen Zähne. Dann spricht er mit sonorer Bassstimme und russischem Akzent: «Rabenherz. Ich kenne dich auch. Denn auch du erscheinst mir in meinen Träumen. Am Tag von deiner Geburt war ich bei dir. Ich will nur eines: das geheime Papier!» – «Papier? Wir zelebrieren das papierlose Zeitalter!», funkt der Cyborg dazwischen und erntet ein «Pscht» von Margarethe. Diese nimmt noch einmal ihren ganzen Mut zusammen und fragt: «Welches Papier? Das mit dem Rabenkrallen-Gekritzel, das Ihr Mordopfer in der Faust hielt? Haben Sie die arme Frau deshalb umgebracht?» Margarethes Blick verfinstert sich beim Gedanken an die kaltblütig Erschossene. Der Russe grinst nur und schüttelt den Kopf. Dann öffnet er mit der linken Hand sein Jackett wie ein Exhibitionist – allerdings nur einseitig, und er ist darunter angezogen. Margarethes Blick fällt auf eine klobige Waffe, die in einem ledernen Pistolenhalter steckt.

«Ich könnte euch alle töten. Aber nein, ich will das Papier, das bei der Mauritius-Relique lag.» Mit diesen Worten knöpft der Russe sein Jackett wieder zu und macht einen Schritt weg von der Wand in Richtung des Tisches. Gleichzeitig weichen drei der vier Freunde vor Schreck einen Schritt zurück – denn Leon lehnt schon an der Keller-Mauer –, und drücken sich an die Wand.

Nach ein paar Sekunden meldet sich wieder Leon zu Wort: «Da war nichts. Wir haben die Schatulle bei den Mönchen gesehen. Da war nur ein Knochenstück drin…» – Der Russe lacht dämonisch, dann erklärt er: «Im Mittelalter war da tatsächlich noch nichts. Das geheime Papier stammt aus dem 20. Jahrhundert. Vor der Restaurierung des Reliquiars ist es dort platziert worden. Die tote Archäologin hat es entdeckt. Aber ihr Tod war umsonst, ich habe das Papier nicht bei ihr gefunden. Also kann dies nur eines bedeuten: Ihr habt es und seid hier, um es wieder zurückzulegen, oder?» – Die vier Freunde schütteln unisono den Kopf.

Der Russe nimmt seine Sonnenbrille ab, und die erschrockenen Jugendlichen starren in eisblaue Augen, die emotionslos und gnadenlos direkt ins Herz der jungen Menschen zu stechen scheinen. Margarethe schluckt leer, dann stammelt sie: «Wi-wir ha-haben kein Pa-pa-papi-ier…» – Leon nimmt seine Mäg in die Arme und doppelt nach: «Hören Sie, wir haben nichts, wir wissen nichts. Wir haben nicht mal einen blassen Schimmer davon, weshalb wir gerade all diese Zeitreisen gemacht haben. Wir haben lediglich einen Ausflug nach Einsiedeln unternommen. Da hat es uns einfach in die Vergangenheit katapultiert. Das ist alles. Und wenn Sie uns nicht glauben…» Dem Löwen versagt abrupt die Stimme, da übernimmt Seraina: «…dann nützt es auch nichts, uns hier festzuhalten oder gar zu foltern. Wir haben eben durch Sie erfahren, dass es ein Geheimnis gibt oder gegeben hat, das in der Reliquien-Schatulle versteckt ist oder war.» – Leon atmet tief ein, ballt die Hände zu Fäusten und doppelt nach: «Und was genau steht in dem Scheiss-Papier im Klo... äh... im

Kloster, das Sie so dringend wollen? Wir helfen Ihnen gerne beim Suchen, wenn es dazu beiträgt, ein Unheil zu verhindern. Sagen SIE uns, was in dem Papier steht!»

Die stechenden Augen des Russen starren kurz in die Kerzenflamme, dann richten sie sich wieder auf Margarethe. Der Mann in Schwarz erklärt ihr, um von der eigentlichen Frage abzulenken, dass er verantwortlich dafür sei, dass ihr Geburtsdatum verschoben worden war. Margarethe staunt Bauklötze. Jetzt begreift sie, weshalb ihr Vater den Behörden das falsche Datum angegeben hat. Er musste es tun, um die Familie vor diesem Killer zu schützen. Ihr Geburtsdatum war das Alibi, das sie gebraucht hatten, um der Polizei zu erklären, dass sie zur Tatzeit, als der Russe die junge Frau auf offener Strasse erschossen hatte, nicht in der Wohnung gewesen waren. Und sie weiss nun, weshalb dieser Mann in ihren Träumen auftaucht – sie hat wohl seine Präsenz bemerkt, als sie frisch geboren in den Armen ihrer Mutter gelegen und dieser Killer ihre Eltern bedroht hatte. Auch wenn sie ihn wohl nur schemenhaft gesehen hatte, ihr Unterbewusstsein hatte alle Eindrücke gespeichert – und ihr das damalige Geschehen in Form von Träumen wieder bewusst gemacht.

«Sind Sie ein russischer Geheimagent? Waren militärische Pläne in der Schatulle versteckt?», meldet sich nun Rudy zu Wort, dessen Herz ebenfalls bis zum Hals schlägt, denn sein Abenteuer im Folterkeller der Russen zu DDR-Zeiten war ebenfalls nicht gerade amüsant. Die Elektroschocks, die er dort erhalten hatte, verfolgen ihn heute noch in seinen Alpträumen. Der Mann in Schwarz grinst erneut, diesmal nicht dämonisch, sondern geheimnisvoll, und stützt sich mit beiden Händen auf dem Tisch auf. «Denkt von mir, was ihr wollt. Dass ich Russe bin, kann ich nicht leugnen, denn das hört man. Aber alles andere ist reine Spekulation!», erklärt der Fremde und hebt kurz die rechte Hand, um sich die Sonnenbrille wieder aufzusetzen. Margarethe ist sich nicht sicher, ob der Mann mit oder ohne Brille furchterregender wirkt. Die eisblauen Augen sind stechend wie unsichtbare Dolche, doch die dunkle Brille macht ihn dafür umso unheimlicher.

Nach einer kurzen Pause, in der alle wie verrückt ihre Gehirne darüber zermartern, wie es jetzt wohl weitergehen soll, nimmt der Russe beide Hände vom Tisch und richtet sich in voller Grösse vor den Jugendlichen auf. «Bringt mir das Papier, und ich verschone euch und eure Familien!», droht der Mann in Schwarz, dann berührt er mit der rechten Hand sein Rabenkrallen-Amulett und verschwindet sofort ins Nichts – die Rabenherz-Freunde bleiben verdattert zurück.

7
Unter französischer Fuchtel

«Ist er unsichtbar geworden? Hat er einen Zeitsprung gemacht?», findet Leon die Sprache wieder. Auch Margarethe stellt sich solche Fragen, doch da platzt ein sehr viel naheliegenderer Gedanke aus Rudy heraus: «Das ist jetzt irrelevant. Lasst uns aus diesem Keller verschwinden… schnell!» – «…aber sowas von schnell!», doppelt Seraina nach, und alle vier rennen zu einer schweren Eichentür, die erstaunlicherweise nicht verschlossen ist.

* * *

«Was will der Typ? Will er was Böses tun mit dem Papier oder will er etwas Böses verhindern, indem er das Papier vernichtet? Was steht bloss auf diesem Papier?», grübelt Leon laut vor sich hin, als sie wieder draussen beim Klosterplatz in Einsiedeln an der frischen Luft sind. Die anderen drei beschäftigen sich mehr mit der Frage, in welchem Jahr sie sich jetzt befinden.

Der Klosterplatz ist komplett menschenleer. Man sieht aber auch keine parkierten Autos, was ihnen das dumpfe Gefühl gibt, nicht in der eigenen Zeit angekommen zu sein. – «Lass diesen Russen! Du machst dich nur verrückt, Leo», geht Seraina auf Leons Grübeleien ein, und Rudy meint nachdenklich: «Im Moment würde ich die Prioritäten folgendermassen setzen: Die Frage nach dem Papier ist zweitrangig, dafür möchte ich lieber diese kratzende Kutte endlich loswerden sowie etwas Vernünftiges essen und trinken. Gibt es hier keinen Kleiderladen und keine Beiz?» – «Und wie willst du das alles bezahlen, wenn wir uns nicht in unserer Zeit befinden?», ermahnt ihn Seraina spitzfindig. Margarethe muss darüber lachen, denn sonst ist es Rudy, der das Haar in der Suppe als Erster findet.

«Warum ist keine Sau… ich meine, warum ist der Klosterplatz menschenleer?», ist Leon erstaunt. Margarethe zuckt mit den Achseln und erwidert: «Vermutlich sind alle im Klo… ster… am…» Doch weiter kommt sie nicht, denn hinter ihnen öffnet sich im dritten Stock des Gebäudes, dessen Keller sie eben verlassen haben, ein Fensterladen einen winzigen Spalt breit, und eine Frauenstimme warnt: «Bleibt zuhause, die Franzosen schiessen auf alles, was sich bewegt!» – Die vier Freunde blicken sich entsetzt an.

Im nächsten Moment stehen den Rabenherz-Freunden zwei Soldaten gegenüber, die gerade um die Hausecke marschiert sind. Beide reagieren blitzschnell und zielen schon mit altertümlichen Gewehren auf die Zeitreisenden. Der eine brüllt «Qui va là?», der andere «Halte, ou j'tire!» – Rudy wird kreidebleich und stottert: «Wa-was sagen di-die?» – «Das ist Französisch», erklärt Seraina trocken und schluckt leer, während Leon die Augen verdreht und motzt: «Dass es Französisch ist, wissen wir, aber WAS haben die gesagt? Das hat getönt wie: Halt, du Stier!» – Margarethe kann ein Grinsen nur schwer unterdrücken, obwohl auch ihr die Situation nicht geheuer ist. Doch bevor den vier Freunden eine adäquate Übersetzung gelingt, befinden sie sich schon in Kriegsgefangenschaft der französischen Armee.

«Demain vous serez interrogés par notre commandant. Parlez et tout ira bien», spricht der wachhabende Soldat in freundlichem Tonfall und reicht den Gefangenen Brot und Wasser. Die vier Freunde sind nicht gefesselt, sitzen aber in irgendeinem Untergeschoss eines Hauses fest. «Schon wieder im Keller!», stöhnt Margarethe, nachdem der Soldat den Raum verlassen hat. Auch Leon ächzt bemitleidenswert: «Und dann erst noch bei den Froschfressern! Die kann man nicht verstehen, anders als die Russen.» – «Also mir sind die Franzosen lieber als die Russen», kontert Rudy, der wieder Farbe im Gesicht hat, soweit man es im düsteren Keller erkennen kann, der nur durch ein vergittertes Fenster erhellt wird. Und der Cyborg fährt fort: «Zudem lässt sich das Jahr eingrenzen, in dem wir uns befinden. Die Franzosen, die übrigens neben Froschschenkeln auch gerne Schnecken essen, sind 1798 in Einsiedeln eingefallen. Sie haben den Pilgerort buchstäblich lahmgelegt, das Kloster geplündert und die Mönche in die Flucht geschlagen…» Mit Blick auf seinen Znacht fügt Rudy wehklagend hinzu: «Au Mann, Brot und Wasser! Schon wieder!» – «Besser so, denn stellt euch vor, die Franzosen würden uns Schnecken auftischen!», lacht Leon. – Die Mädchen verziehen angewidert das Gesicht. Rudy geht nicht darauf ein und jammert weiter: «Und meine Scheisskutte trage ich immer noch!» – Leon klopft ihm auf die Schulter und jammert: «Scheisskarma, gell! Und noch schlimmer: Wir haben unsere Mönchsrasur noch. Siehst du nicht die Unlust in den Augen unserer Mädels, die uns gerade nicht sonderlich anziehend finden…» Rudy seufzt und zieht sich unter den erstaunten Blicken seiner drei Freunde die Kutte aus. Er sitzt nun lediglich mit einer Unterhose bekleidet da. «Du sagtest doch, wir seien nicht anziehend! Also ziehe ich mich aus!», bringt es Rudy auf den Punkt. Leon grinst schelmisch und tut es ihm gleich. Die Augen der beiden jungen Frauen weiten sich, als Leons Muskeln zum Vorschein kommen. Keck hebt er ein paar Mal beide Augenbrauen und meint aufatmend: «So ist es entschieden besser. Das kratzende Gewand ist echt nicht auszuhalten. Gut, haben wir kurz vor dem Überfall aufs Kloster herausgefunden, wo die Mönche unsere zivilen Kleider aufbewahrt haben. Zumindest die Unterhosen wollten wir anziehen, na ja, damit wir uns nicht alles wund scheuern an der Kutte. Das war eine gute Idee, wie man jetzt sieht. Und es ist ja noch ziemlich warm hier unten…» – «Morgen wird's wohl noch etwas wärmer, wenn wir verhört werden…», konstatiert Seraina mit Galgenhumor und rutscht näher an Rudy heran. «Mein Rudolfino ist zwar nicht ganz so gut trainiert wie Leo, aber dafür sieht er mit egal welcher Frisur schlau aus...» Und sie küsst ihren Freund, während Leon verdattert dreinblickt und zögerlich fragt: «Findest du, ich sehe doof aus mit kurzen Haaren und Tonsur?» – Seraina nickt, grinst und gibt ein unterdrücktes «Sorry» von sich. – «Das meinst du nicht wirklich, oder?» – «Was? Dass du doof aussiehst oder mein Sorry?» – «Letzteres. Na ja, eigentlich beides», antwortet Leon grummelnd, als Margarethe zu ihm rutscht und ihm ins Ohr flüstert: «Egal, die geilen Muckis machen alles wett.» – Leon grinst zufrieden und straft die R-Fraktion mit Desinteresse. Beide Paare kuscheln ein wenig, mehr liegt allerdings mangels Privatsphäre nicht drin.

Als es dunkel geworden ist, schleicht sich Seraina, die noch am besten Französisch versteht von allen, zur Kellertür, um ein paar Worte der Wächter aufzuschnappen. «Ils sont trop cons, ces p'tits helvètes. Demain ils vont bien nous dire ce qu'ils ont fabriqué là dehors en plein jour. Il est certain qu'ils n'ont rien à foutre avec le monastère. Ces deux garçons veulent nous faire croire qu'ils sont des moines! Ils se foutent de nos gueules! Ce sont deux couples!» – «T'as raison, Gaston, faudra bien faire attention lors de l'interrogatoire. On leurs dira qu'ils passeront sous la guillotine s'ils mentent. Ça va leurs délire la langue!» – Und beide Soldaten lachen hämisch.

Als Seraina leise zurück zu ihren drei Freunden kriecht, kann sie nur bruchstückhaft wiedergeben, was ihre Wärter besprochen haben. «Sie halten euch nicht für Mönche, Jungs. Und sie verstehen nicht, warum wir gestern draussen waren. Wenn sie von der Guillotine reden, ist das nur, um uns einzuschüchtern. Sie haben keine hier, also zumindest glaube ich das...» – Rudy stöhnt leise auf, und Leon fasst sich an den Kopf und bläst beide Backen auf. «Schöner Schlamassel», jammert Margarethe, «Was sagen wir denen? Was um Himmels Willen wollen wir denen...» Weiter kommt sie nicht, denn draussen geht ein Tumult los. Und eine altbekannte Stimme brüllt wie am Spiess: «Sie hören vom Anwalt meiner Eltern, Sie Grobian, Sie! Lassen Sie mich los! Fassen Sie mich nicht an! Ich habe Rechte!»

Die vier Freunde schauen sich entgeistert an und können kaum glauben, dass wirklich jener da draussen ist, dem diese Stimme gehört. «Gerry?», entfährt es Margarethe als Erste, «Was zum Kuckuck macht der hier? Wie ist er in die Vergangenheit geraten? Der kann doch gar nicht…» – Im gleichen Augenblick hören sie zwei Raben rufen. Margarethe dreht sich zum vergitterten Kellerfenster und sieht zwei Schatten, die sich durch die Gitterstäbe herein zwängen. «Plonk! Corvina! Ihr beide zusammen? Und was zum Geier macht Gerry hier?», jauchzt Margarethe, und dies kann sie gefahrlos tun, denn Gerrys Gezeter draussen übertönt sie locker. Plonk flattert zu Boden, Corvina folgt ihm, dann krächzt Margarethes Ziehrabe: «Ei sieden zwe Rab. Gerry Unfall.» – Leon grinst und kommentiert Plonks Worte wie aus der Pistole geschossen: «Gerry ist ein einziger grosser Unfall! Und dass er unfreiwillig mit euch in der Zeit gereist ist, beweist es wieder mal: Er ist einfach nur impulsiv und doof! Und ja: Ei sieden trifft die Sache im Moment besser als Einsiedeln, denn die Froschfresser heizen dem Ort grad ziemlich ein!» – «Einsiedeln hat in der Tat zwei Raben im Wappen, das passt. Aber ein Schwert wäre jetzt überfällig!», trifft Rudy ins Schwarze, und Margarethe schnippt mit zwei Fingern, als sie den anderen ihren Schlachtplan offenbart: «Wenn die Welschen reinkommen, um Gerry zu uns in den Kerker zu werfen, dann entreissen wir denen ihre Säbel, die sie zwar tragen, aber nie brauchen, weil sie dauernd mit den Musketen rumfuchteln! Dann können wir mit dem Doppeladler äh Doppelraben die Fliege aus dem besetzten Einsiedeln machen!» Die Gesichter der vier Freunde hellen sich auf, und so postieren sie sich strategisch geschickt, um sofort zuzuschlagen, sobald die Tür aufgeht.

* * *

«Waaaaas? Warum ich? Warum ICH!!!», brüllt Gerry, als würde man ihn lebendig häuten, doch keiner der Rabenherz-Jugendlichen berührt ihn auch nur mit dem Finger. Wie eine verzogene Rotzgöre wälzt sich Gerry am Boden und zetert. Die umstehenden Raben und Menschen, die sich eben gerade mit einem gelungenen Schwertklau und potenter Doppelraben-Magie aus der Kriegsgefangenschaft befreit haben, schauen sich ratlos an. Auch die Umgebung hilft ihnen nicht weiter, um herauszufinden, wo und in welchem Jahr sie sich befinden – denn um sie herum ist nur lockerer Wald. Sie beschliessen, für weitere Erkundungen abzuwarten, bis dem Zeternden die Stimme versagt – was leider lange auf sich warten lässt. Doch dann hat er sich schliesslich doch etwas beruhigt, sitzt in Embryostellung an einen Baum gelehnt und schluchzt nur noch.

Margarethe räuspert sich: «Ä-hem, Gerry. Darf ich mal was vorschlagen? Also, nur so als Vorschlag… ich meine, ich schlage vor, also, vielleicht überlegen wir uns jetzt mal, wo wir gelandet sind. Dann müssen wir nur noch ein Papier finden und dem russischen Geheimdienst übergeben…» – «Rusch-schisch Geeimdienst?», röchelt Gerry mit verheultem Gesicht und blickt Margarethe mit scheckgeweiteten Augen an. Er lässt die Arme an beiden Körperseiten zu Boden sinken. Erst jetzt bemerken die Freunde, wie Gerry angezogen ist: Er trägt einen schicken dunkelgrünen Anzug mit einer gelben Krawatte. Leon und Rudy, die beide nur in Unterhosen dastehen, blicken sich fragend an, und Serainas Blick zu Margarethe enthält alles, was nötig ist: Unverständnis für den Gefühlsausbruch und für die Kleiderwahl – wobei letzteres wohl eher zufällig passiert ist. «Haben dich meine Raben aus einem Date heraus entführt?», fragt Margarethe und platzt fast vor Neugierde. Gerry blickt zu ihr, als sei sie ein Geist, doch plötzlich kommt bei ihm der Verstand zurück, zumindest das Wenige, worüber er schon vor der Zeitreise verfügt hat. Er stammelt: «Hatte Verlobung, aufm Ba-Ba-Bauschänzli. Ein Künstler hat eine tolle Nummer mit einem Schwert vorgeführt, als diese durchgeknallten Raben aufgetaucht sind und das Schwert gepackt haben. Da wollte ich es denen entreissen, und plö-plö-plötzlich haben mich die Soldaten gepackt, die so ko-ko-komisch redeten…» – «Französisch», meint Leon grinsend, «Und was hab ich da gehört? DU wolltest dich verloben? Meine Fresse, Gerry!» – «Quatsch, mein Cousin…», erwidert Gerry und mustert Leon und Rudy: «Warum seid ihr nackt?» – «Wir sind nicht nackt, das ist äh, ein Unterhosen-Projekt!», erklärt Rudy und errötet leicht. Leon bricht in ein schallendes Gelächter aus und erntet genervte Blicke von Rudy und Gerry. Die beiden Mädchen kichern und werden ebenfalls rot – und schliesslich müssen auch die beiden genervten Jungs grölen.

8
Meinrad und sein Rat

Die Jungs und Mädchen trennen sich, um die Lage diskret auszukundschaften – Leon und Rudy noch zurückhaltender als die anderen, da sie nur spärlich bekleidet sind. Nach rund einer Stunde treffen sie sich wieder am Ausgangspunkt, woher sie ausgeschwärmt waren. «Also, fassen wir zusammen», übernimmt Margarethe ausnahmsweise Rudys Job, der gerade etwas <gerupft> wirkt ohne seine Klamotten und daher noch weniger gern die Aufmerksamkeit der anderen auf sich zieht als sonst, «also: Gerry ist overdressed, unsere Herzbuben definitiv underdressed. Und wir zwei Hübschen wirken in Jeans und weitem Kapuzenpulli gar nicht mal so deplatziert. So wie es scheint, sind wir sehr weit in die Vergangenheit gereist, wirklich sehr weit. Wo und wann wir gelandet sind, wissen wir allerdings nicht so recht. Raina und ich waren in der Nähe einer kleinen Siedlung. Die Leute dort waren sehr arm gekleidet. Ein Übergewand reicht den Männern bis zu den Oberschenkeln, Beine und Unterleib stecken in einer Art Legginshose. Die Frauen haben längere Gewänder, ohne die Hosen. Die Schuhe sind recht armselig. Wir müssen uns fünf solcher Outfits besorgen, sonst landen wir schnell wieder in irgendeinem Verlies…»

Gerry rückt seine Krawatte zurecht und jammert: «Ich soll in so'nen Bauernfummel rein?» – «Ja, was? Fummel oder Folter! Was möchtest du?», zischt ihn Seraina an, und der Angesprochene zieht den Kopf ein. «Ok, Fummel», antwortet Gerry kleinlaut. – «Ach was, in jedem Jahrhundert werden gut gebaute Männer auch halb nackt respektiert», kontert Leon grinsend und stösst auf kollektives Unverständnis. Beschwichtigend hebt er beide Hände und fügt hinzu: «Ok, Fummel.»

Doch wie kommt man ohne Geld zu Kleidern? Bevor sich die Jugendlichen einen Plan zurechtlegen können, flattert Plonk mit einem der gewünschten Obergewänder herbei. Und Corvina trägt eine Hose im Schnabel. Beide Raben können sich wegen dieser Fracht nur mit Mühe in der Luft halten. Rudy sieht man es geradezu an, dass er sich wünscht, sich als Erster einkleiden zu dürfen. Seraina ahnt dies, packt beide Kleidungsstücke und streckt sie ihrem Freund entgegen. Leicht errötend nimmt er beides entgegen, drückt die Stoffe an seine Brust und – ganz entgegen seiner üblichen Gewohnheiten – küsst Seraina leidenschaftlich, obwohl sie nicht allein sind. Als sich ihre Lippen wieder trennen, blicken sie sich schwer verliebt tief in die Augen.

Nach fast drei Stunden haben die geschickten Raben zwei weitere Männergewänder herbeigeschafft. Margarethe schaut zu Seraina und meint: «Ich glaub' Jeans und Hoodie bleiben uns erhalten… » – «Frag mal deine Raben, wie sie zu den Klamotten gekommen sind! Haben sie irgendwelche Typen verkloppt und ausgezogen?», wundert sich Seraina, während Leon sich anzieht. Die Rabenmutter wendet sich an Plonk und fragt ihn direkt. Dieser meint flügelzuckend: «Markt. Kauf. Kled gegen Nuss. Zwe Unde fün Kled.» – «Was, der hat zwei Hunde gegen ein Kleid getauscht?», wundert sich Gerry, der seinen Anzug noch nicht ausgezogen hat, weil es ihm gegen den Strich geht, im Bauerngewand herumzulatschen. Margarethe lacht schallend und erklärt, sobald sie sich vom Lachanfall erholt hat: «Plonk hat zweihundert… hundert, nicht Hunde… zweihundert Nüsse gegen ein Kleid getauscht. Nüsse sind oft hoch am Baum zu finden, also für arme Schneiderinnen und Schneider ist das ein Festessen!» Gut dass die Raben exzellente Flieger sind und intelligent zugleich. Sie haben die Nüsse in geklaute Tücher gewickelt und so transportiert.

«Was für Nüsse?», fragt Leon, der nun wie Rudy komplett angezogen ist, und fügt schnell hinzu: «Ich meine das jetzt nicht zweideutig. Als Biologe interessiert mich das…» – «Willst du eins auf die Nüsse?», kontert Rudy freundschaftlich neckend. Doch die Frage nach den Nüssen bleibt im Raum stehen, denn ein Mensch nähert sich der Gruppe. Alle erstarren, besonders Gerry, der seine erste Zeitreise erlebt.

Der Mann, der ihnen entgegenkommt, scheint ein Pilger zu sein. Er ist unbewaffnet, barfuss und ärmlich gekleidet. Lediglich ein Säckchen baumelt zu seiner Linken am Gürtel, das vermutlich Wegzehrung enthält. «Verzeiht, wohin des Wegs, guter Mann?», fragt Margarethe und tritt zum Pilger hin, der stehen bleibt und sein Gegenüber verwirrt mustert. Irgendwie hat Rabenherz das Gefühl, dass dieser Mann ihnen nützlich sein könnte. – «Zwe Bauern, zwe Junker und en Hofnarr…», kommentiert der Pilger das, was er sieht. Und bevor Gerry sich über den <Hofnarr>, der ihm gegolten hat, erzürnen kann, hält ihm Leon den Mund zu. «Pscht, lass gut sein, Gerry, so edle Gewänder gibt es zu dieser Zeit nur in feiner Gesellschaft. Na ja, die Mädels müssten ja auch sauer sein, werden sie doch als Jünglinge angesehen – trotz langer Haare.»

Margarethe fragt den Pilger erneut, wohin es ihn zieht. Ihre innere Stimme sagt ihr, dass sein Weg auch der ihre sein könnte. Und als dieser ihr offenbart, dass er zum Einsiedler Meinrad will, da fragt sie ihn, ob sie wohl mitkommen dürften. Der Mann nickt, aber man sieht es ihm an, dass er nicht sehr begeistert ist, das friedliche, einsame Wandern durch einen nervtötenden Gruppenausflug zu ersetzen.

* * *

Während die ungleiche Gruppe sich auf den Weg macht, den Einsiedler Meinrad um weisen Rat zu bitten, löchert Margarethe den Pilger mit Fragen. Dieser stöhnt bei jeder neuen Frage auf, hatte er sich doch gewünscht, dem Weisen voller innerer Ruhe entgegentreten zu können. Der Wissensdurst der angehenden Archäologin aber macht ihn ganz wirr, dennoch gibt er sich Mühe, den Zeitreisenden möglichst wahrheitsgetreu Auskunft zu geben.

So erfahren die sieben Gestrandeten, dass sie sich in der Mitte des 9. Jahrhunderts nach Christus befinden. Der Einsiedler Meinrad sei ursprünglich ein Grafensohn gewesen. Als Kind wurde er von den Eltern in die Klosterschule auf der Insel Reichenau geschickt. Er wurde schliesslich Benediktinermönch. Meinrad soll früh schon grosse Sehnsucht nach kompletter Einsamkeit verspürt haben. «*Digital Detox* kommt da wohl nicht als Grund in Frage!», flachst Leon mit einem Seitenblick zu Rudy, der den Mundwinkel verzieht und einen draufsetzt: «Und ein zu grosser Ansturm von Verehrerinnen wohl auch nicht...» – Gerry erbleicht und seufzt: «Ich würd' draufgehen...» – «Viele fühlen sich berufen, aber nur wenige sind auserwählt. Der Herr sprach zu Meginrat, und dieser folgte ihm», spricht der Pilger feierlich, um den Jungs den Wind aus den Segeln zu nehmen und weitere freche Sprüche zu unterbinden. Etwas betreten blicken sich die drei Angesprochenen an. «Meginrat?», fragt Seraina mit Blick auf Margarethe, die schnell antwortet: «Alter Name für Meinrad. Und es bedeutet *grosser Ratgeber*.» – «Wow, Respekt, Frau Professor!», kommentiert Leon die Erklärung seiner Mäg.

Während sie weiterwandern – der Pilger, Leon und Rudy barfuss, die anderen mit Schuhen, die Raben fliegend – erfahren sie noch mehr. So soll Meinrad 835 beschlossen haben, von seiner ersten Einsiedelei auf dem Etzel, wo er von Ratsuchenden richtiggehend belagert worden war, tiefer in den Wald zu gehen. «Noch tiefer in den Wald? Ist es noch weit? Meine Fusssohlen sind jetzt schon wund...», beschwert sich Rudy, und der Pilger schaut ihn tadelnd an: «Der Weinberg des Herrn ist steil...» –

«Wenn man dabei wenigstens den Wein saufen könnte, wären die Strapazen leichter zu ertragen!», kontert Leon mit einem Grinsen, das ihm aber gleich vergeht, weil der Blick des Pilgers, der nun auf ihn gerichtet ist, finsterer ist als der Wald, in welchem sie sich befinden. Leon schluckt leer und beeilt sich, zu fragen: «Wo kann man hier eine Quelle finden? Bitte, ich habe Durst, und meine Kumpels wohl auch.» – Auf den tadelnden Blick von Seraina hebt und senkt Leon beschwichtigend die flache rechte Hand, tritt näher an sie heran und flüstert ihr zu: «Besser er hält euch weiter für Junker, vielleicht dürfen Frauen ja nicht zu Meinrad. Ich kenne mich da nicht so aus…»

«Ist es noch weit?», ächzt Gerry wie ein Junge auf einem Schulausflug, als sie sich an einer Quelle laben und eine kleine Rast einlegen. Der Pilger schüttelt den Kopf.

Um die erschöpften Wanderer etwas zu unterhalten, gibt Margarethe noch ein paar Informationen mehr über den Einsiedler zum Besten. Doch sie achtet darauf, dass der ins Gebet versunkene Pilger nichts davon mitbekommt, weil sie sozusagen Informationen über Meinrads Zukunft ausplaudert: «Meinrad soll in späteren Jahren zwei Raben als Begleiter gehabt haben. Als zwei Landstreicher ihn ausgeraubt und erschlagen haben, sei er von den Raben gerächt worden. Die treuen Vögel haben die Übeltäter verfolgt, sozusagen verhaftet und der Polizei übergeben…»

Plonk und Corvina schaffen wieder Nüsse herbei, diesmal, um für das leibliche Wohl der Pilger zu sorgen. Die Freunde finden auch Beeren in der Umgebung der Quelle.

Nach einer halben Stunde will der Pilger wieder aufbrechen, doch die Zeitreisenden wollen sich schlafen legen. «Schlaft Ihr nie?», fragt Margarethe den <Reiseleiter>. Dieser meint: «Nur etwa fünf Stunden, wenn der Wald in finstere Nacht gehüllt ist. Und jetzt ist es noch einigermassen hell. Jeder Schritt zählt.» – «Der letzte Satz könnte auf einem Glückskeks stehen…», grummelt Leon halblaut, um den gläubigen Mann nicht zu verärgern. Rudy grinst und seufzt zugleich.

Schliesslich obsiegt die Vernunft: An einer Quelle zu übernachten erübrigt die Suche nach Wasser am nächsten Tag. Das leuchtet auch dem Pilger ein.

Die Nacht ist geprägt von den Stimmen der nachtaktiven Tiere. Während der Pilger tief schläft, wachen die anderen ständig auf wegen irgendeinem Laut. Gerry schafft es nicht einmal, fünf Minuten zu schlafen, so gestresst ist er. «Komm runter, Gerry!», zischt Leon genervt und fügt hinzu: «Brauchst du eine Einschlafmassage?» – «Von dir? Bloss nicht! Fass mich nicht an!», erwidert Gerry indigniert und wendet sich von Leon ab. Der Löwe grinst, dreht sich auf die andere Seite und schläft seelenruhig ein. Doch neben ihm wälzt sich eine unruhige Margarethe im Moosbett, darum wacht auch er oft auf. Sie nickt ein, erwacht, nickt wieder ein, wacht auf und muss <für kleine Mädchen>, und so geht es die ganze Nacht. Rudy döst mehr, als dass er schläft. Seraina ist an ihn gekuschelt und ist auch im Mäggy-Modus.

Als sich die beiden Mädchen mal im Wald treffen, meint Seraina: «Die Jungs haben's schon gut, die müssen nicht so oft.» Margarethe verdreht die Augen und stöhnt: «Ja, und wenn sie mal müssen, können sie es viel einfacher loswerden. In der Hocke hab ich immer Angst, mir die Schuhe nass zu machen…» Seraina grinst und lässt Margarethe vorbei, damit sie hinter die Büsche kann. Kurz noch meint sie augenzwinkernd: «Aber die Windrichtung müssen auch die Jungs berücksichtigen…»

* * *

Beim Aufstehen hört man ein kollektives Jammern und Ächzen, denn alle ausser dem Pilger haben schlecht geschlafen. Gerry fühlt sich dermassen gerädert, dass er gar nichts mehr sagt. «Gut, ist der zu müde zum Motzen», stellt Leon erfreut fest, denn Gerrys Gezeter geht ihm gehörig auf den Geist. Rudy grinst und nickt nur. Die Mädchen stehen bei der Quelle und erfrischen sich. «Logisch müssen die dauernd hinter die Büsche, wenn die saufen wie Kamele!», seufzt Leon und verdreht die Augen. – «Selber Kamel! Du warst aber auch drei Mal draussen, ich nur ein Mal», meint Rudy so nebenbei, während er mit einem Stein eine der Walnüsse öffnet. Er hat sie kurz zuvor über einem kleinen Feuer geröstet, welches er mit Gerrys Feuerzeug angefacht hat. «Eine Zigi wäre jetzt toll. Mist, die Kippen habe ich im Mantel…», grummelt Gerry, und Margarethe, die gerade von der Quelle zurück ist, seufzt: «… unser Motzofant ist doch noch auf Touren gekommen… und vermisst seine stinkenden Suchtstängel…» – «Und ein anderer Stängel ist heute Nacht auch nicht zum Einsatz gekommen…», fügt Leon grinsend hinzu. Rudy verdreht genervt die Augen und schiebt sich einen Nusskern in den Mund. – «… und unser Cyborg vernascht seine Nüsse. Do it yourself… oder so?», flachst Leon weiter, bis Rudy genervt entgegnet: «Hör mal auf, deine unbefriedigte Libido an deiner Umgebung auszulassen!» – «Stimmt, konzentriere dich besser auf die Tiere des Waldes, Leo – mit Vögeln kennst du dich ja bestens aus… ups, da sind wir wieder beim Thema…», flachst Seraina, die jetzt auch wieder bei der Gruppe ist und sich zu Rudy hinunterkniet, um ebenfalls eine Nuss zu verzehren.

Endlich geht es weiter. Der Weg allerdings wird immer prekärer, denn es ist mehr ein Klettern über umgekippte Stämme als ein Querfeldein-Wandern. «Ist es noch weit?», stöhnt Rudy und lehnt sich an einen Baum, um seine wunden Füsse zu begutachten. – «Bald sind wir da», entgegnet der Pilger und geht einfach weiter. – «Willst du es mit meinen Schuhen probieren, Cyborgino mio?», fragt Seraina mitleidend. – «Deine sind doch zwei Nummern zu klein…», seufzt Rudy und schaut Seraina dankbar an. Trotzdem zieht Seraina ihre Schuhe aus und reicht sie mit folgenden Worten an Rudy: «Diese vielleicht nicht. Die Turnschuhe musste ich in Grösse 40 kaufen statt 39. Und du hast doch sonst Schuhgrösse 41. Könnte knapp gehen.» Rudy probiert es aus, und siehe da, er fühlt sich zwar etwas eingeengt, aber zumindest kann er so seine wunden Fusssohlen schonen. – «Nachher hast du Blasen an den Zehen!», wendet Leon ein, der sich langsam wieder ans Barfussgehen gewöhnt hat, denn früher, als er mit seinen Eltern in der Natur unterwegs gewesen war, hat er oft die Schuhe ausgezogen.

Seraina versucht, sich nichts anmerken zu lassen, weil sie froh ist, dass ihr Freund etwas weniger leidet. Aber die Füsse schmerzen ihr bald auch, und sie fragt: «Ist es noch weit?» – «Nein, nein, bald sind wir da. Aber bitte fragt nicht dauernd, Junker!», erwidert ein genervter Pilger.

Gerry stolpert und fällt. Sein schöner Anzug ist mittlerweile dreckig und teilweise zerrissen. Er stöhnt: «Tammihuere Scheiss! Ist es noch weit?» – «Jaaaaa!», brüllt der Pilger, der nun endgültig die Nase voll von seinen Schützlingen hat und nahe dran ist, davonzulaufen, um schneller am Ziel und die laute Bande los zu sein. «Herrgott hilf!», lässt er einen Stossseufzer fahren und verwirft seine Hände.

Am späteren Nachmittag gelangen sie schliesslich zu einer Lichtung. Eine sehr einfach gebaute Hütte steht in ihrer Mitte, umringt von Beerensträuchern. Als sich die Bittsteller nähern, tritt ein bartloser, grauhaariger Mann in Mönchskutte heraus und begrüsst die Pilgergruppe äusserst freundlich. Er lädt sie sogar zu einer Kräutersuppe ein. Leon schlürft sie mit Heisshunger. Es stört ihn nicht, dass sie seltsam gewürzt ist. Die Mädchen bringen kaum ein paar Löffel vom zähflüssigen Etwas herunter, Gerry wird beim ersten Bissen grün im Gesicht, und Rudy rümpft die Nase. Statt sein Mundwerk zum Essen zu nutzen, beginnt der Cyborg eine Konversation: «Wir starten mit unseren Wünschen, vergebt uns, wir haben Eile… äh, unsere Gründe für dieses Vorpreschen. Wir lassen unseren Touristenguide… äh, Pilgerführer dann allein mit Euch, Monsignore Meinrad…» – Der Eremit ist leicht verblüfft, wie Rudy spricht, aber er lächelt nur gütig, ohne sich über die Wortwahl von Rudy lustig zu machen.

Der Cyborg räuspert sich und fährt fort, während er in seine Suppe starrt, die in einer hölzernen Schale serviert worden ist: «Ich… äh... Wir haben folgendes Problem: Wir suchen ein Papier… Pi… äh… Pa… Pergament. Jemand hat uns befohlen, es zu finden und ihm auszuhändigen. Es muss etwas drinstehen, das Unheil bringt. Aber wenn wir es ihm nicht geben, wird er unsere Familien töten. Also egal, was wir machen, es wird nicht gut ausgehen.» – Der Einsiedler gibt ein «Oh» von sich und murmelt einige Worte, dann schliesst er die Augen und spricht in einem geheimnisvollen Ton: «Einen Mann in Schwarz ich sehe, und ein tödliches Geheimnis. Der Mann gehorcht nur sich selber. Er ringt mit sich, ob er das Geheimnis für seine Rache nutzen oder ob er andere Menschen vor jenem Schicksal bewahren soll, das seiner eigenen Familie widerfahren ist. Ungewiss der Ausgang seines inneren Kampfes ist…» – Leon und den Mädchen fröstelt es bei diesen Worten, nur Rudy bleibt gelassen. Und Gerry versteht ohnehin nur Bahnhof.

Der Eremit öffnet seine Augen und schaut zu Plonk und Corvina, die etwas abseits Zärtlichkeiten austauschen. «Wenn diese beiden Raben bis zu meinem Tod hierbleiben, wird die Gerechtigkeit obsiegen. Denn ein Verlust im Jetzt wird eure Zukunft zum Guten verändern…» – Margarethe will gerade lauthals protestieren, als Leon ihr den Mund zuhält und sie mit grossen Augen beschwörend anblickt. Sie ist dermassen verzaubert von Leons Blick, dass sie kaum wahrnimmt, wie er zum Eremit sagt: «Und danach dürfen die Raben dorthin gehen, wo sie wollen, nicht wahr?» – Meinrad nickt, und Leon fragt Plonk telepathisch, ob er und Corvina einverstanden sind. Plonk berät sich kurz mit seiner Frau auf <Rabisch>, dann nickt er in Richtung des Eremiten.

9
Das Amulett

Margarethe heult herzzerreissend, als sie von Plonk und Corvina Abschied nehmen muss. Sie knuddelt ihren Ziehraben, als würde sie ihn nie mehr wiedersehen. «Nich ewi. Plon imme bei di, Grrrita», gurrt der Rabe, und Margarethe schluchzt verzweifelt. Leon legt ihr einen Arm um die Schultern, doch nichts kann sie momentan trösten.

Es ist Abend geworden, und die Freunde wollen möglichst noch ein paar Meilen Richtung Quelle gehen, um morgen dort zu Mittag zu essen. Margarethe stolpert voran und empfindet unerträglichen Seelenschmerz. Ihr Herz fühlt sich an, als wäre eine eiserne Klammer darum herum fixiert – und je weiter sie sich von der Hütte des Eremiten entfernen, desto enger fühlt sich die Klammer an. Die anderen aus der Gruppe sind teils bestürzt, teils einfach nur antriebslos. Nur Gerry bemitleidet sich selbst. Der Pilger ist vermutlich froh, die Rasselbande los zu sein und mit dem Einsiedler allein sprechen, beten oder meditieren zu können.

Leon nutzt seinen guten Orientierungssinn, um die Gruppe sicher zurück auf den richtigen Pfad zu bringen. Kurz vor Sonnenuntergang erreichen sie flacheres Gebiet und können sich in einer kleinen Höhle, die ihnen schon am Vormittag aufgefallen war, zum Schlafen niederlegen. Margarethe aber findet keine Ruhe. Panik überfällt sie, abgrundtiefe Angst, ihren Plonk nie wieder zu sehen. Da flüstert ihr Leon ins Ohr: «Bei Zeitreisen vergeht zuhause kein einziger Tag, nicht einmal eine Stunde. Selbst wenn Plonk und Corvina Jahre hier verbringen müssen, werden sie exakt im Januar 2023 wieder zuhause sein, so wie wir es auch sein werden.» – Nach diesen Worten schläft sie sofort ein.

* * *

Am nächsten Morgen sind alle recht gut gelaunt. Sie haben durchgeschlafen, obwohl der Boden sehr hart ist. Wenn man völlig übermüdet ist, kann man sogar auf Stein schlafen wie… ein Stein.

Die vier Freunde und Gerry beeilen sich, die Quelle zu erreichen. Alle haben extremen Durst. Das glasklare Wasser der Waldquelle erquickt die Jugendlichen und weckt ihre Lebensgeister. Sogar Margarethe fühlt Zuversicht in sich hochkriechen. Rudy besieht sich seine Füsse, die er gewaschen hat, und ist komplett überrascht, dass seine Wunden fast geheilt sind. «Ist das eine Wunderquelle?», fragt sich Seraina, und Margarethe meint: «Vielleicht ist es dasselbe Wasser, das später aus dem Brunnen beim Kloster Einsiedeln fliessen wird. Diesem Wasser wird heilende Wirkung nachgesagt.» Rudy gibt schliesslich die Schuhe seiner Freundin zurück, die froh ist, sie wieder anzuziehen.

Die jungen Leute essen ein paar Beeren, die sie finden. Es ist Sommer im Jahr 860, das hat ihnen zumindest der Pilger auf dem Weg zum Einsiedler erklärt. Je näher sie zurück zu den Siedlungen kommen, desto lichter ist der Wald, und ein warmes, trockenes Wetter sorgt für Feriengefühle. Schliesslich gelangen sie in eine kleine Siedlung und hoffen, für leichte Arbeit etwas zu essen zu bekommen. Das Vorbeigehen an prall gefüllten Marktständen ist eine Qual für die hungrigen Jugendlichen. Besonders Gerry jammert. Beinahe wäre er vor einer Marktfrau in die Knie gegangen, um sie um ein Stück Brot zu bitten. Die Angst, von Leon oder Rudy verspottet zu werden, lässt ihn im letzten Moment vor seinem Vorhaben zurückschrecken.

Schliesslich finden sie, was sie gesucht haben: Etwas ausserhalb des eigentlichen Städtchens erweitert ein Bauer gerade sein Haus, weil die Anzahl seiner Nachkommen weiter wächst. Schon elf Köpfe zählt die ganze Kinderschar. «Also ich will ja auch mal gerne Kinder, aber gleich eine ganze Fussballmannschaft sollte es dann nicht werden!», kommentiert Leon die Kindergruppe, in der das Älteste wohl sechzehn Jahre alt ist. – Margarethe seufzt: «Meine Ururgrossmutter hatte angeblich sogar siebzehn Kinder geboren! Na ja, überlebt haben nicht alle.» – Leon erbleicht und stottert: «Sie-siebzehn! ...Bitte ... nicht nach-nachahmen wo-wollen, gell.» – Margarethe grinst und winkt mit einer Handbewegung ab, was Leon erleichtert zur Kenntnis nimmt.

Weil der Bauer einwilligt, für Kost und Logis zu sorgen, wenn die jungen Leute bei der Hauserweiterung mithelfen, wird es für die fünf Zeitreisenden gleich ziemlich streng. Sogar Gerry packt mit an, um dem Bauern zu helfen, das Dach über dem neuen Hausteil fertigzustellen. Zum Dank werden sie am Abend reichlich bewirtet. Alle können sich satt essen. Und schlafen können sie im Stall auf Stroh. Nur Gerry motzt und niest zugleich: «Hatschi! Da kriege ich Heuschnupfen!» – «Quatsch!», berichtigt ihn Leon, «Heuschnupfen ist eine Pollenallergie, keine Strohunverträglichkeit. Du hast nur Mühe mit dem aufgewirbelten Staub im Stall.» – Gerry grummelt ein paar unverständliche Worte in seinen Dreitagebart, den er – wie auch die anderen beiden Jungs – mittlerweile trägt, weil sie doch schon ein paar Tage ohne Rasierapparat unterwegs sind. Schliesslich geht Gerry nach draussen schlafen, er legt sich auf einen weichen kleinen Hügel. Seraina, die jeweils auch eine Allergie entwickelt, wenn sie im Stroh schlafen muss, klettert indes eine Leiter hinauf. Unter dem Dach findet sie leere Korn- und Mehlsäcke, die sie zu einer Matratze stapelt.

Am nächsten Morgen werden alle von Leons lautem Lachanfall geweckt. Als sich Rudy und die Mädchen aus dem Stall begeben, um nachzuschauen, was denn so lustig ist, können sie es selber kaum fassen: Gerry hat auf dem Misthaufen übernachtet. Dementsprechend stinkig und stinkend ist der Krawattenträger. Und sein schöner Anzug sieht nun wirklich ruiniert aus. Alle fragen sich, warum er seinen Fauxpas nicht rechtzeitig bemerkt hat. Riecht er vielleicht wegen seines Heuschnupfens nichts? «Gerry, sieh es von der positiven Seite: Du lebst noch! Wäre der Misthaufen ganz frisch, hättest du wegen der Dämpfe kaum überlebt!», versucht Leon einen dem Wahnsinn nahen Gerry aufzumuntern, doch es gelingt ihm natürlich nicht. Dafür haben sie ihn nun endlich soweit, dass er freiwillig in den Bauernfummel schlüpft, den die Mädchen bisher nur als Schlafunterlage benutzt haben und tagsüber um die Hüften geknotet hatten. Den ehemals schicken Anzug lässt Gerry auf dem Misthaufen. Nur seine Krawatte behält er.

Nach rund einer Woche ist die Arbeit getan. Der Bauer ist so begeistert vom Dach seines neuen Hausteils, dass er den Jugendlichen noch ein paar Münzen schenkt. Leon, der die Bauarbeiten geleitet hat – er hat in Indien und in Kenya schon einige Baumhäuser gebaut –, nimmt die Geldstücke entgegen und bedankt sich. Zu seinen Freunden gewandt meint er zufrieden grinsend: «Das reicht fürs heutige Essen!»

Zurück auf dem Markt im Städtchen, überlegen sie sich, was sie gerne kaufen möchten. Margarethe schlendert nichtsahnend an einem Stand mit Amuletten vorbei. Natürlich will sie nicht unnötig Geld für Souvenirs ausgeben, schliesslich sind sie im Überlebensmodus und nicht auf Städtereise. Doch etwas fesselt ihre Aufmerksamkeit: Ein metallenes Amulett, auf dem eine Rabenkralle eingeritzt ist. Ihr stockt der Atem, und nachdem sie sich vom ersten Schock erholt hat, ruft sie ihre Freunde herbei: «Hallo Leute! Hier, das müsst ihr euch ansehen! Kommt schnell!»

Die vier Freunde und Gerry versammeln sich am Amulett-Stand. «Willst du es kaufen?», fragt Leon und ist sich nicht sicher, ob es wert ist, dafür ein Essen auszulassen. Margarethe nickt und erklärt: «Wir müssen irgendwie hier weg. Wenn das Amulett hier auch den Zeitreise-Modus drin hat wie das von diesem Russen, dann sind wir unabhängig von Rabe und Schwert.» – «Also eine Zeitreisekapsel wäre mir lieber…», meldet sich Rudy. Seraina macht eine theatralische Geste wie eine Diva kurz vor der Ohnmacht und piepst: «Wie romantisch, meine edle Biomolekülansammlung!» – Leon prustet los und kugelt sich vor Lachen, während sich Gerry mit einem «Hä?» an Margarethe wendet, die unter Lachtränen erklärt: «In einer fernen… hihi… Zukunft hat sich mal ein fahrbarer… hahaha… Computer in Rudy verknallt. Prussst… Sie hat immer solche Worte an ihn gerichtet.» – Gerry verdreht die Augen und wundert sich schon über gar nichts mehr.

Die Zeitreisenden kaufen das Amulett und bitten die Händlerin, es zurückzunehmen, falls es die erhoffte Wirkung nicht hat. Die Marktfrau sagt widerwillig zu.

In einem Hinterhof fassen sich alle an der Hand. Nur Gerry will Rudy nicht die rechte Hand geben, da packt Leon Gerrys Linke. Im gleichen Moment tippt Margarethe mit einem Finger auf das Amulett – und alle fallen in Ohnmacht.

* * *

Als die Jugendlichen erwachen, liegen sie auf einer weichen Unterlage. Es fühlt sich an wie Gras – und es ist tatsächlich eine grüne Wiese, eine sehr kleine allerdings, die von einer Mauer umgeben ist und diverse Pflanzen beherbergt. «Was tut Ihr Fremden im Kräutergarten der Mönche zu Sankt Blasien!», entrüstet sich jemand, versucht aber krampfhaft, nicht allzu wütend zu werden. Leon hält sich den Kopf und flachst: «Blasen? Nein danke, ich habe Kopfschmerzen.» – «Hey, das ist mein Spruch», beschwert sich Rudy, noch leicht benommen, und versucht, auf die Beine zu kommen. Neben ihm rappelt sich Seraina hoch. Rudy reicht ihr eine Hand, die sie gerne annimmt. Margarethe versucht nicht einmal, sich zu erheben, so sehr brummt ihr der Schädel. Leon reibt sich sitzend die Augen und stöhnt, dann blickt er nach rechts und erkennt, dass Gerry wie tot daliegt. Seraina stolpert zu ihm und untersucht ihn. «Er lebt, Herr Mönch, ist jemand der Heilkunst kundig in dem Schuppen, ich meine, Klo… Abtei, was auch immer.» – «Pater Lukas wird sich des Junkers annehmen», antwortet der Mönch und entscheidet für sich, dass er sich heute Abend selbst geisseln wird für die Wut, die zuerst in ihm hochgekommen war – auch wenn der Abt erst kürzlich vor solchen Praktiken abgeraten hat. Denn es ist ihm jetzt sonnenklar, dass die Fremden Hilfe brauchen. Wie hatte er das bloss übersehen und nur an den Garten denken können!

* * *

Im Kloster zu Sankt Blasien werden die Neuankömmlinge verköstigt und verarztet. Die Jungs tragen noch dieselben Bauern-Kleider wie zuvor, weshalb sie nicht allzu sehr auffallen – auch wenn es vermutlich wieder eine andere Zeit ist. Doch Jeans und Kapuzenpulli bei den Mädchen wirken deplatziert. Nach einigen Gesprächen gelingt es Margarethe, herauszufinden, in welchem Jahrhundert sie sich befinden: Es ist das 11. Jahrhundert. Doch das genaue Datum kriegt sie nicht heraus, denn die Glocke läutet zum Essen. Hungrig und durstig folgen die fünf Gestrandeten dem Mönch und lassen sich verköstigen – allerdings in aller Stille, denn im Kloster St. Blasien – wie wohl auch in anderen – werden Mahlzeiten schweigend eingenommen. Besonders Gerry leidet darunter, denn er möchte sich über diverse Unzulänglichkeiten beschweren: den harten Stuhl, den zu niedrigen Tisch, den unhygienisch wirkenden Teller, das fade Essen, den schlecht zu haltenden Becher, das undefinierbare Getränk und die nicht auszuhaltende Ruhe im Saal. Margarethe sieht es ihm an, dass er sich wie ein Dampfkochtopf fühlen muss, der kurz vor dem Zerbersten steht. Irgendwie belustigt es sie, aber zugleich hat sie Mitleid mit dem armen Kerl, der, anders als ihr Leon, mit Widrigkeiten schlecht umgehen kann.

Nach dem Essen sollen die Gäste ihre Zellen beziehen. Da wackeln die Jungs synchron mit dem rechten Zeigefinger hin und her, als wäre es abgesprochen, und ihre Augen blicken flehend drein. Die klare Bitte, diese Nacht anders zu verbringen, richtet sich an Margarethe, an die Amulett-Trägerin und somit an die Einzige, welche dieses Schicksal abwenden kann. Und alle drei achten darauf, dass der Mönch nichts davon mitbekommt. Seraina nimmt geistesgegenwärtig Gerry und Rudy an je eine Hand. Rudy schnappt sich Margarethe, die wiederum Leons Hand packt. Sie führt ihre rechte Hand, die sich Leons Linke gekrallt hat, mitsamt seinem Arm hinauf in Richtung Amulett, das ihr um den Hals hängt. Gerade als sie die Rabenkralle berührt, rutscht Leons Hand aus der ihren heraus…

* * *

Erneut Schwindelgefühle, ein Drehen, als ob sie in ein Delirium gleiten würden. Das Kribbeln im ganzen Körper ist fast unerträglich, aber irgendwie auch betörend. Als Rudy endlich zu sich kommt, stellt er fest, dass er allein ist. «Oh nein, bitte nicht!», stöhnt er leise. «Hab echt null Bock auf einen Alleingang!»

Immerhin trägt er weder eine kratzende Mönchskutte noch eine Tonsur, wie seine tastende Hand auf seinem Kopf ergibt. Aber die Abwesenheit seiner Freunde, ganz besonders Seraina, verunsichert ihn. «So, jetzt erst mal logisch kombinieren, keine Panik», redet er sich zu. «Was haben wir erreicht? Wir haben ein Amulett…» Allerdings wird er sich im Klaren darüber, dass er selbst es nicht bei sich trägt. «Lagebeurteilung: Erstens, ich bin allein. Zweitens, ich habe kein Amulett. Drittens, ich weiss nicht, wo ich bin…» Mit der flachen Hand schlägt er sich gegen die Stirne. «Ich bin noch ganz belämmert von der Zeitreise, war diesmal ziemlich prickelnd, als wäre ich durchgekitzelt worden… dabei dachte ich, ich sei gar nicht kitzlig… vermutlich eine Nebenwirkung der Trennung von der Gruppe während des Zeitsprungs! Sowas hatten wir ja noch nie…», sinniert er und verspürt immer noch Gänsehaut. Ungeduldig schüttelt er seinen Kopf: «Fokussieren muss ich mich, aber das ist verdammt schwierig…»

Automatisch versucht er, seine Cyborg-Implantate zu aktivieren, empfängt aber keinerlei Nachrichten, was ihm verrät, dass er sich in der Vor-Computerzeit befindet: «Na prima! Bin wieder in der tiefsten Steinzeit!», seufzt der Cyborg, der ausser Gefecht gesetzt ist. «Planänderung: Analog auskundschaften gehen, um herauszufinden, wo und wann ich gelandet bin. Füsse aktivieren. Also zuerst die Hände aufstützen…»

Behutsam, wie in Trance, steht er auf und macht sich langsam auf den Weg. Er muss sich richtiggehend konzentrieren, einen Fuss vor den anderen zu setzen, als müsste er neu lernen, zu gehen. «Als wäre ich ein Roboter!», schiesst ihm ein verstörender Gedanke durch den Kopf. Dabei wird er sich bewusst, wie sehr er sich die letzten zwei Jahre auf seine Implantate verlassen hat und wie wenig er es sich gewohnt ist, auf seine Umwelt eingehen zu müssen. Schon längere Zeit lebt Rudy ziemlich autark, weitgehend unabhängig von anderen und vor allem von analogen

Dingen. Die wichtigsten Informationen konnte er meistens aus seinem Kopf extrahieren, genauer gesagt, aus den implantierten Chips. Jetzt wieder auf herkömmliche Art zurechtzukommen, findet der Computerfreak mit Asperger-Anteil sehr bemühend. Auch die Umgebung, in der er sich befindet, befremdet und überfordert ihn: wilde, unverfälschte Natur. «Widerlich!», schauert es Rudy, und unwillkürlich muss er niesen. «Mäggy und Leo wären voll happy in dieser Umgebung, aber mir ist das zu wild, zu unordentlich, zu anarchisch!», mault er vor sich hin.

Wie ein Betrunkener schwankt er langsam vorwärts, unsicher, in welche Richtung er sich wenden soll. Der Boden ist uneben, steinig, und nur unsicher finden Rudys Füsse Halt. Schon nach kurzer Zeit kommt er ins Schwitzen, wird kurzatmig. «Konditionstraining wäre auch mal was, Rudolfino!», würde Raina jetzt sagen. Schmerzlich empfindet er die Sehnsucht nach seiner Freundin, und der Schmerz ist nicht nur seelisch, sondern auch körperlich. A propos körperlicher Schmerz: Durst plagt den orientierungslosen, unfreiwilligen Wanderer, und er hat keine Ahnung, wie er diesen Missstand beheben soll: Der Cyborg Rudy ist ratlos.

Erschöpft hält er inne und lehnt sich an einen Felsbrocken. «Ein Findling, wie kommt denn der hier hin?», wundert er sich und erinnert sich vage an einen Vortrag oder eine Erlebnisführung. Dort ging es auch um Findlinge… riesige Felsbrocken, die von Gletschern über weite Strecken transportiert wurden und nach dem Rückgang des Eises einfach liegenblieben. Man findet sie heute noch überall. Und auch Margarethe erzählte später darüber aus diesem Buch, das mit dem falschen Wappen, mit dem Raben… «Einen Raben müsste ich jetzt haben, der könnte mir den Weg weisen!», fährt es ihm durch den Kopf.

Ein lautes Prusten lässt ihn zusammenzucken, und der heisse Atem, der ihm ins Genick bläst, verschlägt ihm vor Schreck fast den Atem. Dass es sich nicht um einen Raben handelt, wird dem jungen Mann spätestens klar, als eine feuchte Schnauze sein Ohr berührt. Rudy zuckt entsetzt zusammen. Er springt zur Seite, wendet seinen Kopf und sieht einen Esel, der ihn freundlich und verwundert mustert. Und plötzlich weicht seine Aversion gegen die Natur, schmilzt wie Schnee an der Sonne, als der Pferdenarr das Tier gewahrt, welches ihn vertrauensvoll beschnuppert.

10
An der Quelle

Seraina steht an einem Wasserfall und wird geblendet vom Sonnenlicht. Sie fühlt sich wie in einem Abenteuerfilm, in welchem die Heldin in den nächsten Augenblicken eine furchtbare Begegnung haben wird. «Dieser Ort ist zu schön, um wahr zu sein!», schiesst es ihr durch den Kopf. «Bestimmt taucht jetzt irgendwas Grausiges auf!» Als versierte Computerspielerin, beeinflusst durch ihren Freund, ist sie auf alles gefasst und gleichzeitig frustriert, dass sie nicht in der Lage ist, diesen besonderen Moment zu geniessen, an diesem zauberhaften Ort. Denn sie spürt, dass sie an einer magischen Quelle gelandet ist.

Ein Krächzen lässt sie aufhorchen, und sie wundert sich, dass sie die Vogelrufe trotz plätscherndem Wassers vernimmt. Sie ist nicht erstaunt, dass die geflügelten Besucher Raben sind – zwei Raben. «Meinrads Raben?», fragt sich Seraina, «Aber das kann doch nicht sein! Oder sind wir etwa wieder in Meinrads Wald? Und überhaupt, dann würdet ihr nicht hier sein, sondern bei Mäggy! Sie ist doch die Rabenmutter!»

Aber es handelt sich nicht um Corvina und Plonk. «Sind da noch andere Raben im Spiel?», fragt sich Seraina. Bei diesem Gedanken schwirrt ihr der Kopf. Sie wird sich erst jetzt der Absurdität der ganzen Szene beim heiligen Meinrad bewusst: «Raben aus der Zukunft liefern in der Vergangenheit Meinrads Mörder der Polizei aus.» Und da kommt ihr ein neuer Gedanke: «Wieso ist der Typ eigentlich heilig? Der hat das Kloster gegründet, sozusagen, aber was sonst noch? Oder ist der nur heilig, weil er erschlagen wurde?» Sie erinnert sich an die Gründungslegende des Klosters Einsiedeln, über die sie auf einer Gedenktafel in der Klosterkirche gelesen hatte. Kopfschüttelnd murmelt sie etwas vor sich hin von der <Morbidität der Gläubigen> und lässt ihren Blick wachsam durch die Gegend schweifen, während die beiden Raben sich auf einem Ast niederlassen und die junge Frau mustern, als wollten sie sie bewachen.

Die Anwesenheit der Vögel beruhigt Seraina. Alle Anspannung weicht von ihr; sie wird ganz gelöst. Als sie den Wasserfall betrachtet, das rauschende Wasser, den lehmigen Geruch der Quelle wahrnimmt, ist sie sogar versucht, ein Bad zu nehmen in dem Becken, das so einladend aussieht. Das Wasser ergiesst sich von weit oben vom Berg herab in ein rundes Becken, das nicht tief anmutet. Obwohl Seraina grundsätzlich keine Wasserratte ist, lockt sie das kühle Nass, und sie hat Lust, sich die Kleider vom Leib zu reissen und ins erfrischend blauschimmernde Becken zu springen. «Was ist denn mit mir los?», wundert sie sich. Ihr ist, als vernähme sie eine Stimme, die sie ruft. Verwirrt schüttelt sie den Kopf, aber auch ihre Gedanken ziehen sie mit Macht ins Wasser: «Na ja, eine Dusche wär schon mal wieder fällig!» Gleichzeitig drängt sie eine Stimme in ihrem Hinterkopf, vorsichtig zu sein, wachsam. Wenn sie ins Wasser geht, ist sie verletzlich und angreifbar. Hin- und hergerissen von zwei widerstreitenden Gefühlen, glaubt sie erneut, ein Rufen zu hören, ganz leise, als dringe es aus weiter Ferne.

Nicht die Raben sind es, die rufen. Die Vögel reagieren gelassen auf den Ruf und wenden ihre Köpfe dem Wasser zu, als sähen sie auf der Wasserfläche etwas – oder vielleicht unter dem Wasserspiegel? Ruft diese seltsame Stimme etwa aus dem Wasser? «Muss ich da wohl reintauchen und etwas suchen?», fährt Seraina ein Gedanke durch den Kopf, den sie gleich wieder verwirft. Zu absurd erscheint es ihr und gleichzeitig zu naheliegend: «In einem Fantasyfilm wäre das jetzt genau so, dass etwas blitzt unter Wasser, und dann muss ich danach tauchen, und wenn ich wieder hochkommen will, ist der Teich zugefroren – nein danke!» Als sie so dahinsinniert, krächzen beide Raben im Chor, wachsam. Seraina wirft den Tieren einen Blick über ihre Schulter zu, dann späht sie erneut ins lockende Nass. Und tatsächlich leuchtet etwas unter der Wasseroberfläche! «Jetzt spinne ich aber!», tadelt sie sich fassungslos. «Das muss eine optische Täuschung sein! Oder… Was auch immer das für ein Gegenstand ist, wie krieg ich den hoch?» – «Daaa raaaain!», krächzen beide Raben in Chor. – «Wie? Was? Ruft ihr meinen Namen?» – «Raaaina, daaa raaain!», tönt erneut der Rabenruf. Das Mädchen seufzt: «Okay, dann ist wohl jetzt ein Bad angesagt! Die Frage ist – mit oder ohne?»

* * *

Margarethe erwacht und fühlt sich so richtig wohl, wie sie sich schon lange nicht mehr gefühlt hatte. «Ach, wie schön ist es hier, mit diesem Vogelkonzert, und es duftet wunderbar!», stellt sie erfreut und schläfrig fest. Wohlig räkelt sie sich in einem ungewohnten, aber weichen Bett. Ein bisschen kratzt es zwar, aber ihre Unterlage ist dennoch sehr angenehm. Sie ist drauf und dran, wieder einzudösen, dann aber übermannt sie die Neugier, herauszufinden, wo sie denn eigentlich gelandet ist. Und plötzlich kriecht Unruhe durch ihre Glieder, die stärker wird. Margarethe seufzt: «Eben war es doch noch so friedlich, und ich war total entspannt! Und dann kommt diese Rastlosigkeit über mich wie ein schnell wirkendes Gift, und vorbei ist's mit der Ruhe!» Schlaftrunken richtet sie sich auf einem Ellenbogen auf und lässt ihren Blick durch die Umgebung schweifen. Sie blinzelt den Schlaf aus ihren Augen.

Offenbar befindet sie sich in einem Garten. Allerdings ist das kein wilder Garten, sondern ein kultivierter, der nach geometrischen Regeln angelegt ist. Die junge Frau richtet sich auf und riecht starken Lavendelduft, der an ihren Kleidern hängenbleibt.

«Hab ich jetzt voll auf dem Lavendelstrauch geschlafen? Wie peinlich!», denkt sie. «Da kommt sicher einer motzen!» Denn dieser Garten gehört jemandem, soviel steht fest. Als sie bedächtig aufsteht, stellt sie fest, dass sie in einem Labyrinth gelandet ist. Sie versucht sich zu orientieren und geht aufs Geratewohl los. «Liebstöckel, das sogenannte Maggykraut, Rosmarin, Salbei, wilder Majoran… oder ist es Thymian? Ich verwechsle die beiden immer! Und Pfefferminz…» Sie reisst ein Blättchen ab, reibt es zwischen ihren Fingern und hält sich diese an die Nase. «Mmh, das wär ein feiner Tee! In wessen Kräutergarten bin ich hier bloss gelandet?» Sie wandelt durch den Irrgarten aus nützlichen und geniessbaren Kräutern und muss schmunzeln beim Gedanken, dass ihre Wahl eines Schlafplatzes in der Tat angenehmer war als die von Gerry: «Wenigstens rieche ich gut, auch wenn ich schon viel zu lange nicht mehr duschen konnte.»

Der duftende Ort in der Morgensonne strahlt Ruhe aus, und Margarethes Rastlosigkeit lässt wieder nach. Die junge Frau ist so zufrieden, dass sie nicht einmal beunruhigt ist, dass Leon und die anderen nicht in ihrer Nähe sind. Sie vermutet, die vier können nicht weit von ihr gelandet sein. Munter und voller Zuversicht erkundet sie die Gegend.

Etwas entfernt erheben sich imposante Mauern und zwei Türme, und Margarethe vermutet, diese gehören zu dem Gebäude, welches den Kräutergarten bewirtschaftet. Vorsichtig nähert sich die junge Frau dem Mauerwerk und findet auch sogleich einen Durchgang. «Bin ich wohl im Kloster Einsiedeln?», rätselt sie. «Naheliegend wär's ja, aber fragt sich bloss, in welchem Jahr ich diesmal gelandet bin!»

Auf alles gefasst nach den Ereignissen der letzten Zeit, geht sie auf leisen Sohlen durch den Innenhof. Kein Mensch ist zu sehen, und es ist ganz still – abgesehen von den Vögeln, welche lauthals singen. «Ausser Vögeln nichts gewesen», denkt sie amüsiert bei sich, darauf gefasst, dass Leon jeden Augenblick aus einem

Busch springen und sie umarmen könnte, und freut sich über das Konzert der Piepmätze. «Himmlische Ruhe, Vogelgesang – ein magischer Ort!» Sie ist versucht, zur Klosterkirche zu gehen, welche sich hinter den Mauern erhebt – offenbar ist sie von der anderen Seite her ins Kloster gelangt, dort, wo der Friedhof ist. Neugierig erkundet sie den Ort, stets ängstlich darauf bedacht, kein Aufsehen zu erregen, denn das Kloster Einsiedeln ist ein Männerkloster! «Nicht, dass ich die Mönche verärgere durch mein Eindringen!», schiesst es Margarethe durch den Kopf.

Ein lautes Krächzen schreckt sie auf, und instinktiv sucht sie die Umgebung nach schwarzem Gefieder ab. Jedoch hält sich der Krächzende versteckt. «Suuuuch!», ruft jemand, aber die Stimme hat nichts Menschliches an sich. «Suuch Sach!» – Margarethe horcht auf: «Was soll ich suchen? Meine Freunde suche ich.» – «Suuuch Sach!», ruft der mutmassliche Rabe erneut. – «Was soll ich suchen? Eine Sachertorte etwa?», lacht das Mädchen. «Wer bist du, der mich ruft? Plonk kann es ja nicht sein!», denkt sie traurig. Da der Vogel nicht mehr antwortet, fragt sie sich, ob sie sich das alles eingebildet hat. Dennoch hat sich der Gedanke jetzt in ihrem Kopf festgesetzt.

Sie vermutet, dass sie etwas suchen muss – vielleicht ein weiteres Artefakt, welches den Zeitreisenden weiterhelfen soll, ihr Ziel zu erreichen. «Such Sach – such eine Sache vielleicht? Wenn ich bloss wüsste, welcher Art dieses Ding sein soll!», seufzt sie. Plötzlich glaubt sie, eine telepathische Botschaft zu empfangen – von wem? Von Plonk? Oder vom heiligen Meinrad? – wie eine Bestätigung, dass sie etwas finden muss. Dass es ein Gegenstand oder ein Amulett sein soll, steht für sie fest, nachdem sie den Talisman mit der Rabenkralle gefunden hat. Instinktiv tastet sie nach ihrem Hals und kriegt das Amulett zu fassen. Erleichtert atmet die Suchende auf.

Instinktiv setzt sie ihren Weg fort durch die Klosteranlage in Richtung Klosterkirche, oder eher Klosterplatz, denn dort stehen doch die Devotionalienstände, an welchen sie mit Seraina in der Gegenwart Ausschau gehalten hatte nach Amuletten. Ob in der gegenwärtigen Zeit, in der Margarethe jetzt gelandet ist, auch solche Händler auf dem Hauptplatz des zum Kloster gehörigen Dorfes Einsiedeln ihre Ware feilbieten, weiss sie nicht, aber sie ist darauf bedacht, es herauszufinden. Jetzt noch unbemerkt zum Tor gelangen…

Doch zu spät: «Eine Frauensperson im Kloster!», ruft eine aufgeregte Männerstimme, und Margarethe zuckt zusammen, als wäre sie eine ertappte Diebin. «Mist! Das hat mir jetzt echt gefehlt!» Sie ist hin- und hergerissen zwischen zwei Absichten: ihr Heil in der Flucht zu suchen oder stehenzubleiben und die Unschuldige zu markieren, die nichts Böses im Schilde führt – was ja auch der Fall ist. Bereits ist der Rufer bei ihr angelangt und packt sie am Ärmel. Etwas erstaunt ist sie schon, dass man sie sofort als Frau erkannt hat, denn sie trägt immer noch ihre übliche Kleidung – also keinen Rock. «Oh nein!», seufzt Margarethe leise. «Wie komm ich aus diesem Stunt wieder raus?»

* * *

Der Esel scheint instinktiv zu erahnen, dass Rudy Wasser braucht. Das Tier führt den Cyborg zu einer kleinen Quelle, wo Rudy erleichtert seinen Durst stillt. Als er sich wieder aufrichtet und den Esel dankbar am Kopf krault, beginnt er mit dem Tier zu reden: «Also, ich weiss, dass ich, wenn ich mit dir spreche, wohl der grössere Esel von uns beiden bin. Aber grad habe ich niemanden sonst. Also, ich nenne dich… Graufell. Hm, ich wüsste zu gerne, wo ich bin. Und vor allem, in welchem Jahr ich gelandet bin. Seltsam, dass wir getrennt wurden während der Zeitreise. Sowas ist bisher nur passiert, wenn wir mehrere Schwerter oder Messer zur Verfügung hatten…» Rudy seufzt, bemerkt aber, dass Graufell ihm aufmerksam zuhört. Das Tier scheint Rudys Notsituation zu begreifen, kann sich aber keinen Reim darauf machen, wie er seinem Menschenfreund helfen könnte. Graufell entscheidet sich dafür, Rudy zu seinem Bauernhof zu führen, denn dort ist es gemütlich, es hat andere Tiere, und man bekommt gute Nahrung – dass man sich dafür ab und zu abrackern muss, daran hat sich der Esel gewöhnt, denn er kennt es nicht anders.

Rudy ist überrascht, dass sein neuer Freund ihm auf Eselart zu verstehen gibt: «Folge mir!» Graufell wendet ihm sein Hinterteil zu und dreht den Kopf zu Rudy, was wohl ein «Komm! Da lang!» bedeutet. Dann trottet der Esel auf einem wohl schon oft benutzten Pfad einher, was Rudy gelegen kommt, da er immer noch barfuss ist und so auf nackter Erde gehen kann.

Nach rund einer halben Stunde erreichen sie einen Bauernhof, der für mittelalterliche Verhältnisse einen wohlhabenden Eindruck macht – oder ist Rudy gar nicht im Mittelalter gelandet? Am Giebel des Haupthauses liest er die Jahreszahl 1833 und ist sich nun fast sicher, sich im 19. Jahrhundert zu befinden. Eine Restunsicherheit besteht, denn die Jahreszahl am Giebel verschwindet nicht einfach so – die könnte noch im 21. Jahrhundert lesbar sein. Auf das 19. Jahrhundert weisen die landwirtschaftlichen Werkzeuge hin, die herumliegen, allen voran der altertümliche Pflug, der keinen Traktor, sondern zwei Ochsen als Antrieb braucht, worauf das Joch hinweist.

Der Hof scheint menschenleer, vermutlich sind alle bei der Feldarbeit, mutmasst Rudy. Graufell steuert schnurstracks den Stall an, der auf der anderen Seite des Haupthauses steht. Als Rudy an der Holzfassade des Bauernhauses entlanggeht und hochblickt, fällt ihm ein ganz eigenartiges Kruzifix über dem Hauseingang auf: Das Kreuz mit dem sterbenden Jesus ist mit vielen kleinen Dingen bestückt, die nicht auf modernen Kruzifixen zu sehen sind. Rudy bleibt stehen und schaut sich das Arrangement genauer an: Über dem Haupt Jesu steckt ein überdimensionierter Nagel, auf den beiden Seitenarmen des Kreuzes sind diverse Handwerkswerkzeuge in Kleinformat angebracht, auch eine winzige Leiter und eine Mini-Geissel sind dabei, und der Stab mit dem Essigschwamm ergibt mit der Lanze, die Jesus in die Brust gerammt worden ist, ein V um den Gemarterten herum. «Was soll das? Sind das alles Folterwerkzeuge? Oder sind auch Werkzeuge dabei, die Jesus als Handwerker im Atelier seines Vaters… äh Ziehvaters benutzt hat?», grübelt Rudy halblaut, kann sich aber nicht erinnern, jemals im Religionsunterricht so etwas mitbekommen zu haben. Er stöhnt und schaut sich nach Graufell um, der ungeduldig vor dem Stalleingang auf ihn wartet. Rudy seufzt und will gerade zum Esel hinübergehen, da erkennt er im fingerlangen Nagel über dem Kopf des Gekreuzigten eine feine Gravur. Instinktiv klettert er auf ein Fass, das halb im Hauseingang steht, und ergreift den Nagel. Dieser bricht weg und fällt ihm auf den Kopf. Mit der rechten Hand fängt er den Nagel auf, bevor er von seinem Kopf runterfällt. Rudy wird es schwindlig. Mit Müh und Not klettert er vom Fass hinunter, dann verliert er das Bewusstsein. Es scheint, als mache er ohne Rabe und Schwert eine Zeitreise.

11
Nackte Tatsachen

Diesmal fühlt sich das Zeitreisen völlig unspektakulär an, und beim Aufwachen – Rudy liegt seitlich auf weicher Erde gebettet am Boden – hat er nur zwei Dinge, die ihm auffallen: In seiner rechten Faust hält er den Nagel, hinter ihm brüllt eine bekannte Stimme wie am Spiess. «Gerry!», stöhnt Rudy und hat überhaupt keine Lust, sich nach der <Drama Queen> umzudrehen. Lieber richtet er sich in Sitzposition auf und schaut sich den Nagel genauer an. «Apocalypsis MM... Was heisst das? Apokalypse im Migros-Markt?», flüstert Rudy grübelnd zu sich selber und ist zuerst einmal über die feine Handwerksarbeit erstaunt: «Wer das da auf den Nagel eingeritzt hat, muss ja sehr geschickt gewesen sein – das auf dem schmalen, zylindrischen Stäbchen...» Dann überlegt er, was die Bedeutung der Inschrift sein könnte: «Aber MM? Ist das eine römische Zahl? Muss ja fast, wenn Apokalypse lateinisch geschrieben wurde... also M steht ja für 1000, MM für 2000 – für das Jahr 2000 vielleicht... Da hatten sich ja schon etliche Spinner auf den Weltuntergang vorbereitet...» Und er sinniert weiter: «Wurde in dem Jahr das vom Russen im schwarzen Anzug so heiss begehrte Dokument im Mauritius-Reliquiar versteckt? Wenn ja, wann genau? Kriegen das Raina, Mäggy und Leo raus? Wir brauchen zusätzlich den Monat, den Tag und die Stunde, also je eine Variable pro Person! Passt! Und der Gerry ist dabei nur der Bremsklotz – und den hab ich mir grad verdient, Scheisskarma!» – Rudy ist vollkommen ausserstande, weiter darüber nachzudenken, denn Gerrys Gezeter hinter seinem Rücken hat solche Dimensionen angenommen, dass er es nicht mehr ignorieren kann. Als er sich sitzend umdreht, bemerkt er, dass der arme Kerl nackt und in nach vorne gebückter Haltung an einen Pranger gefesselt ist – beide Hände und der Kopf stecken fest. Schaulustige piesaken ihn grölend…

* * *

Seraina watet ins kühle Wasser und fühlt sich wunderbar erfrischt. Die Raben bleiben wachsam auf dem Baum sitzen, der seine Äste über das Wasserbecken reckt, als wolle er die Badende beschützen. Eine Eiche, vermutet Seraina anhand der handförmigen Blätter: ein magischer Baum, der von den Kelten verehrt wurde. Im Schutze der Eiche und der Raben glaubt die junge Frau, in Sicherheit zu sein. Sie ist voll im Vertrauen, was ihr selten passiert. Sie kann loslassen, in jederlei Hinsicht: Ihre Kleider hat sie alle abgelegt, weil sie keine Lust hat, nach dem Bad in nasser Unterwäsche herumlaufen zu müssen. Es ist zwar warm, im Schatten jedoch kühl. Beruhigend rauscht der Wasserfall.

Zwar geniesst Seraina das Prickeln, welches das Wasser auf ihrer Haut erzeugt, aber der Moment, in welchem sie ihren Bauch unter die Wasseroberfläche taucht, verschlägt ihr fast den Atem. Sie taucht ganz unter und fühlt sich wie neugeboren: Hatte ihr nicht einmal die Freundin ihrer Tante erzählt, wie sie in Russland an einem religiösen Ritual teilgenommen hatte und im eiskalten gesegneten Wasser gebadet hat? Obwohl jene Frau nicht gläubig war, habe das Erlebnis etwas in ihr ausgelöst. Seraina versteht nun, was die Reisende gemeint hat, und sie ist sich der Magie dieses Ortes bewusst: Das muss eine heilige Quelle sein. «Ein Kraftort ist es allemal, egal, welchen Glauben man praktiziert!» Erquickt und erfrischt, ist sie nun nur noch darauf fokussiert, das schillernde Objekt zu lokalisieren.

«Muss wohl tiefer tauchen!», gibt sie sich selbst Anweisungen. «Tief Luft holen, und runter geht's!» Beim ersten Versuch gelangt sie nicht bis zum Grund, da das Wasser in der Mitte des Beckens tiefer ist als erwartet und da der Druck des herunterfallenden Wassers das Mädchen von der Stelle forttreibt. «Mist, ich komm nicht runter!», seufzt Seraina und nimmt mehrere Anläufe, bis sie endlich bis zum Boden tauchen kann. Dort aber greift sie ins Leere, weil sie unter Wasser nicht gut sieht. Erneut versucht sie es, bis sie etwas greift, was sich nach einer Kette anfühlt. Sie taucht damit nach oben, sucht eine Stelle, an der sie Grund hat und betrachtet dann ihre Beute: «Ein Armband!», stellt sie fest. «Mit Zähnen… oder eher Klauen dran?» Verwundert mustert sie das Armkettchen, an welchem in der Tat mehrere seltsame Objekte baumeln, die an tierische Greif- oder Beissorgane erinnern. «Das sind wirklich Zähne und Krallen!», ruft sie aus und erwartet insgeheim eine Reaktion seitens der Raben. «Sind es wohl Rabenkrallen?» – «Taaiismaa!», krächzt einer der Raben, die wie Zwillinge anmuten. Plonk und Corvina sind es auf keinen Fall, beschliesst Seraina, aber sprechen können auch diese Vögel. «Was für ein Talisman?», möchte die Taucherin wissen. – «Muut, Krrraaaft!»

Seraina braucht einen Moment, um die Worte des Raben zu begreifen: «Diese Gebisskette ist also ein Mutmacher?», fragt sie. «Das sieht doch aus wie ein Stück von einem Geweih, und diese Zähne stammen sicher von verschiedenen Tieren. Sie sind schön in Silber gefasst… sieben Anhänger sind es. Eine magische Zahl! Oder ist es ein Puzzlestück zu jenen Gegenständen, die Rudy, Mäggy und Leo unterdessen möglicherweise finden?» Wie kommt sie nur darauf, dass ihre Gefährten auch ein Artefakt finden müssen? Sind es die Raben, die ihr dies telepathisch mitteilen? «Oder lese ich zu viele Fantasy-Romane?», überlegt Seraina nüchtern.

Sie steht bis zur Taille im Wasser, in die Betrachtung des Armbandes versunken, welches sie wie einen Rosenkranz durch ihre Finger gleiten lässt. Die Anhänger verleiten zum Spielen, und Seraina kann es nicht lassen, mit einem Finger zu prüfen, wie scharf die Zähne sind. «Aua!», entfährt ihr ein Schmerzensschrei: Sie hat sich an einer Spitze den Finger blutig gekratzt.

«Holde Maid, bedürfet Ihr der Hilfe?», fragt eine charmante Stimme, und Seraina, die ja unbekleidet im Wasser steht, zuckt erschrocken zusammen.

* * *

Rudy weiss gerade nicht, was er denken soll. Einerseits findet er die Szene noch ganz witzig: Der am Pranger fixierte, nackte Gerry, der endlich für all seine Bösartigkeiten – insbesondere für seine Arroganz und für das Mobbing gegen Mäggy in der Primarschule – büssen muss. Andererseits ist Rudy ein glühender Verfechter der Menschenrechte und hasst es – auch wegen seiner eigenen, traumatischen Erfahrung im Folterkeller der Russen zu DDR-Zeiten –, wenn jemand misshandelt wird. Er atmet tief ein und erhebt sich. Als er an sich hinunterschaut, bemerkt er, dass er immer noch das Bauerngewand trägt, das Plonk und Corvina ihm gebracht haben.

Rudy redet sich selbst Mut zu und geht mit festen Schritten und geschwellter Brust zum Spektakel hin. Die Leute, die um den armen Gerry herumstehen, bewerfen den Gefesselten mit Erde und Kieselsteinen, schlagen ihn mit Stöcken und zwicken ihn an allen Stellen, an die sie gefahrlos herankommen – also praktisch überall.

Der Cyborg atmet tief ein, dann brüllt er wie ein Berserker: «Weg da! Weeeeeg! Nach Hause, ihr Lumpen-Gesindel!» Und der Cyborg fuchtelt wild mit den Armen. Es kommt ihm zugute, dass erwachsene Menschen aus seiner Gegenwart deutlich grösser sind als jene im Mittelalter. So überragt Rudy selbst die kräftigsten Typen deutlich – das schindet Eindruck! Und tatsächlich: Der Mob verzieht sich, zwar murrend und widerwillig, aber er macht sich wirklich aus dem Staub.

Rudy ist ziemlich überrascht, aber auch stolz auf sich selber. Wenn einer wie Leon so etwas hinkriegt, dann erstaunt das niemanden. Hingegen ist ein zwar grosser, aber dennoch zierlich gebauter Computer-Nerd normalerweise keiner, der ein Dutzend Leute einfach so wegzuscheuchen vermag…

Keine Menschenseele weit und breit, obwohl hier das Dorfzentrum sein müsste – ausser Rudy und Gerry. Doch der Cyborg ist sich sicher, dass er nur wenig Zeit hat, bis ein Soldat oder jemand anders vorbeikommt, um nach dem Rechten zu schauen. Darum untersucht er sofort das Schloss, ohne Gerry gross anzusehen. Letzterer winselt nur und röchelt bemitleidenswert. Zudem muss es für Gerry wohl sehr peinlich sein, völlig nackt vor Rudy zu stehen – auch wenn sein bestes Stück nur zu sehen wäre, wenn Rudy sich bücken würde, da Gerry nach vorne gebeugt im Pranger steckt, der sozusagen ein im Boden fixierter Schandkragen ist.

Mit dem Nagel aus den *Arma Christi* stochert Rudy im Schloss herum, das die beiden Balkenteile zusammenhält, wo Gerrys Hände und Kopf darin fixiert sind. «Das hätte Jesus sicher gefallen: Ein symbolischer Kreuz-Nagel befreit einen Gefolterten!», kommentiert Rudy den Moment, als er das Schloss knackt. Schnell hebt er den oberen Balken, so dass Gerry Hände und Kopf aus der misslichen Lage befreien kann. Sofort verdeckt der Ex-Häftling mit einer Hand seine Blösse. Mit der anderen massiert er sich den schmerzenden Nacken.

Rudy seufzt und zieht sich das Bauerngewand aus. Dann reicht er das Kleidungsstück Gerry, der ihn zitternd, bleich und traumatisiert anblickt. «Ich habe noch meine Unterhose, bei dem warmen Wetter muss das reichen. Aber du kannst nicht so rumlaufen, wie Gott dich geschaffen hat», kommentiert Rudy die Situation. Dankbar, aber schweigend, zieht sich Gerry den Bauernfummel über. Kaum ist Gerry nicht mehr nackt, vernehmen sie lautes Hufgetrampel, das schnell näher kommt…

* * *

Seraina bedeckt schnell mit Händen und Armen ihre Blösse und taucht in den winzigen Waldsee ab, so dass nur noch ihr Kopf aus dem Wasser ragt. Es ist ihr zutiefst peinlich, splitterfasernackt von einem Mann überrascht zu werden. Doch wer ist dieser attraktive Kerl, der in einer blau-weiss-roten Uniform steckt? Sie äugt über ihre Schulter und mustert ihn: Das Obergewand ist blau mit rotem Innenfutter, das an Handgelenken und Hüften keck nach aussen gekehrt ist. Weisse Bänder halten das Obergewand vorne zusammen. Der Mann trägt vom Gürtel bis zu den Schuhen eine Art weisse Leggins, und darüber rote, enge Shorts ums Becken, die das beste Stück des Mannes recht gut zur Geltung bringen. Blaue Mokassins hat er an den Füssen, und eine weisse Perücke ziert seinen Kopf, wobei man sie nur seitlich sieht, weil ein seltsamer blauer Hut, der wie ein grosses Papierschiffchen wirkt, seinen Scheitel bedeckt. Er hat einen Degen an seiner linken Seite am Gurt fixiert, und in seiner rechten Hand trägt er eine Lanze. Aus grünen Augen blickt er zu Seraina herunter.

«Leo? Bist du das? Was machst du in der Papageien-Uniform?», entfährt es Seraina, und der Angesprochene lacht herzhaft. In typischer Leon Manier scherzt der <Soldat>: «Für den Papagei fehlt die gelbe Farbe. Ich bin ein französischer Garde-Soldat in den Nationalfarben Blau, Weiss und Rot. Und jetzt kommt da raus, holde Maid, und bedeckt Euch, bevor meine Impulskontrolle versagt bei diesem… äh… betörenden Anblick.» – Seraina kneift die Augen zusammen und grummelt: «Du siehst gar nix!» – «Hm, also mir reicht's, den Rest stell ich mir einfach vor…», grinst Leon, ohne rot zu werden. – «Untersteh dich, zu denken. Und dreh dich gefälligst um!», kontert Seraina energisch. Artig wendet sich Leon ab und lässt Seraina aus dem Wasser steigen und sich anziehen. «Denk nicht mal dran! Nase in die andere Richtung!», tadelt sie ihn, weil sie merkt, dass er versucht, einen verstohlenen Blick zu erhaschen. – «Welche Nase?», flachst Leon frech, da platzt Seraina der Kragen: «Die eine da oben im Wind 180 Grad von mir weg, und was die andere betrifft, bist du selber schuld, wenn die neckischen roten Hotpants reissen.» – Leon prustet los – so viel Schlagfertigkeit hätte er nicht erwartet.

Während sich Seraina ankleidet, fragt sie Leon aus, um ihn von unanständigen Gedanken abzulenken: «Hast du auch was gefunden? Ich habe so eine Kette mit 7 Anhängseln gefunden…» – Leon räuspert sich und meint: «Null…» – Seraina entfährt ein «Hä?», dann zieht sie Leon auf: «Bist du also doch eine Nullnummer! Wusst ich's doch!» – «Nein», protestiert Leon unwirsch, «meine Zahl ist eine Null, sie steht auf dem kleinen Kreuz, das an einer Silberkette um meinen Hals baumelt.» – «Eine Null…», grübelt Seraina, «kein Jahr, kein Monat, kein Tag… die Stunde Null? Gibt's das?» – «Keinen blassen Schimmer», gesteht Leon, «die Null ist die paradoxeste Zahl, die es gibt, weil sie materiell gesehen nicht existiert. Sie ist rein theoretischer Natur. Es ist die Zahl fürs Nichts! Ohne sie könnten wir allerdings nicht richtig rechnen, weil wir sie dringend brauchen, um mit lediglich den Ziffern 1 bis 9 klarzukommen und dennoch gigantische Zahlenwerte zu produzieren. Aber sie sagt nur aus, dass da nix ist…» – Seraina schwirrt der Kopf, und sie muss sehnsüchtig an ihren Rudy denken, der sonst immer solche Reden schwingt. «Wo er wohl steckt, ob es ihm gut geht?», fragt sie sich stumm, aber mit schwerem Herzen.

Als sie endlich wieder komplett bekleidet ist, tritt sie an Leons Seite und fragt scheu, weil es ihr immer noch peinlich ist, Leon nackt gegenübergestanden zu haben: «Hast du was gesehen? Sag ehrlich!» – Leon schaut sie mit treuherzigen Augen an und flüstert: «Ein Gentleman schweigt und… vergisst…» – Seraina verzieht das Gesicht, grummelt etwas Unverständliches, dann wechselt sie abrupt das Thema: «Wie bist du zu der Uniform gekommen? Eine Garde K.O. geschlagen und ausgezogen? Na, dann kannst du dich auf was gefasst machen, wenn sie dich erwischen!» – «Quatsch», ereifert sich Leon indigniert, «habe mir das redlich verdient, bin in die französische Armee eingetreten…» – «Mit deinen absolut miserablen Französisch-Kenntnissen? Nehmen die jeden?», ereifert sich Seraina. Und Leons Blick verfinstert sich, dann aber grinst er diabolisch: «Hey, wenn du mich weiter beleidigst, erinnere ich mich doch wieder an das, was ich gesehen habe. Oder noch besser: Ich zieh dich wieder ganz aus und schmeisse dich ins Wasser zurück! Und springe nackt nach!» – Seraina erbleicht, doch den beiden bleibt keine Zeit, um sich weiter zu zanken, denn eine kleine Gruppe bewaffneter Männer erscheint an dem friedlichen Platz. Der Anführer brüllt: «Tötet diesen verfluchten Franzosen! Und die Hexe da auch!»

* * *

Rudy und Gerry nehmen die Beine unter die Arme und rennen los, um den Verfolgern – wer immer da hinter ihnen her ist – zu entwischen, bevor die Häscher sehen können, wohin genau sie flüchten. Das zumindest glückt. Doch die weitere Flucht gestaltet sich nicht einfach, denn die beiden Jungs kennen sich überhaupt nicht aus in der fremden Stadt. Sie wissen nicht einmal, in welcher Siedlung sie gelandet sind, und wann genau. Beide haben gerade keine Zeit, sich darüber den Kopf zu zermartern, denn Priorität geniesst eine erfolgreiche Flucht.

Schliesslich gelangen sie auf einen Klosterplatz und erkennen nun, dass sie immer noch in Einsiedeln sind. «Kirchen-Asyl! Wir beantragen Kirchenasyl!», ruft Rudy und packt Gerry am Arm, um ihn in eine andere Richtung zu ziehen. «Autsch!», protestiert dieser, doch Rudy schleppt ihn unsanft in die Klosterkirche hinein. Dabei fällt ihm der Kruzifix-Nagel hinunter. Er bückt sich, um ihn aufzulesen, da verschwimmt den beiden Jungs alles vor Augen…

* * *

Leon stellt sich zuerst beschützend vor Seraina, doch diese schnappt sich seinen Degengriff und zieht die Waffe aus der Klingen-Scheide. Leon schaut sie verdattert an, doch sie zuckt nur mit den Achseln: «Hey, weisst du nicht mehr? Ich habe das Ritterturnier in Brandenburg gewonnen. Begnüge dich mit der Lanze… ausserdem ist die länger als der Degen, das müsste dir gefallen!» – Leon grinst, als Seraina sich wieder an seine Seite stellt und mit Degen sowie Killerblick die Angreifer einzuschüchtern versucht. Und tatsächlich halten die Männer inne. Vier gegen zwei, allerdings sind Seraina und Leon deutlich besser bewaffnet. Die Rebellen haben nur Äxte mit kurzen Stielen, was Leon eigentlich zu einem Spruch verleitet, den er aber nicht mehr zum Besten geben kann, denn plötzlich plumpsen zwei Personen aus dem Nichts auf die Köpfe der Angreifer – von denen drei sofort ohnmächtig werden, der Anführer erst nach einem zusätzlichen Faustschlag von Leon.

«Rudy? Gerry?», entfährt es Seraina, und sie nimmt ihren halbnackten Freund in die Arme. Dieser röchelt und stöhnt – der Aufprall war nicht gerade angenehm. Gerry ist ohnmächtig, was Leon sehr entgegen kommt – erstens kein Gezeter, zweitens muss er ihn nicht in die Arme nehmen und trösten.

Nachdem Leon die vier Gefangenen den Franzosen übergeben hat, erhalten auch Rudy und Gerry so schicke Garde-Uniformen wie Leon. Und Seraina ebenfalls, denn sie hat sich als Junge ausgegeben – mit ihren üblichen Kleidern ging das ganz ohne Probleme. Allerdings müssen die neuen Rekruten noch Hand anlegen: die Löcher flicken und die Blutflecken auswaschen, denn es sind Second-Hand-Uniformen gefallener Kameraden. Neue Uniformen gibt's nur gegen Bezahlung. «Schon komisch, dass die uns einfach so aufnehmen», wundert sich Seraina, doch Rudy zuckt nur mit den Achseln: «Wer Gefangene bringt, gewinnt ihr Vertrauen, ganz einfach.» – «Anders gesagt: Der Feind ihrer Feinde ist ihr Freund», ergänzt Leon.

Der Löwe pfeift durch die Zähne und meint: «Also in der Uniform siehst du ja erstaunlicherweise fast noch sexier aus als ganz…» – Weiter kommt er nicht, denn Serainas Killerblick und Rudys unfreundliche Annäherung, die rechte Hand am Degengriff, lassen ihn verstummen. Um von der pikanten Situation abzulenken, stottert Leon: «Äh, hat… je-jemand mei-mei-meine Mäg gesehen?»

12
Erzwungene Retraite

Margarethe ist verzweifelt, in einer kleinen Zelle, und dreht ihre Runden, aufgebracht wie ein Tiger im Käfig. «Ich hasse es, eingesperrt zu sein! Ich will raus hier!», faucht sie. Getrieben ist sie vom dringenden Wunsch, aus dieser Beengtheit zu entkommen, gleichzeitig ist sie beunruhigt, was ihre Freunde betrifft, die sie schon viel zu lange nicht mehr gesehen hat. «Ich will zu meinem Leon, und möchte wissen, was mit Raina und Rudy ist!», jammert sie. Und sie ist von der fixen Idee besessen, einen Gegenstand zu finden, der ihnen einen weiteren Hinweis einbringt.

«Stattdessen sitze ich im Knast!», murrt die Gefangene und tritt verärgert gegen den Nachttopf, der scheppernd über den Lehmboden rollt. Alles war so schnell gegangen, bevor sie geistesgegenwärtig hätte reagieren können: Ein Klosterbruder hat sie ertappt, als sie auf leisen Sohlen in der Klosteranlage unterwegs war. Den Wortwechsel zwischen ihm und einem anderen Mönch hat sie zwar nicht verstanden, aber klar war, dass die beiden Männer nicht glücklich über das Auftauchen der Fremden waren. Nach kurzem Sinnieren und Beraten kamen sie zum Schluss, dass sie den Eindringling am besten in einer der kleinen Mönchszellen unterbringen, bis entschieden wird, was mit ihm geschieht. Sie haben die junge Frau dann einigermassen galant, aber dennoch unerbittlich in ihr behelfsmässiges Gefängnis befördert, welches zwar als Mönchszimmer für einen frommen Klosterbruder dient, damit sich dieser im Gebet üben und der Meditationen in einsamer Zurückgezogenheit frönen kann, aber angesichts seiner Kargheit durchaus als Haftzelle geeignet ist.

Und nun ist die junge Frau in diesem winzigen Raum und sehr beunruhigt. Sie dreht ihren Runden und jammert und seufzt. Es kommt ihr vor, als wäre sie schon stundenlang in Gefangenschaft. Da erinnert sie sich an ihr Amulett – das Ticket in die Freiheit! Doch es ist weg! In Margarethe kriecht Panik hoch. «Wo kann das Amulett bloss sein?», zermartert sie ihr Hirn.

Nach einiger Zeit wird Margarethe plötzlich ruhiger. «Irgendwie ist es so ruhig und friedlich hier. Und das Alleinsein ist eigentlich gar nicht so schlimm….», überlegt sie. Dabei wird ihr bewusst, wie selten sie allein ist – ganz allein. Als Einzelkind war sie es sich früher gewohnt, viel allein zu sein, weil ihre Eltern auch oft bei der Arbeit und geschäftlich unterwegs waren, fand das gar nicht so schlimm und fühlte sich im Grunde genommen nie einsam. Das Alleinsein gehörte zu ihrem Leben, fühlte sich vertraut an. Als sie in der Schule von den anderen Kindern ausgegrenzt und gemobbt wurde, zog sie sich in ihre eigene Welt zurück, und als ihr dann ihr <Ziehsohn> buchstäblich vor die Füsse plumpste, hatte sie mit ihrem Raben Plonk den ersten und für längere Zeit einzigen Freund, dem sie voll und ganz vertraute. Und wenn sie ehrlich war, brauchte sie damals, mit elf Jahren, keinen anderen.

Mit Rudy kam dann unerwartet ein Vertrauter aus der eigenen Schulklasse dazu; aber der liebenswürdige und etwas unsichere Nerd war auch gerne in seiner eigenen Welt unterwegs und verstand daher Margarethes Bedürfnis, sich manchmal zurückzuziehen. Lucia, die auch zu ihrer gemeinsamen Freundin wurde, konnte das viel weniger gut nachvollziehen, und durch sie und ihr unstillbares Mitteilungsbedürfnis fühlte sich Margarethe manchmal bedrängt. Das war ihr damals allerdings nicht klar. Erst, als sie eine Vertraute in Seraina fand, begriff sie, was eine <richtige> Frauenfreundschaft sein kann, denn sie wurde zu einer sehr engen und wichtigen Freundin. Auch Seraina empfindet ähnlich und braucht ihren Rückzugsraum, fühlt sich schnell einmal eingeengt und wird dann ziemlich unwirsch. Das war Margarethe besonders aufgefallen auf ihrer Mission im alten Zürich im 13. Jahrhundert, als sie auf engstem Raum hausen und zu dritt auf einem Strohsack schlafen mussten. Trotz ihrer Zuneigung zu Rudy war Seraina streckenweise unerträglich übellaunig, was sicher auch darauf zurückzuführen war, dass sie schlicht und einfach zwischendurch ihre Ruhe brauchte. Die beiden Freundinnen verstanden sich oft wortlos und liessen einander ihren Raum. «Rai ist mir manchmal direkt unheimlich!», sinniert Margarethe in ihrer Zelle. «Mich dünkt es, sie könne meine Gedanken lesen!» Wenn sie es doch nur jetzt könnte… und ihr helfen!

Die Überlegungen der Gefangenen schweifen weiter, chronologisch, zu ihrem Leon, den sie schmerzlich vermisst. Tief ist die Liebe, die die beiden verbindet, und Margarethe staunt, wie weit sie gekommen ist vom schüchternen Mauerblümchen: Unterdessen hat sie einen festen Freund und eine beste Freundin nebst ihrem ältesten Freund Rudy, und mit den dreien und mit ihrem noch älteren Rabenfreund Plonk hat sie alle Hände voll zu tun, von der Schule und ihrem Nebenjob ganz zu schweigen. Manchmal wächst der jungen Frau das alles über den Kopf, aber eingestehen hat sie sich das bisher nie wollen. «Wie soll das bloss in Zukunft werden in der Berufswelt, wenn ich jetzt schon gestresst bin?», fragt sich die angehende Studentin voller Beklemmung.

In der Abgeschiedenheit der Klosterzelle wird Margarethe klar, dass die Einsamkeit ihr schmerzlich gefehlt hat. In der Schnelllebigkeit der Welt mit all den Ansprüchen, die der Alltag an die Menschen stellt, sind Rückzugsmöglichkeiten spärlich gesät und Hochsensible permanent überfordert. In diesem Moment der Ruhe wird das der jungen Frau klar: Sie und ihre Freunde, mit Rabe und Schwert verbunden, gehören alle zu diesen empfindsamen Menschen, die mehr wahrnehmen als andere – und oft mehr, als gut für sie ist. Selbst der extrovertiert agierende Leon ist ein sensibler junger Mann, und er spürt auch, wann seine Mäg Ruhe braucht, und gibt ihr diesen Raum – «Na ja, er spürt es

MEISTENS… wenn er nicht gerade selber Stress hat!», fügt sie schmunzelnd in Gedanken hinzu und ertappt sich selbst jetzt in dieser Klosterzelle, wie sie es geniesst, einmal ganz unerwartet einen Ruheraum geschenkt zu bekommen, fern von ihren Liebsten – sogar fern von ihrem Allerliebsten. Ein Kloster ist auch ein Ort der Einkehr und Meditation. In der modernen Gegenwart suchen gestresste Manager und überarbeitete Lehrerinnen freiwillig Klöster oder ähnliche Institutionen auf für ein <Time-out>. Überrascht über diese Gedanken, spricht die Achtzehnjährige leise und kämpferisch: «Aber eigentlich möchte ich selber entscheiden, wann ich allein sein will!»

* * *

«Was machen wir nur ohne Mäggy?», rätselt Rudy, als er mit Seraina am Tisch sitzt beim Abendessen. Da die um sie herum tafelnden Soldaten laut lachen und grölen, kann sich das Paar einigermassen ungestört unterhalten. Leon ist im Wachdienst eingeteilt und daher nicht bei ihnen. Seraina seufzt: «Ohne Mäggy geht gar nix! Ausserdem dreht uns Leo noch vollends durch, wenn seine Liebste weiterhin nicht auftaucht. Wo steckt sie nur?» Rudy zuckt mit seinen Achseln: «Ich befürchte, sie ist irgendwo steckengeblieben auf dieser verrückten Hin- und Her-Reiserei durch die Zeiten.» Mit schreckgeweiteten Augen reagiert seine Freundin auf seine Worte: «Sag sowas nicht! Das darf einfach nicht sein!» Nachdenklich fügt sie hinzu: «Mäggy ist der Schlüssel zum Zeitreisen, ohne sie geht es gar nicht. Undenkbar, dass ausgerechnet sie den Zeitsprung nicht schafft!» Rudy schüttelt betrübt seinen Kopf, schweigend, dann sinniert er: «Ich fürchte, es liegt an Gerry…» – «Was? Was hat der Quatschkopf mit Mäggy zu tun?» – «Er blockiert vielleicht ihr Reisefenster… weil einer zu viel unterwegs ist», gibt Rudy zu bedenken. Seraina reisst ihre Augen noch weiter auf: «Das wäre grauenhaft, wenn Mäggy wegen diesem arroganten Deppen nicht mehr durch die Zeitpforte gelangt! Aber könnte es nicht auch an dem Amulett liegen, das sie trägt?» – «Wer weiss?», seufzt Rudy und verwirft seine Hände. «Mit Magie kenne ich mich nicht aus, wenn keine physikalischen Gesetze greifen… diese Zeitreiserei ist mir offen gestanden zu unlogisch, ausser, wenn gewisse Gesetzmässigkeiten zusammenfallen. Sobald ich vorausberechnen kann, was passiert, bewege ich mich auf sicherem Boden.» – «Jajaja, das ist ja nix Neues!» Ob des Wortschwalls ihres Liebsten verdreht Seraina entnervt ihre Augen, worauf ihr Freund sofort einlenkt: «Äh, wie auch immer, aber sagen wir Leo besser nix von meinem Verdacht bezüglich Gerry, sonst tickt der uns vollends aus, und wer weiss, was der Löwe dann mit dem armen Blödian macht!»

* * *

Als die drei es endlich schaffen, sich zu treffen – Gerry ist im Küchendienst eingeteilt, was die anderen erleichtert und amüsiert quittieren –, wirkt Leon ungewohnt deprimiert. «Ich vermisse meine Mäg und mache mir Sorgen!», gesteht er, der sonst immer so optimistisch ist. – «Also, wenn sogar du Sonnenschein so traurig dreinblickst, ist definitiv etwas krumm!», bemerkt Seraina und klopft ihm auf die Schulter. Rudy grunzt: «Wäre mir um's Flachsen, hätte ich jetzt mit dieser Steilvorlage einen passenden Spruch auf der Zunge!» Aber weder Leon noch Seraina verspüren Lust, sich zu erkundigen, worauf Rudy anspielt. Den Rabenherz-Kids ist das Herumalbern ohne Rabenherz vergangen. Seraina fasst dies betrübt in Worte: «Wenn Leo keine anzüglichen Sprüche mehr klopft, stehen wir kurz vor dem Weltuntergang!» Darauf murmelt Rudy in seinen Dreitagebart: «Und ich zähle als Sprücheklopfer ja offenbar nicht, was?»

* * *

Lange hat Margarethe Zeit, über das Erlebte nachzudenken. Aber da sie schon lange keinen Kontakt mehr zu Plonk und ihren Lieblingsmenschen hatte, weiss sie nicht, was der Stand der Dinge ist: Weilt Plonk noch bei Meinrad, oder ist er bei Leon und den anderen aufgetaucht? Sind Seraina, Rudy und Leon ebenfalls getrennt worden? Haben sie sich unterdessen wieder gefunden? «Vielleicht sollte ich proaktiv nach einer Lösung suchen, statt hier Däumchen zu drehen», überlegt sich Margarethe. Wohlgemerkt, sie wird gut behandelt von den Benediktinermönchen. Aus ehrlichem Interesse hat die Hobby-Historikerin sich über die Regeln informiert, denen die Klosterbrüder folgen. Nachdem sie den Mönch, der ihr das Essen brachte und den Nachttopf leerte, immer wieder mit Fragen gelöchert hat, brachte dieser einen Mitbruder an die Zellentüre. Dieser erklärte Margarethe die Grundregeln des heiligen Benedikts – die Benediktsregel, welche die Basis des Ordens der Benediktiner bildet.

Da der Geschichtsinteressierten die Kurzversion zu wenig aufschlussreich war und sie weitere Fragen stellte, zog der Mönch entnervt von dannen. Der Klostervorsteher höchstpersönlich sprach sodann bei der <Gefangenen> vor, und als sich herausstellte, dass diese des Lesens kundig ist, willigte der Abt ein, dass die unerwünschte Besucherin ausnahmsweise in der Klosterbibliothek in einem Büchlein lesen durfte, welches die Klosterregeln auf das Genauste schildert. «Wissensdurst soll gefördert werden; das ist im Sinne unseres heiligen Benedictus.»

Tief über eine alte, mit bunten Buchstaben verzierte Handschrift gebeugt, vergisst Margarethe jegliches Zeitgefühl. «Das ist ja echt interessant, wenngleich ich diese Lebensweise nicht nachvollziehen kann», denkt die Leserin bei sich.

Das *Klosterregularium* aus dem Jahr 540 ist von Benedikt von Nursia verfasst: die *Regula Benedicti.* Da sie auf Latein geschrieben ist, hat Margarethe Mühe, sie zu verstehen, aber sie versucht trotzdem, in dem für sie faszinierenden alten Büchlein zu lesen.

Die monastischen Tugenden umfassen Gehorsam, Schweigen und Demut. «Das wäre nichts für Leon», denkt Margarethe schmunzelnd. Für Verstösse gegen die Regeln gibt es Strafen. Der Gottesdienst ist strikt geregelt mit Stundengebeten, nach dem Apostelwort: <Betet ohne Unterlass!> Dazu kommt das Psalmwort <Siebenmal am Tag singe ich dein Lob und nachts stehe ich auf, um dich zu preisen!> – «Klingt anstrengend, hat aber vielleicht einen meditativen Aspekt», sinniert die Lesende.

Was die Schweigepflicht betrifft, so sollen während oder nach den Mahlzeiten klar definierte liturgische Texte vorgelesen werden, aber einfach so plaudern, ist untersagt. Klar und deutlich heisst es in der neunten Regel über das Schweigen nach der Komplet, dem Nachtgebet: «Findet sich einer, der diese Regel des Schweigens übertritt, werde er schwer bestraft.» Margarethe vermutet zu Recht, dass ihr Liebster in Teufels Küche war während seines Exkurses ins Kloster bei der Zeitreise.

Schon als ihr der Mönch von dem stetigen Wechsel von Wachen und Schlafen, Licht und Dunkelheit, Arbeit und Ruhe erzählt hat, wurde es Margarethe unbehaglich zumute: «Mit meinen Problemen mit meiner Impulskontrolle würde so ein Hin und Her meinen Rhythmus gänzlich durcheinanderbringen!», mutmasst sie schaudernd. Faszinierend findet sie dagegen die Vorstellung von Sonnenaufgang und Sonnenuntergang als Übergang vom Dunkeln ins Licht und umgekehrt vom Licht ins Dunkeln als Anlass und Inhalt der Liturgie. Aber die strenge Regel empfindet die freiheitsliebende junge Frau als bedrängend, und besonders das Keuschheitsgebot ist für sie unvorstellbar: die Keuschheit lieben, lautet ein Gebot.

Als sie am Abend wieder allein in ihrer Zelle sitzt, eingeschlossen, wird sie von grosser Sehnsucht erfasst. «Keuschheit ist nix für mich, ich vermisse meinen Leon!» Sie sehnt sich nach seinen Umarmungen und Küssen, versucht sich seine zärtlichen Finger auf ihrer nackten Haut vorzustellen, wohlig erschaudernd beim Gedanken daran. Fast ist es ihr peinlich, in dieser keuschen Umgebung derlei unkeusche Gedanken zu wälzen. «Ich bin definitiv nicht vergeistigt, sondern eher der körperliche Typ!», denkt sie bei sich, aber der Gedanke amüsiert sie nicht, weil ihr der Zärtlichkeitsentzug körperlich weh tut.

* * *

Wieder ist ein Tag vergangen ohne Lebenszeichen von Margarethe. «Gerry rackert sich in der Küche ab, während sich Leon die Beine in den Bauch steht», stellt Seraina fest, die ihre Muskete zu reinigen versucht. Rudy, der auch keine Erfahrung mit Militärdienst hat, stellt sich nicht weniger ungeschickt an. «Wenn wir das Ding nicht sauber kriegen, kassieren wir einen Rüffel, und als Nächstes kriegen wir Arrest!», seufzt er. «Küchendienst wäre weniger riskant.» Da keiner der Offiziere in Sichtweite ist, beschliessen die zwei, die unerquickliche Aufgabe sein zu lassen, und machen sich auf, Leon zu besuchen.

Prustend steht dieser auf seinem Posten auf dem Klostervorplatz am Fusse der Treppe zum Haupteingang in die Klosterkirche, wo er Wache schiebt, als Seraina und Rudy zu ihm stossen. «Prächtige Laune, Leo», bemerkt Rudy. «So gefällst du mir entschieden besser!» – «Ja, so ein Häufchen Elend wie gestern Nacht ist nicht unser Leo!», bestätigt Seraina und klopft dem Angesprochenen burschikos auf die Schulter. «Was ist der Grund für deine erneute Heiterkeit?» Leon grinst: «Ich könnte Tränen lachen, aber das kommt nicht gut an, weil mich die Franzosen dann aufs Korn nehmen!» – «Sag schon, mach's nicht so spannend!», drängt Seraina. «Amüsierst du dich wegen dem Küchenjungen – Gerry?» Leon prustet heraus: «Buahaha, den hätte ich fast vergessen, aber ich seh' den lebhaft vor meinem geistigen Auge Geschirr abwaschen, stundenlang, tagelang, pausenlos… junger Mann aus gutem Hause gesucht für Küchendienst!» Alle drei lachen herzlich. «Auf Kosten anderer lacht's sichs doch am Besten, was?», bemerkt Rudy mit schiefem Grinsen. – «Ja, besonders auf Kosten der Franzosen!», schnieft Leon und wischt sich Tränen aus seinen Augen, während Seraina einen Hustenanfall hat vor lauter Heiterkeit. Rudy hakt nach: «Was haben die Blauen denn angestellt? Oder hast du gar Nachricht von Mäggy?»

Für einen kurzen Moment schieben sich Wolken der Traurigkeit über Leons Gesicht. «Leider nein», seufzt er, und Seraina, immer noch hüstelnd, beeilt sich, ihn abzulenken: «Das wird schon, Leo! Erzähl…hust... bitte, was so lustig ist!» Leon macht ein Gesicht, als versuche er, seine Mimik wieder in Ordnung zu bringen. Offensichtlich kämpft er mit sich selbst und ist sehr beunruhigt über das lange Verschwinden seiner Mäg. Allein, er fasst sich und erzählt: «Die Rotärsche wurden verarscht!» – «Inwiefern wurden die edlen Franzosen über den Löffel barbiert?», erkundigt sich Rudy, darum bemüht, Leons Vulgärsprache zu konterkarieren. – «Die haben die falsche Statue, weil die Einsiedler schlauer waren!», prustet Leon heraus. Seraina reisst ihre Augen weit auf: «Meinst du die schwarze Marienstatue?» – «Genau die! Die Franzosen dachten, sie könnten sie rauben und als Kriegsbeute nach Paris bringen, aber jetzt stellte sich heraus, dass die Statue eine Fälschung ist!» Sein schelmisches Grinsen beweist, dass die Schadenfreude seine Sorge vorübergehend überlagert. «Ich stiess ja erst später zur Truppe und bekam die erste Welle der Plünderungen nicht mit, als das Gnadenbild, wie sie es nennen, geraubt wurde.» – «Das war doch Anfang Mai 1798, aber ich habe keine Ahnung, welches Datum wir heute haben», gesteht Rudy frustriert, der keinen Zugang zu zuverlässigen computergenerierten Daten hat, geschweige denn überhaupt irgendeinen elektronischen Input. – «Ist doch egal, aber jedenfalls hatten die Eroberer Zeit genug, die Statue nach Paris zu bringen, und jetzt hat man herausgefunden, dass es gar nicht die echte Maria ist!», lacht Leon. – «Geschieht ihnen recht!», findet Seraina. «Wo die so gewütet haben, dass es einem in der Seele weh tut, diese Teufel! Ich hatte ja dort in der Kirche, als wir alle vier dort waren, also in unserer Zeit, mir eine Broschüre gekauft und darin ein bisschen geschmökert.» – «Was, hast du die etwa dabei?», wundert sich Leon. – «Ja, ich hatte ja meine neuzeitlichen Kleider, zumindest, bis ich baden ging.» – «Und von mir ertappt wurdest, du Badenixe, du!», fügt Leon mit schwärmerischem Gesichtsausdruck hinzu und erntet einen finsteren Blick von Seraina und einen misstrauischen von Rudy. – «Was denn?», reagiert er mit unschuldigem Augenaufschlag. «Kann doch nix dafür, dass deine Herzallerliebste splitternackt im Wasser stand, als ich gerade aus dem Wald kam! Ich dachte, ich sehe eine Fata Morgana!» Jetzt reissen Seraina und Rudy gleichzeitig ihre Augen weit auf und ihre Münder ebenso, aber Leon kommt ihnen zuvor: «Eine fesche Braut hast du, Ru, alle Achtung!» Damit nimmt er beiden den Wind aus den Segeln.

Seraina gerät ins Stottern: «I… äh… item, ich habe in dem Büchlein gelesen, dass die Maria rechtzeitig vor den Franzosen geflohen ist… nach Österreich, glaube ich.» – «Wenn ich das nur online nachschlagen könnte! Sowas habe ich nicht in den Implantaten gespeichert», seufzt Rudy. – «Tja, man muss seine Fakten halt im Kopf haben!», zieht Leon Rudy auf. – «Jaja, dann leg mal los!», fordert Rudy unwirsch – verärgert über Leons

Spruch und die kompromittierende Begegnung seiner Liebsten mit dem Löwen. Seine Freundin macht eine beschwichtigende Handbewegung und hebt an: «Das geschah offenbar nur wenige Tage vor dem Einmarsch der Franzosen. Die Mönche holten Maria samt Jesuskind im Arm aus der Gnadenkapelle – das ist die Kapelle, die in der Klosterkirche integriert ist, und brachten Mutter und Kind sicher nach… wie hiess der Ort schon wieder, wo du gern mit Mäggy skifahren, gehst, Leo? Ganz in der Nähe?» – «Brunni….Alpthal.» – «Genau! Alpthal! Sie haben es dort irgendwo vergraben, sozusagen auf der Skipiste. Und dann hat einer vom Stift es über die Grenze gebracht, wie hiess der Ort, Prudenz oder so, erinnert mich immer an Prudentia, Göttin der Weisheit…», sinniert Seraina. – «Also es gibt Bludenz, meinst du das?», schlägt Rudy vor. – «Kann sein. Jedenfalls haben sie die Maria rausgeschmuggelt.»

«Wieso ist die eigentlich schwarz?», fragt Leon. – «Genau darüber haben Mäggy und ich uns schon unterhalten», erinnert sich Seraina und gibt wieder, was sie besprochen hatten: «Also, zur Frage, warum sie schwarz ist, fand ich in dem Büchlein, dass sie von Weihrauch und Russ von Kerzen und Öllampen über die Jahrhunderte langsam schwarz wurde, und durch die Flucht vor den Franzosen litt sie unter Feuchtigkeit und musste restauriert werden. Der – ich glaube österreichische – Künstler stellte die ursprüngliche Hautfarbe wieder her, aber das kam gar nicht an bei den Leuten. Die Einsiedler hatten sich an die dunkle Hautfarbe gewöhnt. Darum wurde sie wieder schwarz angemalt.» Die anderen staunen. «Das ist ja interessant!», findet Leon. «Und heutzutage macht man sich strafbar, wenn man sein Gesicht schwarz anmalt und setzt sich dem Vorwurf der kulturellen Aneignung aus! Verrückte Welt!»

* * *

Verwundert betrachtet Margarethe den leuchtend blauen Stoff, der sehr teuer und edel aussieht. Während sie schlief, hatte man ihr ein Kleid gebracht und ans Fussende ihrer Pritsche gelegt. Als sie erwachte und mit ihren Füssen ein Rascheln erzeugte, war sie gleich hellwach und suchte die Ursache des Geräuschs. «Seltsam! Soll ich das etwa anziehen?», wundert sie sich. «Sieht mir gar nicht nach dem Habit einer Nonne aus, aber wer weiss?» Sie zögert erst, dann aber kann sie der Versuchung nicht widerstehen, das Gewand anzulegen. Obwohl das sportliche und naturverbundene Mädchen nicht besonders viel Wert auf elegante Kleidung legt, freut sie sich an dem glänzenden Kleid in einer wasserblau schimmernden Farbe. Ohne Spiegel kann sie zwar nicht beurteilen, ob es ihr steht, und über den Zustand ihrer seit Tagen nicht gewaschenen Haare mag sie erst recht nicht nachdenken. Sie ist dankbar um das Tuch, das vermutlich als Schleier zu tragen ist, und legt es über ihren Kopf. Derart gewandet, wird sie rastlos, da es nicht so angenehm ist, in den voluminösen Stoff auf der schmalen Pritsche zu sitzen. Margarethe ist erleichtert, festzustellen, dass die Türe nicht abgeschlossen ist, und sie wagt sich aus ihrer Zelle.

Niemand ist zugegen, und sie vermutet, die Klosterbrüder befinden sich beim Gebet. Sie ist versucht, der Bibliothek einen Besuch abzustatten. Auch dort ist niemand, was sie nicht absonderlich dünkt. Als sie zu ihrer bevorzugten Bücherecke schreitet, stets darauf bedacht, nicht auf den Saum ihres ungewohnt langen Kleides zu treten, macht sie ein Rascheln aufmerksam. Sie wendet sich um und lässt ihren Blick durch den Raum schweifen, vernimmt aber kein erneutes Geräusch mehr und greift sodann zu dem Buch, in welchem sie am Vortag gelesen hatte. Als sie es aufschlägt, fallen ihr zwei Gegenstände entgegen, um mit einem zarten Klirren auf dem Steinboden zu landen. Margarethe bückt sich, um beide aufzulesen. «Na sowas!», staunt sie. Bei den <Flugobjekten> handelt es sich um ihr Zeitreise-Amulett und um ein ihr unbekanntes Armband, bestehend aus kleinen Muscheln aus Silber oder einem silbrig glänzenden Metall. Die junge Frau legt das Amulett um ihren Hals und das mysteriöse Armband um ihr Handgelenk. Sie stellt fest, dass ihr neuer Schmuck einen ziemlich grossen Anhänger hat, der aus einem Kreuz besteht. Am Kreuz ist Jesus Christus dreidimensional dargestellt. Das Kreuz ist unten spitz – «Wie ein Schwert», schiesst es der Betrachterin durch den Kopf – und an einer etwas grösseren Muschel befestigt, in welcher ein winziger Kopf untergebracht ist mit Heiligenschein. «Ist das wohl ein Rosenkranz?», wundert sich Margarethe. «Ein kurzer allerdings, eher ein Armband, dafür ist der Anhänger ziemlich gross!» Sie möchte ihn wieder in das Buch zurücklegen, doch bevor sie ihn loslassen kann, löst sich der Kreuzanhänger und fällt hinunter, dem Mädchen direkt auf den nackten Fuss. «Aua!», schreit sie auf, und alles verschwimmt vor ihren Augen.

13
Die Zahl der Jakobsmuschel

«Mäggy!», schreien Rudy, Seraina und Leon wie aus einem Munde, wobei Leon vor der letzten Silbe abbricht und auf seine Freundin zueilt, um sie stürmisch in seine Arme zu schliessen. Glücklicherweise befinden sie sich etwas abseits in einer Seitengasse zum Klostervorplatz – so sind sie etwas ungestört und können die Wiedersehensfreude geniessen. Nach einem langen innigen Kuss murmelt Leon vorwurfsvoll: «Na, wurde aber auch Zeit!» – «Wo hast du denn gesteckt?», doppelt Rudy nach, der sich nur schwer während des ihm endlos scheinenden Kusses zurückhalten konnte, eine Bemerkung zum Besten zu geben. Der tadelnde Blick von Seraina beeindruckt ihn keineswegs.

Mit einer Mischung aus Wiedersehensfreude, Erleichterung, aber auch der Gewissheit, dass es vorbei ist mit der Ruhe, betrachtet Margarethe ihre drei Lieblingsmenschen. Sie kostet die Spannung aus, bevor sie zu erzählen anhebt, und prompt brummt Rudy: «Mach's nicht so spannend, du Drama-Queen!» Seraina knufft ihren Liebsten in die Rippen: «Hee, ich muss doch sehr bitten!» – «Na, ist doch wahr!», verteidigt er sich. «Wenn die Dame sich so rar macht und dann einen solch fulminanten Auftritt aus dem Nichts aufs Parkett legt – und dann noch in dem Aufzug!» Leon grinst: «Ich glaube, deine Herzallerliebste wollte lediglich darauf hinweisen, dass sie normalerweise die Rolle der Drama-Queen beansprucht, nicht wahr, Rai?» Die Angesprochene grinst süffisant: «Oder eher du, Leo? Ach nein, Gerry natürlich!» Dann aber halten die beiden inne, weil sie auf Rudys Worte erst mit Verspätung reagieren. Erst jetzt nimmt Leon wahr, wie bezaubernd seine Mäg aussieht: Sie trägt ein türkisblaues Kleid, ganz ungewohnt für sie, was zu ihrer braungebrannten

Haut jedoch sehr gut aussieht. «Mäg, d-du siehst wirklich t-toll aus!», stottert er. «Umwerfend!» Seraina ergänzt: «Das Kleid ist irre, wie das Meer oder ein Bergsee – du siehst aus, als kämst direkt aus dem Wasser – oder eher aus einem Wasserschloss!» – «Wo warst du eigentlich?», drängt Rudy. Margarethe geniesst die ungeteilte Aufmerksamkeit, die ihr die drei zuteil werden lassen, und spricht das auch gleich aus: «So viel Aufmerksamkeit von eurer Seite bin ich mir gar nicht gewöhnt!» Bevor die anderen drei protestieren können, fährt sie fort: «Normalerweise weiss immer mindestens einer alles besser...» – sie achtet darauf, niemanden im Besonderen anzusehen – «...und ich halte mich im Hintergrund. Ich könnte euch jetzt ruhig noch ein bisschen zappeln lassen, damit ihr euch selber einen Reim macht!»

Ungläubig starren die anderen drei – Gerry ist immer noch beim Abwasch und die Raben in einer anderen Zeit bei Meinrad – Margarethe an. «Was ist denn mit dir passiert?», wundert sich Seraina. «Du strahlst so was Selbstbewusstes aus, was ich mir gar nicht bei dir gewohnt bin!» – «Ja, sie ist frech!», pflichtet Rudy seiner Freundin nickend bei. Die Angesprochene hüllt sich in Schweigen. Leon grinst: «Wenn wir sie weiterhin bewundernd anstarren und nicht vollquatschen, dann erzählt uns unsere liebe Mäg vielleicht, was ihr widerfahren ist?»

Triumphierend hebt Margarethe das Armband in die Höhe und präsentiert dann das abgefallene Stück mit dem Kreuz an der Muschel. Rudy erkennt als Erster, was es darstellt: «Das ist ein Rosenkranz!» – «Echt jetzt? Dachte, den hängt man sich um den Hals?», wundert sich Leon. – «Gibt's auch als Armband», weiss Seraina. «Haben Mäggy und ich im Devotionalienladen gesehen, auf dem Klostervorplatz von Einsiedeln. Die gibt's in ganz verschiedenen Ausführungen.» Sie streckt ihre nach oben geöffnete Hand aus, und Margarethe legt ihr den Rosenkranz auf die Handfläche. «Eins... zwei... drei...», zählt sie. «Das sind zehn Glieder.» Leon grinst, und Rudy knufft ihn tadelnd in den Oberarm:

«Schnauze, Leo!» – «Was denn?», erwidert der Geschlagene grinsend. «Alles klar, zehn muschelförmige Kettenglieder… wenn man die grosse Muschel nicht zählt mit dem Typen drin; der steckt damit im elften Glied in der grössten Musch… Muschel. Irgendwie inspirierend!» Leon zieht seine Mäg an sich und küsst sie zärtlich, um dann langsam in die Knie zu gehen, um ihre Beine zu umfassen. Plötzlich ist sein Kopf unter dem blauen Kleid seiner Freundin verschwunden. – Hee!», protestiert diese halb amüsiert, halb verblüfft. – «Leon, benimmt dich!», tadelt ihn Seraina, während Margarethe sich windet: «Hör auf, das kitzelt!»

«Das ist der heilige Jakob!», bemerkt Rudy tadelnd mit strafendem Blick zum unsichtbaren Leon. – «W-woher weisst du jetzt das?», keucht Margarethe beim Versuch, den Kopf ihres Liebsten zu packen, ohne ihre Beine zu entblössen. – «Ich bin von Haus aus katholisch und habe das im Unterricht gelernt. Ich kann zwar nicht viel mit diesen Heiligen anfangen, aber den Jakob in der MUSCHEL kann ich mir gut merken.» – «Ja, genau, Coquilles Saint-Jâcques!», sinniert Leon, der munter wieder aufgetaucht ist und sich die Lippen leckt. «Eine Delikatesse!» – «Was erzählst du da Kulinarisches?», wundert sich Seraina. – «Die Jakobsmuscheln. Die bezeichnen doch den Jakobsweg.»

«Stimmt, der ist doch mit den Muscheln markiert, der Pilgerweg», reagiert Margarethe, die sich mit knallroten Wangen ihr Kleid zurecht zieht. Rudy nickt: «Was weisst du vom Jakobsweg, Leo? Du Buddhist, du?» Stirnrunzelnd funkelt ihn Leon an: «Benutz das nicht immer wie ein Schimpfwort! Ich sage ja schliesslich auch nicht, du Katholik, du! Mich hat der Jakobsweg immer fasziniert, und ich hatte mir ernsthaft schon überlegt, diesen entbehrungsreichen Pilgerweg mal unter die Füsse zu nehmen.» Seraina winkt ab: «Hab' mal einen Film darüber gesehen, ist anstrengend und mühsam, das ist echt nix für mich!» – «Du hast ja deinen Super-Rudy, der dick verdient, da kannst du ja getrost komfortabler reisen!», neckt er sie und weicht zurück.

Margarethe seufzt: «Und prompt lenkt ihr drei wieder vom Thema ab.» – «Nein, wir lenken nur vom *Cringe*-Moment ab, wenn Leon es wiedermal kaum erwarten kann, seine langvermisste Liebste vor aller Augen zu vernaschen!», erklärt Seraina trocken, aber mit einem Augenzwinkern. Margarethe errötet wieder, und Leon verteidigt sich: «Wenn sie mit dem schönen Kleid auftaucht, darf ich ihr doch die Füsse küssen!» Rudy grinst: «Die Füsse, das ist total okay!» Diese Steilvorlage nutzt Margarethe: «Leon ist schliesslich mein Lakai!»

Nachdem vor lauter Herumalberei der Themenstrang fast gerissen ist, bemüht sich Rudy eilig, den roten Faden wieder aufzugreifen: «Also, ich fasse zusammen: Die Vierte im Bunde, oder eher die Wichtigste...» – «Nebst unserem Raben!», flicht Seraina ein. – «Ja, und wenn man Gerry zählt…», gibt Leon seinen Senf dazu – «MARGARETHE ist wieder da!», wird Rudy laut und spricht den Namen seiner ältesten Freundin in voller Länge aus, um ihr mehr Gewicht zu verleihen. «Und sie hat einen Rosenkranz aus Muscheln, welcher die Zahl ZEHN ergibt.» – «Moment mal», widerspricht Leon. «Und was ist mit der grossen Muschi, äh Muschel am Verschluss?» – «Und was ist mit dem Anhängsel hier?», fügt Margarethe hinzu und zeigt das Kreuz. – «Hoho, das Anhängsel ist nicht schlecht!», flachst Leon. – «Und ist mir auf den Fuss gefallen, das tut im Fall noch weh!», beklagt sie sich scherzhaft. «Ich vermute, damit ist mir die Zeitreise geglückt.» – «Was ist dir auf den Fuss gefallen?», fragt Rudy. – «Der Anhänger mit dem Kreuz, der am Armband hing», erklärt sie. «Ich trug das Armband, und plötzlich löste sich das Kreuz und fiel mit mit der Spitze voran mitten auf den Fuss – und das Nächste, woran ich mich erinnere, ist, dass ihr schemenhaft vor mir aus dem Nebel aufgetaucht seid.»

«Faszinierend, wie klein Schwerter sein können für Zeitreisen!», staunt Leon. – «Das ist noch gar nix, wir sind schon mittels Schweizer Sackmesser im Miniaturformat gereist!», erwidert Seraina. – «Und ich mit dem Nagel von dem Ding da, diesem Arm… diesen *Arma Christi*», gibt Rudy zu bedenken. «Grösse ist nicht alles, Leo!» – «Jaja, man muss ja nicht immer den Grössten haben!», grinst dieser. «Im Übrigen möchte ich Mägs Leistung keineswegs schmälern, vermutlich ist die Zeitreise mit dem kleinen Schwert sogar schwieriger», fügt er beschwichtigend hinzu. – «Kommen wir zurück zur Zahl!», ruft Rudy zur Ordnung, weil er langsam ungeduldig wird. «Am kleinen Anhänger mit dem Kreuz ist nochmals eine Muschel. Zählt die dazu? Dann wären es zusammen mit der grossen mit dem Jakob drin zwölf. Welche Zahl gilt nun: zehn oder zwölf?» Alle vier schweigen, bis Seraina wieder anhebt: «Vielleicht helfen uns die Zahlen der anderen Artefakte weiter? Wollen wir mal zusammentragen, was wir alles gefunden haben?» Nun kramt Seraina ihr Fundstück hervor.

«Also, ich hab' das ja aus dem Wasser gezogen», bemerkt Seraina, indem sie das Armband mit den sieben Talismanen zeigt, das sie unter ihrer Soldatenkleidung verborgen trägt. – «Hui, dass du dich nicht an den spitzen Zähnen und Hörnern verletzt hast!», wundert sich Margarethe. – «Hab ich ja!», murmelt Seraina mit Seitenblick zu Leon.

Dieser öffnet seinen Kragen und offenbart die Silberkette mit dem Kreuz, in das die Zahl Null eingraviert ist. Diesmal verkneift sich Seraina jeden Kommentar, und Rudy flüstert verstohlen: «Du Null, du!» – «Ich zeig dir meins, zeig du mir deins!», kontert Leon, ohne sich herausfordern zu lassen. «Das Wortgefecht mit der Nullnummer habe ich bereits mit Rai ausgetragen!», fügt er grinsend hinzu. «Sie hätte fast dafür büssen müssen!» Bei diesen Worten erbleicht Seraina kurz, um sogleich zu erröten.

Indem er eine Augenbraue fragend hochzieht, kramt Rudy den Nagel von den *Arma Christi* hervor. – «Also das ist ja interessant! 2000 in römischen Zahlen», quittiert Seraina, und Leon und Margarethe betrachten den kleinen Gegenstand mit der Gravur mit unverhohlenem Interesse. Rudy freut sich über die Aufmerksamkeit und bemerkt: «Der Nagel war ja noch das Wenigste, da gehört ein ganzes Arsenal an grausamen Folterwerkzeugen dazu!» – «Jetzt bin ich aber mal gespannt!», äussert sich Margarethe. «Schiess mal los, Rudy!»

«Die anderen Artefakte der *Arma Christi* sind irrelevant», winkt dieser ab und sortiert die Gegenstände, sodass sie nebeneinander aufgereiht vor den Freunden liegen: Serainas Armband mit den sieben spitzen Anhängern, der Rosenkranz von Margarethe mit den zehn oder zwölf Muscheln, Rudys Nagel mit der 2000 und Leons Kreuz-Anhänger mit der Null.

Margarethe räuspert sich: «Ich habe in der Klosterbibliothek ein Büchlein über die Bedeutung von magischen Amuletten gefunden. Das heisst, eigentlich habe ich es gerettet: Die Mönche haben darüber diskutiert, dass es Teufelswerk sei und wollten es verbrennen, liessen es dann aber noch herumliegen. Ich liess es einfach mitgehen.» – «Wie konntest du das verbergen?», möchte Seraina wissen. «Aber nicht etwa… wie damals in Berlin?» Leon grinst: «Du meinst das Döschen im Höschen?» – «Also, nachdem sie mir das blaue Kleid gegeben hatten, konnte ich es im Ausschnitt verstecken», gesteht Margarethe errötend. – «Und hattest plötzlich enorm viel Holz vor der Hütte – dass das den Klosterbrüdern nicht aufgefallen ist!», lacht Leon. Rudy zieht eine Augenbraue hoch: «Und dann noch eckig, mal ganz was Neues!» Leon zuckt mit den Schultern: «Merken die Mönche doch nicht, die wissen ja nicht, wie es drunter aussieht!» – Seraina wundert sich: «Aber wieso gaben sie dir ein sexy Kleid? Das ist ja seltsam!» – «Später!», winkt die Buchretterin ab. «Fangen wir doch gleich mal mit Rudys Fundstück an; ich bin nämlich neugierig darauf!»

Auf dreifaches zustimmendes Nicken zieht sie das Büchlein hervor und liest vor: «Die Verehrung der Leidenswerkzeuge Christi, der *Arma Christi*, ist aus der mittelalterlichen Passionsfrömmigkeit hervorgegangen… Erinnerung an Christi Leiden und Sterben… darunter naheliegenderweise das Kreuz, und auch die Kreuznägel, Dornenkrone, Geissel, Zange, Hellenbarde und Peitsche waren Teil des Martyriums Christi.» – «Wuuah, das ist ja die reinste Sadomaso-Sammlung!», entsetzt sich Seraina, und Leon nickt: «Too much information!» – «Also, für die Zeitreise hat ja der Nagel gereicht!», bemerkt Rudy. «Den Rest habe ich nicht gebraucht.» – «Aber die Bedeutung ist interessant», findet Seraina und liest über Margarethes Schulter: «Die Behälter mit den Folterwerkzeugen wurden als dauerhafte Amulette gegen Krankheit, Blitz- und Hagelschlag aufgestellt, da ist auch ein Bild von *Arma Christi*.» Neugierig beugen sich die anderen vier Köpfe über die Darstellung und stossen fast zusammen. – «Und was bedeutet die Zahl auf deinem Sargnagel, ich meine, Folterwerkzeug?», möchte Margarethe wissen. Rudy kratzt sich am Kopf: «Hm, ich habe wie Raina vorhin aus den beiden M geschlossen, dass es sich um eine römische Jahreszahl handeln könnte – um 2000.» Die anderen vier nicken schweigend.

«Da sind Serainas Krafttalismane», stellt Leon fest und weist auf die Darstellung gleich neben den *Arma Christi* hin, und seine Freundin liest vor: «Gebisse, Hörner, Tierklauen…. sollen Mut und Kraft verleihen.» Dann grinst Leon, der sich eng an seine Freundin geschmiegt hat, um mitzulesen: «Man erhofft sich dadurch mehr Kraft und Mut und speziell auch eine potenzsteigernde Wirkung.» – «Was grinst du so blöd?», fragt Rudy angriffslustig. – «Ich finde lediglich, dein Herzblättchen ist schon mutig genug, die Rai-Raubkatze!», erwidert Leon amüsiert. – «Und du implizierst, dass ICH das Armband tragen soll?», zischt

Rudy. – «Ich hab nix gesagt», entgegnet Leon achselzuckend. Laut spricht Margarethe feierlich «Wir haben hier die Zahl sieben!»

«Leons metallener Anhänger… da ist anstelle von Jesus am Kreuz ein Edelstein», sinniert Margarethe sodann. «Die Bedeutung des Kreuzes ist ja klar. Hier heisst es, Edelsteine waren beliebt für Amulette… Hildegard von Bingen deutete die Edel- und Halbedelsteine als rein, durch die Güte Gottes von der Erbsünde ausgenommen, und Symbole der göttlichen Ordnung und Spiegel des Universums», liest sie weiter vor. – «Steine finde ich total faszinierend!», schwärmt Seraina. «Zu schade, haben wir nicht eine grössere Auswahl an Steinen unter unseren Artefakten!» Trocken bemerkt Rudy: «Das spielt doch jetzt keine Rolle; Hauptsache, wir haben eine Zahl: Null!»

«Und nun zu Mäg!», bemerkt Leon, schlägt in dem Buch nach und liest: «Muscheln und Schneckenhäuser galten als Heil- und Schutzmittel… uuups! …bei Geschlechtskrankheiten und – haha! – zur Förderung der Fortpflanzung! Na also!» Mit hochgezogenen Augenbrauen starrt er die ihm gegenübersitzenden Rudy und Seraina an, welche beide erröten. «Ja, aber grundsätzlich dient der Rosenkranz dem Gebet, egal, in welcher Ausführung», lenkt Rudy ab, um die peinliche Stille zu durchbrechen. «Und massgeblich ist die Zahl, und ich gehe davon aus, dass es die Zwölf ist, weil man alles zählen sollte.» – «Null, Sieben, Zwölf und Zweitausend… Damit hätten wir die massgeblichen Zahlen», schliesst Seraina. «Bloss, was fangen wir damit an?»

* * *

Während die Freunde immer noch beraten, blättert Leon interessiert in dem Buch über <Zauberwahn>: «Witzig, diese Talismane. Hm, erinnerst du dich an das Käferamulett, das du mal in der Hand hattest, Rudy…», fängt er grinsend an, «…ich bin mir nicht ganz sicher, aber das könnte auch eine Fraisenkette sein.» – «Was für Erdbeeren?», wundert sich Seraina. – «Mit Fraisen waren alle Arten von krampfhaften und plötzlich auftretenden Krankheitserscheinungen gemeint: Bauchkrämpfe, Durchfall, Würmer, Scharlach, Masern Schüttelfrost», liest Leon vor. «Vor allem aber geht es um Epilepsie und Schlaganfälle und Besessenheit, hinter der man den Teufel vermutete. Diese Ketten bestehen aus Glasperlen, Kreuzen, Medaillen, Teilen von Rosenkränzen. Und wenn die aus Käfern gefertigt waren…» – «Tut das hier nix zur Sache, weil wir die Käferkette nicht haben!», winkt Rudy ab, und offensichtlich schaudert es ihn noch bei der Erinnerung an die für ihn ekelerregende Kette. – «Aber da steht auch was von werdenden Müttern!», stellt Seraina fest, die Leon beim Lesen über die Schulter blickt. «Fraisenketten wurden gegen das Erschrecken der werdenden Mutter getragen, um Missbildungen beim Kind zu verhindern.» – «Okay, okay, aber wir haben keine Fraisenkette!», entgegnet Rudy ungeduldig. «Und schwanger ist hier niemand – soweit ich informiert bin!» – «Nicht von mir auf jeden Fall!», winkt Leon grinsend ab. «Im Übrigen wurden Käfer gegen psychische Störungen eingesetzt, sogenannte Hirnkäfer», entnimmt er dann dem Nachschlagewerk. «Und Käfer galten als Teufelstiere. In Ägypten dagegen war der Scarabäus Symbol des Sonnengottes und das beliebteste Amulett für 1500 Jahre.» – «Ja, so eine Käferkette würd' ich dir gern um den Hals binden, du Hirnkäfer. Vielleicht wirst du dann mal normaler im Kopf!», flachst Rudy. Seraina lacht auf: «Aber das macht doch den Charme unseres Löwen aus, dass der so durchgeknallt ist!»

«Seltsam, dass wir keine Benedictusmedaille gefunden haben», sinniert Margarethe, die das Buch unterdessen behändigt hat. «Wo doch die Benediktregel im Kloster Einsiedeln so wichtig ist!»

«Und ein Karfreitagsei!», lacht Leon laut heraus, der sich an Margarethes Schulter lehnt und den entsprechenden Abschnitt erspäht hat. Sie kontert flugs: «Dann wären wir statt bei den Amuletten bei den Omeletten angelangt!» Rudy greift sich seufzend an den Kopf: «So kommen wir nicht weiter! Leute! Seht ihr's denn nicht?» – «Was?», fragen die anderen drei wie aus einem Mund. Rudy seufzt: «Wir haben den 12.7.2000 oder den 7.12.2000 zur Stunde Null, also Mitternacht!» – Nach langen Sekunden des Schweigens fragt Leon kleinlaut: «Und wie kommst du darauf?» – Rudy verdreht die Augen und antwortet seufzend: «Wir brauchen doch das Geheimpapier, das jemand im Mauritius-Reliquiar versteckt hat! Das könnte durchaus im Jahr 2000 geschehen sein. Und wenn man logisch denken kann… äh ja, dann ist das die einzig vernünftige Lösung: Dass die anderen Zahlen den Zeitpunkt eingrenzen, an dem das Papier bei den heiligen Gebeinen deponiert worden ist!» – «Und wieso mussten wir diese doofen Daten auf so umständliche Weise erfahren? Wenn es dann überhaupt die richtige Lösung ist…», jammert Margarethe. Nach einigen Sekunden grübelnden Schweigens meint Seraina: «Meinrad sagte doch: *ein Verlust im Jetzt wird eure Zukunft zum Guten verändern*. Der hat uns doch einfach auf diesen Trip geschickt, um unsere Zukunft zum Positiven zu wenden…» – «Und wieso können diese Eremiten nicht einfach gleich das richtige Datum bekanntgeben? Wieso muss immer alles so kryptisch und geheimnisvoll sein? Wieso müssen wir unter Todesgefahr diese Zahlen einsammeln?», stöhnt Margarethe und verdreht die Augen. – Seraina zuckt mit den Achseln: «Na ja, ein Geheimnisvoller wird eher verehrt als einer, der alles geradeaus in die Welt posaunt…» – «Psychologisch korrekt, doch in unserem Fall spielt sehr wahrscheinlich auch mit, dass die für Meinrad ferne Zukunft kleine Veränderungen zulässt. Er kann sich nicht sicher sein, wenn er ein bestimmtes Datum erwähnt, dass dieses über die Jahrhunderte hinweg das korrekte Datum bleibt. Kann ja doch sein, dass dem Urheber des Geheimpapiers etwas dazwischen kommt und er es erst ein paar Tage später versteckt. Nennt sich im Fachjargon Schmetterlingseffekt – ein Begriff aus der Nichtlinearen Dynamik», führt Rudy aus und blickt dabei ins Leere. – Leon stöhnt: «Und was bedeutet das schon wieder?» – Rudy blickt zum Löwen und erklärt: «Das sagt aus, dass ein kleines Detail eine Veränderung im ganzen System bewirken kann, so wie der Flügelschlag eines Schmetterlings theoretisch einen Wetterumschwung herbeiführen könnte...» – «Und praktisch?», fragt Margarethe spitzfindig. – Rudy seufzt: «Praktisch auch, aber das mit dem Schmetterling ist nur ein anschauliches Beispiel. Es ist eher unwahrscheinlich...»

Leon wird bei all diesen Ausführungen ungeduldig und spricht daher ein Machtwort: «Lasst uns hier verschwinden! Halten wir uns aneinander fest, und du, Mäggy, aktivierst dein Rabenkrallen-Amulett!» – «Und Gerry? Also nicht dass ich ihn vermisse, aber wir können ihn doch nicht hier lassen!», protestiert Margarethe, da spricht Leon ein Machtwort: «Vergiss Gerry! Sonst kommen wir in Teufels Küche! Schaut, da kommen die Franzosen, und ich fürchte, wir haben einen schlechten Eindruck bei denen hinterlassen, unseren Job nicht gemacht, und kommen gleich in Arrest!» Die anderen drei schauen sich um und bemerken, wie Soldaten mit grimmigen Gesichtern auf sie zusteuern. «Mist, Plonk und Corvina stecken bei Meinrad fest, und der doofe Gerry muss noch ein paar Teller mehr abwaschen! Okay, festhalten!», kommentiert Margarethe die Situation.

Alle nehmen einander bei der Hand, so dass sie einen Kreis bilden, dann führt Margarethe ihre linke Hand, in der sie Serainas Rechte festhält, zum Rabenkrallen-Amulett – da verschwimmt alles vor ihren Augen, und sie finden sich alle inmitten von geparkten Autos wieder.

14

Drei Agenten, vier Freunde und ein Geheimpapier

Ein heller Mond kurz vor Vollmond leuchtet am Nachthimmel. Am Parkschein-Automaten finden die Freunde das Gesuchte – ein Datum: 12.7.2000, 23:55 Uhr.

Um etwas mehr Bewegungsfreiheit zu haben, wollen sich die immer noch in Soldatenuniform Steckenden ihrer Waffen und Perücken entledigen. «Behaltet das doch an!», wendet Margarethe ein und zeigt mit dem rechten Arm auf den Klostervorplatz, wo eine Bühne und eine Zuschauertribüne aufgebaut sind, «Das Einsiedler Welttheater ist eine super Tarnung für uns, also, ich meine…, ihr seid bestens getarnt in den Uniformen!» – Leon winkt ab: «Die Perücke juckt mich. Und die Waffen sind sowas von sperrig. Ich muss mich bewegen können.» – Und Rudy fügt ein logisches Argument hinzu: «Wir können die Klosterkirche nicht bewaffnet betreten, das ziemt sich nicht. Und dorthin müssen wir, um das Geheimpapier aus dem Mauritius-Reliquiar zu holen.» – «Zudem scheint jetzt eh nix los zu sein auf der Bühne», stellt Seraina trocken fest und lässt ihren Blick über die leeren Ränge und die verwaiste Bühne schweifen, «Die Aufführungen enden amigs kurz vor Elf. Und jetzt ist es fast Mitternacht. Ich war mal mit meiner Tante am Welttheater, darum weiss ich das. Unsere Uniformen helfen uns allerdings, falls wir der Polizei erklären müssen, was wir hier machen. Wir können sagen, dass wir nach der Aufführung noch kurz mit den Schauspielkollegen was trinken gingen und jetzt nach Hause wollen.» – «Von wegen nix los», wendet Leon abrupt ein, und seine Luchsaugen erspähen dunkle Gestalten auf der anderen Seite des Klostervorplatzes, also direkt vor dem Kloster selber. Jetzt sehen es die anderen drei auch: Ein paar zwielichtige Personen führen wohl etwas im Schilde – zumindest benehmen sie sich auffällig unauffällig, als würden sie einander beschatten.

«Wetten, die wollen alle das Geheimpapier», flüstert Rudy und seufzt, «Jetzt haben wir es nicht nur mit unserem *Iceman* aus Russland zu tun, sondern auch mit...» – Margarethe wagt einen Schuss ins Blaue: «Ist die Zierliche da im Schein der Laterne eine asiatische Agentin, und der Pfundskerl, der gerade im Lichtkegel des vorbeifahrenden Busses zu sehen war, einer vom CIA?» – Leon zuckt mit den Schultern und winkt ab: «Deine Fantasie geht mit dir durch! Du schaust zu viele Agentenfilme! Wie willst du das wissen? Ist doch egal! Umso besser für uns, die schalten sich gegenseitig aus und wir schnappen denen das Papier vor der Nase weg.» – «Und dann?», gibt Seraina zu bedenken, «Der, äh, Iceman drohte doch, unsere Familien umzubringen, wenn wir ihm das Papier nicht aushändigen...» – «Wenn die anderen beiden ihn ausschalten, dann haben wir das Problem gelöst. No Iceman, no problem!», folgert Rudy messerscharf, doch Margarethe wendet ein: «Es bleibt auch dann immer noch unser Problem, denn mit der Info in dem Papier lässt sich angeblich eine tödliche Waffe bauen. Egal, welcher Agent übrig bleibt, es wird uns immer einer jagen. Also liegt es an uns, das Papier zu ergattern und sofort zu vernichten! ...und wieder einmal müssen wir die Welt retten!»

«Irgendwie ist es schon komisch... Wieso zwingt uns der, wie du, Rudy, ihn nennst, Iceman, das Papier zu holen, wenn er doch selber vor Ort ist?», grübelt Seraina halblaut darüber nach und kratzt sich an der Schläfe. – «Na ja, er hat offenbar zwei potente Gegenspieler, so muss er sich nicht selber um's Papier kümmern», folgert Rudy messerscharf und zeigt auf die zierliche Agentin, die sich von unten an den Russen mit den eisblauen Augen heranpirscht und dabei die Deckung der Devotionalienläden nutzt. – «Die macht ihn jetzt fertig, wetten?», bringt sich Leon ein und erntet ein «Pscht» seiner Mäg, die energisch mit den Händen fuchtelnd ihre Freunde im Befehlston zu sich beordert. Leon findet, dass sie jetzt doch gar etwas überreagiert und grummelt: «Ein *Bitte hört mir bitte zu* hätt's auch getan…» – Margarethe ist gestresst und geht deshalb gar nicht darauf ein, sondern rückt gleich mit ihren Gedanken heraus: «Wir müssen uns aufteilen: Zwei holen das Papier, zwei kümmern sich um den Amerikaner oder was auch immer das für einer ist. Die Asiatin und der Iceman neutralisieren sich gegenseitig – irgendwie habe ich das im Gespür. Die lassen wir links liegen. Und ich denke, Leo und Rudy holen das Papier, denn ihr hattet schon mal das Vergnügen. Ihr wisst, wo das Mauritius-Reliquiar steht, wie es aussieht, wie man es öffnet und was dazugehört und was nachträglich reingelegt wurde. Okay?» – «Aber wir haben keinen Zugang zum Kloster…», wendet Rudy gestresst ein, da kramt Leon einen handtellergrossen Bart-Schlüssel aus seiner Uniform und grinst triumphierend: «Wozu sind wir im vorletzten Zeitsprung bei den Franzosen gelandet? Um alles zu stehlen, was nicht niet- und nagelfest ist!» – Margarethe hat keine Zeit, ihren Leo hochleben zu lassen, denn jetzt zählt jede Minute – das Geheimpapier darf nicht in falsche Hände geraten! Darum herrscht sie die Jungs militärisch an: «Abtreten!» – «Pscht», machen die anderen, «nicht so laut!» – Margarethe winkt ab: «Die sind genug weit weg und aufeinander fokussiert. Die bemerken uns nicht. Geht jetzt, los!»

Rudy und Leon schauen sich verdattert an und schlucken leer. «Ja ja, klar doch, wir gehen ja gleich. Und schon wieder schlittern wir in einen Agententhriller hinein, wie damals in Berlin…», grummelt Leon und fügt hinzu, während er die Augen verdreht: «Die Ladies wickeln genüsslich *Felix Leitner* um den Finger, und wir müssen anschaffen…» – Margarethe grinst schelmisch, verkneift sich aber einen Spruch, und Seraina prustet in die hohle Hand, in der Hoffnung, dass man es nicht hört. –

«Wieso Felix Leitner?», sinniert Rudy, nachdem er sich davon erholt hat, dass er mit Leon an die <Front> geschickt wird. – «Na ja, das ist doch der CIA-Kollege von James Bond. Das habe ich nur so dahingesagt, …ein Scherz, also… vielleicht…», erklärt Leon achselzuckend und fügt hinzu: «Also ich habe ein ganz mieses Gefühl dabei, in das Kloster einzubrechen. Können wir nicht warten, bis einer von den drei Agenten das erledigt hat, und wir luchsen es ihm oder ihr ab?» – «Darum geht's ja: Wer das Papier hat, ist im Vorteil. Da kommen vier Abluchser zu spät. Die Agenten sind doch nicht auf sich alleine gestellt. Kaum hat einer der drei das Gewünschte, geht doch die ganze Maschinerie los, und wir haben das Nachsehen!», kontert Margarethe. Und wenn Rudy nicht dazwischen gegangen wäre, hätte es gleich einen ziemlichen Krach zwischen Leon und Margarethe gegeben. Der Cyborg hält die Hände an seine Ohren und spricht Klartext: «Stopp! Ruhe! Hört auf damit! Wir sollten das tun, was uns Vorteile bringt. Einen offenen Kampf oder gar eine Verfolgungsjagd können wir nicht gewinnen, denn wir sind weder bewaffnet noch motorisiert. Also müssen wir schlau sein…»

In dem Moment hören sie ein leises Knistern, einen erstickten Schrei und einen dumpfen Aufprall vom Kloster her. Alle drehen die Köpfe. Undeutlich sehen die vier Freunde, wie eine kleine Person über einer grossen, liegenden Gestalt steht. «Hat sie ihn gekillt?», raunt Seraina mit dem Gefühl, dass ein Kloss in ihrem Hals steckt. – «Nein, sie hat ihn getasert, mit einem Elektroschock-Gerät. Habt ihr das Knistern nicht gehört?», erklärt Rudy, der mit solchen Methoden im Folterkeller der Russen während ihres DDR-Abenteuers üble Erfahrungen gemacht hat und darum das Geräusch gut kennt. – «Verdammt, die Asiatin klettert die Fassade hoch! Krass!», kommentiert Leon das Geschehen und ist baff. – «Wieso redet ihr alle immer von der Asiatin? Nur weil sie so zierlich ist? Und der andere soll ein Ami sein, weil er übergewichtig ist? Das ist schon fast rassistisch!», hinterfragt Seraina die Einschätzung der anderen und doppelt nach: «Bin ich etwa die Einzige, die sich im falschen Film vorkommt? Hey, und wenn das alles nicht so ist, wie ihr denkt?» Doch niemand geht darauf ein, zu sehr sind sie auf ihre Mission fixiert, das Geheimpapier zu ergattern.

«Ru, wir müssen rein!», wird Leon aktiv und schlägt Rudy mit der flachen Linken auf die rechte Schulter. Der Cyborg taumelt leicht nach vorne, doch im selben Moment packt Leon seinen Kumpel und zwingt ihn, mit ihm zusammen zum Kloster zu eilen. Margarethe fürchtet, dass der dritte Agent auf die beiden Jungs schiessen könnte – schliesslich müssen sie über die Strasse und sind dann exponiert wie auf dem Präsentierteller.

Geistesgegenwärtig packt Margarethe Seraina, die einen spitzen Schrei von sich gibt, und schreitet mit ihr im Schlepptau direkt auf <Felix Leitner> zu. Dieser bemerkt beide Grüppchen, bleibt aber erstaunlicherweise passiv. Er zückt nicht einmal eine Waffe. Als die jungen Frauen vor ihm stehen, zeigt er ein breites Grinsen und strahlend weisse Zähne. Seraina erinnert die Szene an die Katze in <Alice im Wunderland> – wobei Margarethe mit ihrem bodenlangen blauen Kleid passend angezogen ist als <Alice>. Der Raben-Ziehmutter entgeht Serainas Grübeln, denn sie konzentriert sich voll darauf, den Agenten abzulenken. «Hey, sind Sie zum ersten Mal in der Schweiz?», fragt sie ihn völlig unschuldig wirkend, obwohl ihr das Herz bis zum Hals pocht. Der Mann behält sein Grinsen, zeigt auf die kletternde Person, ohne sich umzudrehen, und zischt durch die Zähne: «Well, ihr habt viele attractions in Sweden… nice Chinese artist…» – «Switzerland», korrigiert Margarethe verblüfft, dachte sie doch bisher immer, das sei ein Gerücht, dass Amerikaner Schweden und die Schweiz dauernd verwechselten. «Sie sind aus den USA?», fragt nun Seraina und fügt drucksend hinzu: «Sie… Sie suchen das… ähm… Papier…» – «Top Secret Paper…», fügt Margarethe hinzu und fürchtet, dass es keine gute Idee ist, Klartext zu reden, doch erstaunlicherweise lässt der Amerikaner die beiden Achtzehnjährigen ein klein wenig in seine Karten blicken – vermutlich eine Finte, fürchtet Seraina, oder er nimmt die zwei jungen Frauen einfach nicht ernst. Vielleicht liegt es auch daran, dass der Agent unter enormem Zeit- und Erfolgsdruck steht und deshalb alles auf eine Karte setzt.

«So, young Ladies. Yes, ich will that bloody paper. Wenn die Russen es haben, zerstören sie Europa, Switzerland too. Aber woher wisst ihr?», kommt der Agent direkt auf den Punkt. Margarethe und Seraina blicken sich gestresst und unschlüssig an, dann erklärt Margarethe: «Ich bin Archäologin, ich habe das Papier im Meinrad-Reliquiar entdeckt.» Seraina staunt Bauklötze ob des Bären, den ihre Freundin dem Agenten aufbindet. Und sie fragt sich, ob Margarethe denn komplett beratungsresistent ist. Sie müsste sich doch erinnern, dass es jedes Mal in eine Katastrophe mündete, wenn sie gelogen hatte. Statt Mauritius hat sie sogar Meinrad gesagt, nur um keine Details zu verraten.

Der Agent lacht leise und zeigt erneut seine weissen Zähne, dann packt er aus heiterem Himmel Seraina, hält eine blitzende Klinge an ihren Hals und droht: «When the boys wieder draussen sind, du wirst geben das Papier to me. If not…» – Serainas scheckgeweitete Augen sprechen Bände, und Margarethe beisst sich auf die Unterlippe.

* * *

Nach rund einer Viertelstunde, die den beiden Mädchen wie eine Ewigkeit vorkommt, stehen Rudy und Leon plötzlich wieder auf dem Klosterplatz. Rudy hält einen weissen Umschlag in seinen Händen. Der Amerikaner zwingt Margarethe mit Seraina als Geisel, die beiden herbeizurufen. Doch bevor sich die Jungs in Bewegung setzen können, springt wie aus Nichts die Fassadenkletterin herunter zu Leon und Rudy und droht den beiden wortlos mit einer Pistole. Rudy streckt den Umschlag mit zitternden Händen der bewaffneten Gestalt entgegen. Im Licht einer Laterne erkennt er asiatische Züge an der ziemlich sicher weiblichen Person.

Die Agentin schnappt sich das Couvert und rennt flink wie ein Wiesel davon. Der Amerikaner lässt augenblicklich von Seraina ab und hechtet der Kontrahentin hinterher. Weil er gross und behäbig ist, kommt er nicht schnell voran. Zudem schwingt sich die athletische Agentin auf ein rotes Motorrad, bevor der CIA-Mann seinen weissen Jeep erreicht. Das Motorrad heult auf, bäumt sich vorne kurz auf wie ein Pferd, dann braust die Agentin davon. Die quietschenden Reifen des Jeep ertönen einige Sekunden später.

«Neiiiiin», schreit Seraina, und Margarethe flucht: «Gopfertami, gopferteli, gopfertori, tami huere Siech!» – Leon prustet ungehemmt los, und auch Rudy wirkt äusserst amüsiert – was die Mädchen zusätzlich in Rage bringt. «Jetzt ist alles verloren! Verflucht und zugenäht!», wütet auch Seraina. Rudy macht eine beschwichtigende Handbewegung und meint fast schon beiläufig: «Na ja, mit einem Heiligenbild für zwei Franken wird China nichts anfangen können. Und der Ami schrottet dafür seinen Jeep auf der Verfolgungsjagd…» – Während Leon seinen Lachanfall noch nicht unter Kontrolle gebracht hat, erstarren die Mädchen, als hätte man sie eingefroren.

«Du hast was? Du…», beginnt Seraina aufzutauen, da klärt Rudy die Mädchen auf, weil Leon sich immer noch krümmt vor Lachen: «Ich habe der Chinesin eine der Karten überreicht, die sie für zwei Franken im Kloster drin verkaufen, das echte Papier habe ich hier!» Triumphierend holt er ein zerknittertes Etwas aus seiner Franzosenuniform und öffnet es.

Margarethe und Seraina schauen sich verdattert an, dann stimmen sie erleichtert in Leons Gelächter mit ein. Doch plötzlich ist fertig mit Lustig, denn hinter ihnen gratuliert der Mann im schwarzen Anzug auf Russisch den jungen Dieben. Wie auf Kommando stoppt die allgemeine Heiterkeit. Zuerst erstarren die vier Freunde vor Schreck, doch dann packen die Mädchen die Jungs am Ärmel und rennen mit ihnen zum Parkplatz gegenüber der Klosterkirche. Der vom Elektroschock noch benommene <Iceman> schafft es nicht, den jungen Leuten zu folgen.

Hinter einem Auto gehen die Freunde in Deckung, arg keuchend. «Wa-was jetzt?», stottert Margarethe. – «Wir klauen ein Auto und verschwinden…», schlägt Leon vor. – «Bestimmt nicht», protestiert Rudy, der während des Berlin-Abenteuers keine guten Erfahrungen mit Autodiebstählen gemacht hat, «Wir sollten das Papier da sofort vernichten. Hat jemand ein Feuerzeug oder Streichhölzer?» – Alle drei schütteln den Kopf, und Seraina seufzt: «Das erste Mal, dass ich mir wünschte, dass jemand von uns raucht. Raucher haben immer Feuer zur Hand…» – «Also doch Auto klauen? Oder könnten wir das Papier aufteilen und essen?», sinniert Margarethe, während Leon bereits daran ist, ein gelbes Mazda-Cabriolet zu knacken. – «Wo hast du gelernt, Autos…», beginnt Margarethe völlig verblüfft zu fragen, doch Leon antwortet blitzartig: «Frag nicht.» Nach einer erstaunlich kurzen Zeit fügt er hinzu: «Tür ist auf! Jetzt noch die Zündung…» – «Hey Rechen-Genie, dieses Cabrio ist ein Zweiplätzer, und wir sind vier!», ruft Rudy aus und langt sich an den Kopf. – Leon stöhnt, den Kopf unter dem Lenkrad und mit den Händen an der Zündung herumfummelnd: «Die Ladies bleiben hier und verstecken sich. Wir spielen den Köder…»

Rudy reicht Seraina das Geheimpapier, bevor er neben Leon auf dem Beifahrersitz Platz nimmt. Er flüstert kreidebleich: «Zerstör es!». Der Löwe hat die Zündung unterdessen geknackt und überbrückt, der Motor läuft. In der nächsten Sekunde sind die Jungs davongebraust, und die Mädchen verkrümeln sich zwischen einem Kleinbus und einer fetten Limousine. Sie hören den Motor eines zweiten Wagens, der wie verrückt beschleunigt. Margarethe wagt einen Blick hinaus und erkennt ein weiteres Cabrio, das dem Mazda folgt.

* * *

Leon hat richtig Spass daran, den PS-starken Flitzer zu fahren. In den Kurven driftet er sogar, weil der Hinterradantrieb bei etwas zu viel Gas schnell dazu führt, dass das Heck ausbricht. So donnern sie Richtung Biberbrugg, gefolgt von einem schwarzen Sportwagen unbekannter Marke. «Der Iceman hat sich schnell erholt…», stellt Rudy fest, doch dann bleibt ihm die Spucke weg. Vor ihnen an einer Strassenkreuzung steht das rote Motorrad. Und die Agentin sitzt mit einer Waffe in der Hand darauf und zielt auf das gelbe Cabrio… Hat sie wohl die Täuschung bemerkt?

Leon zieht geistesgegenwärtig die Handbremse und lenkt kurz nach links ein in Richtung einer Nebenstrasse. Der Wagen kommt heftig ins Schleudern. Der Fahrer dreht die Lenkung sofort ganz nach rechts an den Anschlag. Jetzt schlittert das Auto im Rallye-Stil in die geschotterte Nebenstrasse. Rudy schreit entsetzt und klammert sich an der Tür fest. Leon löst sogleich die Handbremse wieder und kann das Gefährt unter Kontrolle bringen. Weil hinter ihnen eine riesige Staubwolke in der Luft hängt, sehen die beiden nicht, ob ihnen jemand folgt. Erst nach einer gewissen Zeit erkennen sie hinter sich ein rotes Motorrad und ein schwarzes Cabrio. Und plötzlich fällt ein Schuss…

* * *

Margarethe und Seraina suchen verzweifelt nach einer Möglichkeit, das Geheimpapier zu vernichten, doch dann meint Seraina: «Warte! Falls unsere Herzbuben gefasst werden, können wir sie nur retten, wenn wir sie gegen dieses Papier austauschen…» – Das leuchtet auch Margarethe ein, und sie macht Anstalten, das Papier aufzufalten, um den Inhalt zu sehen. Seraina legt ihrer Freundin eine Hand auf ihre Rechte und warnt eindringlich: «Tu es nicht. Wer den Inhalt kennt, kommt in Teufels Küche. Sie werden uns foltern, bis wir den Code oder Bauplan oder was immer das ist verraten.» – «Das werden sie so oder so mit uns machen. Zur Strafe oder weil sie denken, wir würden den Inhalt kennen. Also spielt es doch keine Rolle…» – Seraina ist für einen kurzen Moment von Margarethes Einwand überzeugt, doch dann fürchtet sie etwas anderes: «Was macht das mit dir, wenn du eine Geheimwaffe kennst? Du wirst in Versuchung geraten, sie für Gutes einzusetzen…» – «Quatsch, ich bin über sowas erhaben! Ich kann doch keiner Fliege was zuleide tun!», wehrt Margarethe indigniert ab. Es beleidigt sie, dass ihre beste Freundin sie für so schwach hält, dass sie dieser Versuchung nicht standhalten könnte… obwohl, die Menschheit vor Diktatoren erlösen, die Mafia erledigen, skrupellose Waffen- und Menschenhändler ausschalten… Margarethe kommt ins Schwärmen und sieht sich schon als Retterin der Menschheit, ausgestattet mit einer Superwaffe…

Ein Funkeln in Margarethes Augen verrät Seraina nichts Gutes, und sie schnappt sich das Papier aus vergeblich klammernden Händen. «Hey, das ist meine Waffe! Wir wollen doch die Welt retten! Damit können wir die Welt WIRKLICH retten! Das ist Meins! Meins!!!» – Seraina erschrickt fürchterlich über Margarethes Vehemenz.

* * *

Leon blickt in den Rückspiegel und sieht, wie das schwarze Auto von der Strasse abkommt und eine kleine Böschung hinunterschlittert. Die Agentin gibt ihrem Motorrad die Sporen und holt schnell auf. Leon presst die Kiefer zusammen und verkrampft seine Hände am Lenkrad. Er drückt verzweifelt aufs Gaspedal, der Motor heult auf. Rudys Gesichtsfarbe indes wechselt von aschfahl zu grünblau. Und an einer unübersichtlichen Stelle taucht zu allem Unglück der weisse Jeep wie aus dem Nichts auf und rammt den Mazda von rechts. Die Airbags öffnen sich mit einem Knall und fangen Kopf und Oberkörper der Jungs auf. Beide Autos rutschen – seitlich ineinander verkeilt – eine Böschung hinab, verheddern sich in einem Gebüsch und bleiben stehen. Das Gas entweicht aus den Airbags und sie hängen schlaff herunter.

Zum Glück ist niemand ernsthaft verletzt. Rudy jedoch muss sich auf das Armaturenbrett übergeben. Leon schnappt nach Luft und versucht, seinen Sicherheitsgurt aufzuschliessen, was ihm aber – weil er zittert – erst nach ein paar Fehlversuchen gelingt. Wegen des Geruchs von Erbrochenem wird ihm fast selber schlecht. Schnell schnallt er Rudy los, der halb tot wirkt.

Draussen beginnt ein wilder Schusswechsel. Die drei Agenten schiessen gnadenlos aufeinander. Leon öffnet die Fahrertür und schleift Rudy ins Freie, dann verkriechen sich beide in den Büschen. Es fallen immer mehr Schüsse. Leon legt Rudy einen Arm um die Schultern und flüstert: «Geht's?» – Rudy röchelt nur und erwidert nichts.

15
Das Dilemma

Seraina zerknüllt das Geheimpapier, um es Margarethe zu erschweren, es zu entfalten. Wütend wirft sich Rabenherz auf ihre Freundin, beide ringen zwischen den parkierten Autos um das arg zerknitterte Geheimdokument, als Seraina «Stopp!» ruft. Margarethe hält inne und schämt sich kurz für ihr Benehmen, doch schnell erklärt sie schluchzend: «Ich will doch nur die Welt retten! All die Tyrannen entfernen, und die Verbrecher… Ich…» Ihre Freundin rappelt sich auf, ordnet ihre Franzosenuniform und stellt Margarethe seufzend die Gretchenfrage: «Was würdest du tun, wenn ein Terrorist im Cockpit eines Passagier-Flugzeugs droht, das Gefährt auf eine dicht besiedelte Stadt donnern zu lassen? Würdest du das Flugzeug abschiessen, bevor es bewohntes Gebiet erreicht, oder nicht? Wenn ja, kämen dabei ziemlich viele unschuldige Passagiere ums Leben. Wenn nein, kämen noch mehr Unschuldige ums Leben, die Passagiere und viele Stadtbewohner…»

Margarethe stutzt, überlegt ein paar Sekunden, dann antwortet sie mit einer Gegenfrage: «Würdest du es nicht abschiessen?» – Serainas Augen weiten sich und sie antwortet gedankenversunken: «Theoretisch dürfte man das nicht, praktisch aber müsste man es wohl tun… Siehst du jetzt, was ich meine? Wenn du die Geheimwaffe hast, dann wirst du genau so ein Dilemma auflösen müssen. Und Dilemmas haben es so an sich, dass sie einem keine gute Wahl lassen…» – Jetzt rappelt sich auch Margarethe auf. Ihr schönes Kleid ist leicht zerknittert, doch unversehrt. «Sorry…», haucht sie, und Seraina nimmt sie in die Arme.

* * *

Ein Stöhnen – wurde einer der Agenten getroffen? Dann folgt ein spitzer Schrei. Ein Mann in einem schwarzen Anzug tritt wenige Sekunden später zu den beiden demolierten Autos heran. Leon hält den Atem an, Rudy zittert am ganzen Körper. «Wo ist das Geheimdokument?», fragt der Neuankömmling auf Russisch, da ist den Freunden klar, wer den Schusswechsel überlebt hat. Leon schluckt leer, dann spricht er mit fester Stimme, ebenfalls auf Russisch: «Mäg und Rai haben es vernichtet. Sie sind zu spät.» Leon erwartet jeden Moment einen Wutausbruch oder eine gnadenlose Strafaktion seitens des Russen, doch der <Iceman> schweigt.

«Kommt her!», befiehlt der Agent, da versucht Leon, aufzustehen. Er knickt aber zuerst einmal ein und stöhnt vor Schmerzen, weil sein rechter Fuss höllisch weh tut. Er hat sich den wohl verknackst beim Unfall. Beim zweiten Versuch schafft er es, aufzustehen. Dann reicht er Rudy die Hand, der sie dankbar entgegennimmt.

Als beide Jungs stehen, blicken sie auf die leblose Agentin, die vor dem Mazda liegengeblieben ist. «Der Amerikaner liegt dort drüben. Und ihr liegt bald auch hier, wenn ihr mir nicht erklärt, was in dem Papier steht», grunzt der <Iceman>, diesmal auf Deutsch. – Leon, der bisher cool geblieben ist, perlt Angstschweiss auf der Stirn. Er hat zudem starke Schmerzen und fühlt sich daher verletzlich. Der Löwe stottert: «Bitte… Sie… mü-mü-müssen uns… glauben… Es ist be-be-besser…» – Da unterbricht ihn Rudy. Mit schwacher Stimme, aber überzeugender Wortwahl fragt der Cyborg: «Welchen Vorteil hätten Sie persönlich mit der Geheimwaffe?»

Der Russe schweigt zuerst, dann aber holt er tief Luft und erklärt melancholisch, als wäre er einer Depression nahe: «Der russische

Geheimdienst hat mich nicht gewarnt, als es zur Reaktorkatastrophe von Tschernobyl gekommen ist – obwohl meine Vorgesetzten davon wussten. Meine ukrainische Frau und meine Tochter sind verstrahlt worden und wenig später verstorben. Ich will mich an den Verantwortlichen beim russischen Geheimdienst rächen.» – Leon und Rudy blicken sich verblüfft an – mit so einer Antwort hätte keiner der beiden gerechnet. Da kombiniert Rudy, der sich etwas erholt hat, gewohnt messerscharf: «Sie können doch in der Zeit reisen dank Ihres Amuletts! Warum suchen Sie Ihre Familie nicht auf, bevor im Reaktor die Kernschmelze stattfindet? Sie können sie dann retten.» – Der Agent auf Rachefeldzug lacht gequält: «Habe ich schon gefühlte Tausend Mal getan. Es ist dann immer etwas anderes geschehen… ein Autounfall, ein Flugzeugabsturz, schwere Krankheiten und anderes Unglück… und sie waren dann doch jedes Mal tot, alle beide.» – «Scheisskarma», grummelt Rudy leise, Leon lässt den Kopf betroffen hängen, der <Iceman> blickt aus seinen eisblauen Augen ins Leere – seine Sonnenbrille trägt er natürlich nachts nicht. Und plötzlich sackt er in sich zusammen und bleibt zwischen dem zu Schrott gefahrenen Mazda und der leblosen Agentin im Gras liegen.

Leon humpelt zu ihm und fühlt ihm den Puls. «Tot», stellt er fest, und als er nach einer Verletzung sucht, bemerkt er, dass der Russe einen Bauchschuss erlitten hat – sein weisses Hemd ist unter dem schwarzen Anzug blutgetränkt. Ein paar Minuten bleiben die beiden schweigend vor Ort, Rudy stehend, Leon kniend neben zwei Leichen.

«Ru, alle Achtung, wie mutig du dem Iceman entgegengetreten bist!», bricht Leon das Schweigen. Der Angesprochene atmet schwer und zuckt mit den Achseln: «Mir war einfach viel zu übel, um Angst zu haben… das ist alles.» – Leon grinst und erhebt sich dann mit einem gequälten Gesichtsausdruck. «Der

Fuss…», stöhnt er. Rudy bietet ihm an, ihn zu stützen, doch der Löwe lehnt ab: «Geht schon.»

Rudy geht um die Unfallwagen herum und besieht sich die dritte Leiche, die des Amerikaners. Er liegt wie ein toter Bär im Gestrüpp neben seinem demolierten Jeep. «Lass uns von hier verschwinden, Ru. Wir sind zwar draussen in Wald und Feld, aber nahe an einer Siedlung. Da hinten sehe ich Häuser… und eine Bahnlinie… Das ist… äh… wahrscheinlich Biberbrugg. Bestimmt hat jemand das Geballere und den Unfall gehört… Dann kommt bald die Polizei, und wir zwei Hübschen sind im Jahr 2000 noch nicht einmal offiziell auf der Welt… Das könnte heiter werden. Ich möchte meinen Führerschein nicht schon VOR meiner Geburt verlieren… Mit etwas Glück bringen wir das schwarze Cabrio des Iceman wieder auf die Strasse, denn bis nach Einsiedeln laufen geht wirklich nicht mit diesem Fuss…», grübelt Leon, als eine der Leichen zuckt.

* * *

«Was machen wir jetzt?», fragt Margarethe ihre Freundin, die ebenfalls ziemlich ratlos ist, «Wenn wir nur wüssten, wo die Jungs jetzt sind. Wenn nur Plonk hier wäre! Der könnte als Späher dienen und uns – wie er es oft getan hat – wieder vereinen.» – Seraina nickt und seufzt bloss. Margarethe schaut hinaus zur Turmuhr des Klosters – schon deutlich nach ein Uhr nachts!

Plötzlich vernehmen die jungen Frauen ein Motorrad, das sich nähert – eine rote Rennmaschine. «Mist, die Agentin!», keucht Seraina, «Die hat uns grad noch gefehlt.» – Margarethe atmet schwer und fürchtet um ihren Liebsten Leon und ihren besten Freund Rudy.

Die Agentin hat die beiden Mädchen schnell entdeckt und braust schnurstracks auf die beiden zu. In zehn Metern Abstand hält sie inne und erklärt in perfektem Deutsch: «Eure Freunde sind in meiner Gewalt – her mit dem Geheimpapier!»

Ihr linkes Bein ist mit einem provisorischen Druckverband versehen, und Blut rinnt über ihre rechte Wange – die Agentin hat wohl einiges abbekommen beim Schusswechsel, doch sie ist am Leben geblieben. Margarethe baut sich vor ihr auf und spricht wutentbrannt und verzweifelt zugleich mit zugekniffenen Augen: «Wenn den beiden etwas passiert, dann kriegen Sie das Papier nie! Führen Sie uns zu ihnen, dann bekommen Sie, was Sie wollen. Wir haben das Papier hier auf dem Parkplatz versteckt und sagen Ihnen nur, wo, wenn wir die Jungs unversehrt wiederfinden!» Seraina staunt über Margarethes Mut, ist aber nicht überrascht, dass die Agentin laut herauslacht, mit dem rechten Zeigefinger auf das Amulett zeigt, das ihr um den Hals hängt, und selbstbewusst entgegnet: «Ich habe das Zeitreise-Amulett des Russen an mich genommen. Ich kann jederzeit zurück in der Zeit und das Papier ein paar Tage früher holen. Wenn ihr nicht kooperiert, nutze ich diese Möglichkeit, und ihr werdet eure Freunde erst finden, wenn sie schon lange tot sind…»

Margarethe fühlt sich, als würde ihr der Boden unter den Füssen weggezogen. Die Geheimwaffe in den Händen der Chinesin, ihr Leon bald tot… unfassbar, unmöglich, nein… Das darf nicht sein! Sie taumelt und wähnt sich gleich ohnmächtig auf den Pflastersteinen liegend. Seraina fängt sie geistesgegenwärtig auf und flüstert ihr ins Ohr: «Lass mich machen…» Zur Agentin gewandt spricht sie mit fester Stimme: «Okay, das Papier finden Sie beim Kleinbus vorne rechts im Radkasten. Wo sind Leon und Rudy?»

Die Agentin grinst, zückt eine Waffe, um die Mädchen auf Distanz zu halten, und nähert sich dem Kleinbus. Einhändig fischt sie aus dem Radkasten das Geheimdokument – mittlerweile eine unförmige, zerknitterte und verdreckte Papierkugel. Die Chinesin rümpft ihr Näschen und versucht, das Ding aufzufalten. Erst nach ein paar Minuten erkennt sie eine Schrift. Es ist eine Formel. Die Agentin im Siegestaumel hebt ihren Kopf und spricht abschätzig: «Eure Freunde liegen gefesselt und geknebelt in einem verlotterten Stall im Löchli bei Biberbrugg. Überrascht? Ich studiere meinen Einsatzort eben immer sehr genau – man weiss ja nie, was man schlussendlich so braucht.» Und mit einem hellen, fiesen Lachen fügt sie hinzu: «Ihr hättet ihre Gesichter sehen sollen! Denn als die beiden mein Bein verbunden haben, habe ich sie *zum Dank* mit gezückter Waffe dazu gezwungen, in einen nahen Stall zu gehen. Ich brachte den frechen Blonden dazu, seinen dunkelhaarigen Freund zu fesseln und zu knebeln. Der Vorlaute wollte mich überwältigen, als ich kurz meinen Verband gerichtet habe. Ich musste ihn mit dem Elektroschocker ruhig stellen. Das war auch gut so, denn so konnte ich ihn leichter festschnüren.» Und im nächsten Moment hastet die Agentin, die wohl nicht ganz so schwer verletzt ist wie es wirkt, zu ihrem Motorrad, schwingt sich darauf und braust davon.

«Im Löchli? Die armen Jungs!», jammert und schluchzt Margarethe verzweifelt, «Diesen Ort, diese Strasse, oder was auch immer das Löchli ist, finden wir nie ohne Smartiefon! Die beiden werden sterben…» – Seraina versucht, ihre Freundin zu beruhigen, und winkt ab: «Quatsch! Biberbrugg kenne ich, die Ex meiner Tante wohnt dort. Das ist nicht so gross, ein verlotterter Stall fällt in der Schweiz auf, hier verlottert nicht so schnell was! Lass uns Fahrräder klauen und hinfahren.»

Gesagt, getan, schliesslich geht es um das Leben ihrer Herzbuben, da können sie nicht anders. Zwei total heruntergekommene Drahtesel müssen als Gefährt herhalten. Die Mädchen strampeln sich ab und sind froh, dass es mehrheitlich bergab geht.

Schliesslich haben sie schwitzend und keuchend Biberbrugg erreicht und erspähen drei Polizeifahrzeuge mit eingeschaltetem

Blaulicht im Feld draussen. «Da, ein Grossaufgebot der Bullen! Leo und Rudy können nicht weit sein!», ruft Margarethe mit bleiern sich anfühlendem Herzen. Sofort tritt sie energisch in die Pedalen und fährt Seraina davon, als hätte sie ein voll aufgeladenes E-Bike und kein marodes Rad. Seraina kann ihr kaum folgen.

Und tatsächlich finden sie in der Nähe des von der Polizei abgesperrten Unfallortes eine verlotterte Scheune. Margarethe springt vom Fahrrad und rennt zur Hütte. Ohne Rücksicht auf Verletzungen bricht sie mit blossen Händen ein paar Bretter aus der einen Wand und stürmt das Häuschen. Währenddessen tritt Seraina durch die nicht abgeschlossene Tür in die Hütte ein. Beide Mädchen treffen sich fast zeitgleich in der Mitte des Raums, doch nirgends ist jemand zu sehen…

«Hmmm, hmmmmmm», hören die jungen Frauen und drehen sich sofort nach der Geräuschquelle um. «Das kommt von unten!», stellt Seraina fest. Sofort geht Margarethe in die Knie und sucht mit den Händen nach losen Brettern am Boden. Seraina tut es ihr gleich, nur mit den Augen statt mit den Fingern. «Da!», jubelt Seraina und zeigt mit der Rechten auf einen Balken, der sich bewegt hat, als Margarethe auf allen Vieren darüber gekrochen ist. Gemeinsam packen die Mädchen an und legen ein Loch im Boden frei, in welchem sich zwei Gefesselte befinden, deren Münder mit Klebeband versiegelt wurden. Margarethe klettert sofort ins Loch und befreit ihren Leon. Nur das Entfernen des Klebebandes gestaltet sich schwieriger als gedacht, denn es ist sehr schmerzhaft, sowas abzuziehen, wenn drunter ein Bart spriesst. Leon jammert vor Schmerz. «Weichei», spottet Seraina und erntet einen bösen Blick des Löwen.

Seraina muss zu ihrem Leidwesen warten, um Rudy zu befreien, weil nicht genügend Platz in der Grube ist. Leon ist heilfroh, die Fesseln losgeworden zu sein, die arg in Hand- und Fussgelenke geschnitten haben. Er kriecht zusammen mit Margarethe aus dem

Loch. «Argh! Mir tut alles weh, dieser Scheiss-Taser!», stöhnt Leon und erklärt dann, weshalb sich zwei kräftige junge Männer von einer kleinen und darüber hinaus verletzten Chinesin hatten überwältigen lassen: «Dieses undankbare, hinterhältige Miststück hat mich voll getasert, als ich versucht habe, diese… diese…» Weiter kommt er nicht, Margarethe umarmt ihren Freund fürsorglich.

Jetzt springt Seraina ins Versteck hinunter und hilft ihrem Rudy aus seiner misslichen Lage. Der Cyborg – endlich von den Fesseln befreit – entfernt eigenhändig das Klebeband vom Mund, weil sein Bart ebenfalls extrem empfindlich auf diese Prozedur reagiert.

Als alle vier endlich wieder draussen an der frischen Luft sind, umarmen sich die Pärchen zuerst einmal ausgiebig. Die Anspannung aber scheint nur von Rudy gewichen zu sein – das ist auch nicht verwunderlich: Erstens hat ihn Leon nur leicht verschnürt, in der Hoffnung, das Superhirn könne sich dann später selbst seiner Fesseln entledigen – Rudy hatte seine Hände schon fast befreit, als die beiden Mädchen die Gefangenen fanden. Zweitens hat Rudy, anders als Leon, nicht mit dem Elektroschocker der Agentin Bekanntschaft gemacht. Und drittens scheint der Cyborg aus für die anderen drei unerfindlichen Gründen gut gelaunt zu sein. Rudy, der von Seraina fast erdrückt wird, röchelt: «Darf ich mal…» Und als Seraina ihre Umarmung etwas lockert, greift er sich in die Franzosenuniform und zieht ein Papier heraus. Seine Worte lassen die anderen drei zu Salzsäulen erstarren: «Vorteile hat, wer weiss, welches das echte Geheimpapier ist. Raina, ich habe dir lediglich ein Blatt mit einer Fake-Formel aus meiner Feder gegeben. Als Leon damit beschäftigt war, das verschachtelte Reliquiar wieder abzuschliessen, hatte ich kurz Zeit, unbemerkt die chemische Formel für simplen Stinktierduft auf ein leeres Blatt zu schreiben…»

Margarethe stottert ungläubig: «Du ha-hast wa-was? Du-du hast die Aga-Agi-Agentin zweimal verar…?» – Im Freudengeschrei von Leon und Seraina geht Margarethes Satzende unter. Rudy grinst und zuckt mit den Achseln: «Ja, ich sagte ja, wir müssen schlau sein!» – «Und mit WIR meinst du dich, du Klugscheisser, gell!», grummelt Leon, grinst dann aber und streift mit seiner Faust kollegial Rudys rechte Wange. «Du hast es faustdick hinter den Ohren, Ru! Alle Achtung!», gibt der Löwe neidlos zu, da erwidert Rudy: «Dafür fährst du Auto, als hättest du nie was anderes gemacht.» – Leon strahlt wie ein Honigkuchenpferd, denn dieses Kompliment bedeutet ihm viel. Obwohl er Biologie studiert, sitzt er fürs Leben gern am Steuer eines Wagens.

«Ähem, hallo Leute», räuspert sich Seraina, «Ein Problem haben wir trotzdem: Die Chinesin hat das Amulett vom Iceman geklaut…» Die Stimmung kippt augenblicklich von Siegestaumel zu bitterem Ernst. «Verdammt! Die kann weiter in die Zeit zurück und sich das Papier doch noch holen!», stöhnt Leon auf und schlägt sich die flache Hand auf die Stirn. – Rudy seufzt und bemerkt nebenbei: «Nur gut riechen wird sie nicht mehr so schnell, der Gestank meiner Formel ist hartnäckig…» – Seraina spottet: «Man folge also dem Duft… Stinktier Nummer 5.» Die anderen drei prusten los, doch der Ernst der Lage lässt sie schnell wieder ins Grübeln verfallen.

16

Ein neuer Anlauf

«Etwas begreife ich nicht…», beginnt Margarethe, als sie am frühen Morgen im Restaurant <Zur Postkutsche> sitzen und frühstücken. – «Was denn…?», fragt Seraina mit vollem Mund. – «Warum hat der Iceman die Kantonsarchäologin am Tag meiner Geburt getötet?» – «Ist doch klar», meint Rudy zwischen zwei Schlucken Kakaomilch, «sie wusste vom Papier und hat es vermutlich vernichtet. Er wollte nicht das Risiko eingehen, dass sie das Geheimnis ausplauderte, falls sie es doch kannte. Stattdessen wollte er zurückreisen, ein paar Jahre früher – also letzte Nacht – um es zu holen. Weil er wusste, dass viele nach dem Papier lechzen, hat er uns *angeheuert* mit seiner Todesdrohung. Wir sollten die anderen Agenten aufmischen.» – «Job erfüllt würde ich sagen», spricht Leon selbstzufrieden und lehnt sich gelassen im Stuhl zurück, doch nach einer falschen Bewegung seines rechten Fusses setzt er ein schmerzverzerrtes Gesicht auf. «Schlimm, Liebster?», fragt Margarethe und greift nach seiner Hand. Leon seufzt und meint: «Wenn ich nicht so müde wäre, ginge es ja noch. Bin einfach erschöpft, darum dünnhäutig. Der Knöchel ist nur geschwollen, aber es ist nix gebrochen. Wird schon wieder.» – «Nimm den verstauchten Fuss nicht auf die leichte Schulter, das kann sonst ewig dauern, bis das wieder gut ist», warnt die angehende Medizinstudentin Seraina, doch Leon winkt ab: «Wie soll ich hier zum Arzt gehen, ich bin doch offiziell noch nicht mal auf der Welt… wir alle nicht.» – «Wir gehen um neun in die Apotheke vis-à-vis, da musst du dich nicht ausweisen», schlägt Seraina vor, und Margarethe findet das eine super Idee. Rudy indes schlürft seelenruhig seinen Kakao. Sein Magen hat sich erholt.

«Habt ihr eigentlich gesehen, wer das Papier ins Reliquiar getan hat? Ihr müsst euch doch genau dann im Kloster befunden haben, Leo und Rudy?», stellt Margarethe eine Frage, die ihr schon lange auf der Zunge liegt und unter den Nägeln brennt. – «Leider nein», seufzt Leon genervt, weil er es als sein Versagen ansieht, den Urheber nicht erwischt zu haben, «der Mistkerl lief weg, gerade, als wir zum Reliquiar kamen. Ich wollte ihm nach…» – Rudy ergänzt schnell: «Er war doch schon zu weit weg, und die Bergung des Geheimpapiers war prioritär. Gut hast du ihn ziehen lassen. Du hast die richtige Entscheidung getroffen, Leo.» Der Löwe lächelt dankbar, Rudys Schützenhilfe ist Balsam für seine Seele. Leon hat zwar kein Problem damit, ehrenvoll zu verlieren, aber es nervt ihn tierisch, nur ganz knapp das Ziel verfehlt zu haben.

«Was machen wir mit der chinesischen Agentin? Wir müssen sie stoppen!», leitet Margarethe auf ihre Mission über und erntet ein kollektives Gestöhne, weil es bedeutet, dass alle vier erneut Agenten spielen müssen. «Scheisskarma», grummelt Rudy und seufzt, «Also ich würde vorschlagen, wir nehmen uns gemütliche Hotelzimmer und schlafen mal richtig aus. Diese Nacht haben wir draussen ein paar Stunden gepennt, die Nächte davor in der französischen Kaserne, und davor ebenfalls unterwegs, und ganz am Anfang in dem Kloster… war auch nicht gerade erholsam, dauernd mitten in der Nacht zum Beten aufzustehen…» – Leon grunzt etwas in seinen zerrupften Dreitagebart, um zu unterstreichen, wie Recht Rudy hat, doch dann meint Seraina: «Hotel ist 'ne gute Idee, nur wie bezahlen wir das? Hat jemand Bargeld?» – Alle schütteln den Kopf. «Scheisskarma hoch zwei mit Option auf Scheisskarma hoch drei…», stöhnt Rudy, da hakt Margarethe nach: «Was meinst du mit *Option*?» – Rudy blickt ihr direkt in die Augen und erklärt mürrisch: «Na ja, kein Geld heisst entweder welches stehlen oder wieder draussen pennen. Von der Restaurant-Rechnung hier will ich gar nicht erst reden, denn für unser Frühstück müssen wir wohl Zechprellerei betreiben. Egal wie es rauskommt, es wird uns nicht besonders gut ergehen. Das sind die Optionen: Entweder landen wir im Knast – da hätten wir immerhin Kost und Logis – oder wir werden komplett durchnässt – schaut euch mal an, was sich da draussen zusammenbraut: ein Sommergewitter vom Feinsten!»

Tatsächlich hängen am Himmel über Biberbrugg dunkle, schwere Regenwolken. Die vier Freunde schauen ernüchtert nach draussen. Und ein weiteres Problem ist ungelöst: Wie sollen sie das Frühstück bezahlen? Margarethe macht die anderen eindringlich darauf aufmerksam. Leon stöhnt auf, Rudy verzieht das Gesicht und Seraina verdreht die Augen. Margarethe räuspert sich: «A propos Optionen… hört mal, was der Typ am Nebentisch gerade faselt!» In diesem Moment hören sie, wie am Nachbartisch ein gestresster Geschäftsmann in sein Smartiefon – einem überdimensionierten <Knochen> von Mobiltelefon – brüllt: «Der Handel mit Optionen und Aktien duldet keine Pausen! Du wirst doch fähig sein, diese Datenbank subito wieder zum Laufen zu bringen! Wir verlieren Tausende von Franken pro Stunde, wenn die Broker keinen Zugriff mehr darauf haben! Verdammt, knie dich rein, Fritz!» – Rudy kneift die Augen zusammen und grinst selbstzufrieden, dann steht er auf, tritt zum entnervten Herrn vom Nachbartisch und stellt sich vor: «Gestatten, Rudolf von Arx. Ich bin Programmier-Experte und löse Ihr Problem… äh… buchstäblich im Handumdrehen.» Und dies ist tatsächlich wörtlich zu verstehen, denn sein im rechten Arm implantierter Computer-Chip hat schon ganz andere Probleme gelöst – und auch welche geschaffen. Er war ihm – wie die beiden Chips in den Schläfen – in einer fernen Zukunft hineinoperiert worden.

Der Geschäftsmann schaut Rudy entgeistert an. Er mustert den Achtzehnjährigen, der beinahe angezogen ist wie ein Schweizergardist, nur nicht ganz so bunt. Rudy seinerseits starrt ungläubig auf das vorsintflutliche Smartiefon des Mannes. Trotzdem bleibt er berechnend und stellt sogar dreiste Forderungen, weil sein

Gehirn in solch angespannten Situationen auf die Lösung fokussiert, ohne darauf zu achten, wie er auf andere wirkt: «Drei Bedingungen: Sie geben uns zweitausend Franken auf die Hand, finanzieren uns mit Ihrer Kreditkarte zwei Doppelzimmer im teuersten Hotel der Gegend – also für drei Nächte – und stellen keine Fragen. Dann haben Sie Ihre Datenbank in fünf Minuten wieder online.» Wie ein Fisch in einem überhitzten Teich schnappt der Mann nach Luft, doch er ist dermassen in Not, dass er einwilligt. Und er grunzt: «Wenn Sie das schaffen, tanze ich nackt auf dem Tisch da.» – Seraina grinst, und Margarethe macht grosse Augen, doch Leon räuspert sich unüberhörbar.

Margarethe und Leon gehen mit dem einen Tausender bewaffnet sofort in die Apotheke, dann per Bus in ein Kleider- und in ein Schuhgeschäft, nach Feusisberg, wo sie sich dann alle vier treffen wollen. Jeans, T-Shirt und anständige Schuhe müssen her! Denn die Franzosen-Uniform ist extrem unbequem und unpraktisch! Und Margarethes schönes blaues Kleid sieht schon ziemlich ramponiert aus. Vom Geld bleibt den beiden ziemlich viel übrig. Das freut Margarethe, die nämlich nicht so gerne knapp bei Kasse ist.

Wegen ihrer Shopping-Tour bekommen Margarethe und Leon gar nicht mit, wie Rudy in weniger als einer Minute das Datenbank-Problem am Laptop des Geschäftsmannes löst. Das Einzige, was Rudy fast zur Verzweiflung gebracht hätte, war die sehr schlechte Verbindung – ein vorsintflutliches Laptop musste mühsam mit der ultralangsamen Telefonleitung des Restaurants verbunden werden, WLAN gab es noch nicht.

Margarethe wäre zwar gerne noch etwas geblieben, um zu sehen, ob der Mann sein <Versprechen> einlöst und den Strip durchzieht, doch Leon ist ganz froh, hat er mit seinem Ballon-Knöchel seine Mäg davon abhalten können, dem unanständigen Treiben beizuwohnen.

Der Geschäftsmann ist dermassen aus dem Häuschen über Rudys Erfolg, dass er den Freunden gleich die Restaurant-Rechnung begleicht und ein Luxus-Hotel anruft. Indes tut er nicht dergleichen, als würde er sich an sein zusätzliches <Versprechen> erinnern.

Als Seraina und Rudy das Restaurant verlassen, ist das Mädchen schon etwas enttäuscht, dass es keine Showeinlage gegeben hat: «Wie schade, hätte zu gern gesehen, wie der Typ auf dem Tisch tanzt!» – Rudy winkt ab: «Mit dem fetten Bauch? Das muss ich beim besten Willen nicht sehen!» Der Cyborg hat es schon von Vornherein als höchst unwahrscheinlich eingestuft, dass der Herr den Strip auch wirklich durchzieht.

Mit ihrem Tausender gehen nun auch Seraina und Rudy per Bus nach Feusisberg auf Shopping-Tour. Als sich alle vier wie abgemacht am Bahnhof Feusisberg treffen, sind auch Margarethe und Leon froh, dass sie ein Hotel in derselben Ortschaft gebucht bekommen haben. Doch zuerst einmal ist eine Modeschau fällig. Die drei Ex-Soldaten sind glücklich, die unbequeme Franzosen-Uniform los zu sein.

Margarethe hat sich lediglich weisse Sneakers und einen schicken, gelben Mantel gekauft, der nicht zu warm ist und bestens zu einem Regentag im Sommer passt. Eine Kapuze ist natürlich dran. Sie hat es nicht übers Herz gebracht, sich von ihrem schönen blauen Kleid zu trennen. Leon indes ist komplett neu eingekleidet, ebenso die R-Fraktion. Der Löwe trägt dunkelrote Turnschuhe, militärgrüne Hosen mit etlichen Taschen, dazu ein gelbes T-Shirt und eine schwarze Baseball-Kappe. Seraina hat sich elegante Sandalen, schwarze Hosen und eine fliederfarbene Bluse gekauft. Einen schwarzen Hoodie hat sie sich um die Hüften gebunden – würde bei Regen nützlich sein. Rudy hat sich einen fast kompletten Anzug gekauft: schwarze Halbschuhe, dunkelbraune Hosen, weisses Hemd, beiges Jackett, nur die Krawatte hat er weggelassen. Dafür ist er mit einem Schirm bewaffnet.

Sein Kommentar dazu: «Wenn wir schon in ein Luxus-Hotel einchecken, muss wenigstens einer der Männer anständig gekleidet sein!» – Leons Augen verengen sich zu Schlitzen, doch er kontert nichts, denn er ist froh, keinen Anzug tragen zu müssen.

* * *

«Geil! Nur das Klumpinsky-Hotel in Berlin war edler!», ruft Leon aus und erntet ein dreifaches «Pscht!» seiner Begleiter, die fürchten, einen schlechten Eindruck bei den anderen Gästen zu hinterlassen. – «Toll in der Tat, nur schade ist es in Feusisberg und nicht in Einsiedeln selber», grummelt Margarethe, und Rudy seufzt: «Wie man's macht, ist es den Ladies nicht recht. Das Aroma Resort ist nun mal eine der besten Adressen in der Umgebung von Einsiedeln – mit Blick auf den Zürisee und mit Wellness-Möglichkeiten. Immer noch nicht zufrieden?» – «Doooch doooch!», beeilen sich Margarethe und Seraina wie aus einem Mund zu antworten, schliesslich haben sich die beiden Mädchen schon ein paar Massage-Termine reservieren lassen – alles auf Kosten des dankbaren Herrn aus dem Restaurant in Biberbrugg. Rudy indes freut sich einfach nur auf das bequeme Bett. Seraina fügt etwas enttäuscht hinzu: «Nur schade sind wir hier, bevor der grosse Umbau zum Spa erfolgt. Ich kenne das Hotel, Rudy und ich waren mal hier, also in unserer Zeit. Der Neubau hat einen genialen Wellness-Bereich mit Thermalbad, Sauna und so.»

Rudy und Leon sind so erschöpft, dass sie sich nach dem Zmittag auf ihre Zimmer begeben, um schon am Nachmittag ein Nickerchen abzuhalten. Die Mädchen aber freuen sich auf den Wellness-Parcours, den sie vor sich haben.

Abends treffen sie sich auf der Terrasse und geniessen ein üppiges Fünf-Gang-Menü. Die jungen Frauen sind ziemlich müde und ziehen sich nach dem Essen sofort zum Schlafen zurück. Die Jungs genehmigen sich noch ein Bier. Leon bricht halblaut das Schweigen der Männer: «Was denkst du? Wo sollen wir ansetzen bei unserem zweiten Anlauf, die Welt vor der Killerwaffe zu bewahren?» – Rudy seufzt, hat er doch für ein paar Stunden die Bürde, die ihnen auferlegt worden ist, vergessen. Gequält meint er: «Diese Agentin kann jederzeit zuschlagen. Wir wissen weder wann und wo, noch wie.» – «Am besten wir vernichten das Mauritius-Reliquiar, dann kann niemand was dort reinstecken!», schlägt Leon triumphierend vor. – «Ich will aber nicht wegen Leichenschändung und Kirchenraub vor Gericht landen», zischt Rudy unwirsch, da korrigiert ihn Leon: «Nur Teil-Leichenschändung – die paar Knochen ergeben mildernde Umstände…» – Rudy macht eine abschätzige Handbewegung, da ist Leon klar, dass seine Idee keine Chance auf Umsetzung hat.

«Was, wenn wir uns auf die Lauer legen, bevor wir den Unfall hatten? Wir können dann die Chinesin daran hindern, uns als Geiseln zu nehmen, und ihr Amulett klauen!», grinst Leon süffisant und würde sich gerne selber auf die Schultern klopfen, doch Rudy jammert: «Dann treffen wir auf UNS selber. Ich will nicht wissen, was das mit dem Raum-Zeit-Kon…» – «Scheiss auf das Kon…», gibt ein entnervter Leon von sich, und diverse Köpfe drehen sich nach ihm um. Der Löwe zieht beschämt den Kopf ein und blickt mit einer Unschuldsmiene auf den See. Rudy wird knallrot vor Fremdscham und zischt: «Du bist manchmal echt *cringe*, Leo.» – «Ich weiss…», gibt der Angesprochene freimütig zu und zieht beide Augenbrauen hoch.

Nach einer kurzen Pause geht das Brainstorming in die nächste Runde. Rudy macht Leon auf einen wunden Punkt der ganzen Geschichte aufmerksam: «Irgendjemand hat diese Waffe erfunden. DEN müssen wir finden und verhindern, dass er diese Erfindung macht!» – Leon jammert: «Aber den kennen wir überhaupt nicht! Wie zum Höllen-Geier sollen wir ihn dann finden!» – Rudy grinst süffisant: «Nun ja, er hat seine Erfindung signiert: Christopher Toster, ein australischer Virologe. Er war ein paar wenige Jahre Professor an der Uni Zürich, vermutlich hat er die Waffe Ende der Neunzigerjahren erfunden.» – «Du hast reingeschaut ins Geheimpapier? Schon wieder ein verfi… ich meine, schon wieder ein verfluchter Virus?», nervt sich Leon, und Rudy erbleicht, dann ergänzt er schnell: «Ich habe nur die Signatur angeschaut, nicht den Gen-Code. Aber während meiner Recherche in unserem Pandemie-Abenteuer war mir der Name Toster im Zusammenhang mit Virologie aufgefallen…» – «Du erinnerst dich an sowas! Ich kann mir nicht mal Namen merken, die ich vor einer Stunde gehört habe!», seufzt Leon und fühlt sich gerade etwas minderwertig.

«Was hast du eigentlich mit dem echten Geheimpapier gemacht, Ru?», interessiert sich plötzlich Leon für den Verbleib des Corpus Delicti. Rudy zuckt mit den Achseln: «Auf dem Hotel-Balkon im Aschenbecher ehrenvoll feuerbestattet.» – «Echt jetzt?», wundert sich Leon, «Du hast das fertiggebracht, ohne dir mit deinem fotografischen Gedächtnis die Formel einzuprägen?» – «Keine Formel, ein Gen-Code für das wohl tödlichste und zugleich ansteckendste Virus aller Zeiten!», flüstert Rudy, aschfahl im Gesicht. – «Also doch! Du hast es beaugapfelt! Wusst ich's doch, dass du es nicht lassen kannst, du Genie!» – «Quatsch!», wehrt Rudy ab, «Ich habe mir den umfangreichen Gen-Code nicht gemerkt…» Und kleinlaut gibt er zu: «Ok, ich könnte es herleit…» – Leon beeilt sich, Rudys Mund mit seiner linken Hand zu bedecken, damit er nicht weiterreden kann. «Niemand darf wissen, was du weisst!», raunt Leon, nun selber totenbleich. – «Wird auch niemand», versichert ihm Rudy, der Leons Hand unsanft von seinem Gesicht entfernt und dann sogleich seinen Mund mit einer Serviette abwischt. Doch Leon, der Rudys Hygienefimmel mit einem schiefen Grinsen kommentiert, ist nicht ganz überzeugt: «Was, wenn jemand ahnt, dass du es herleiten könntest, dann bist du geliefert. Entweder setzen sie dich mit Geiseln unter Druck oder foltern es aus dir heraus.» – «Ich sage einfach irgendwas, die können mir gar nichts, ausserdem bringt mein Wissen nichts, ich kenne die Virushülle nicht, die Toster verwenden wollte. Ohne diese Info ist alles obsolet…» – Leon hofft, dass Rudy wie immer Recht hat und auch Recht behält, dann meint der Löwe: «Ok, also den Toaster aufsuchen und ihm den Stecker ziehen!» – «Toster, ohne A», korrigiert Rudy seinen Kumpel. – «Mir doch Wurscht», grunzt Leon und grinst amüsiert, doch dann wird er todernst: «Dann müssen wir aber den Forscher abmurksen. Dann lieber die Agentin killen, deren Karma ist bestimmt schlechter!» – «Wir ermorden niemanden», versichert ihm Rudy, «Wir verhindern einfach, dass seine Experimente gelingen. Ein Kinderspiel.»

17
Das Übel an der Wurzel packen

Am nächsten Morgen fühlen sich die vier Freunde wie neu geboren. Es geht fast nichts über guten Schlaf. Leon grinst schelmisch, als Margarethe vom Bad zurück ins Bett kriecht, und zieht beide Augenbrauen hoch: «Na, Frühstück spezial nach Leons Art gefällig?» – Margarethe ziert sich absichtlich und setzt ein grübelndes Gesicht auf: «Hmm, bist du nicht zu lädiert?» – «Ach was!», winkt Leon ab, «Der Knöchel ist schon wieder ok, dafür schwillt, äh… schwebt mir was anderes vor…» Und er setzt sein zuckersüssestes, unschuldigstes Leon-Lächeln auf, das er überhaupt zu bieten hat. – «Weisst du was man mit Lügnern macht?», stellt Margarethe eine rhetorische Frage, untermalt von einem sadistischen Lächeln, da erwidert Leon frech: «Kann's kaum erwarten!»

Im Zimmer der R-Fraktion des Freundes-Quartetts ist es still. Seraina kuschelt sich noch einmal in die Decke und fragt leise: «Rudy, bist du wach?» – Ein Grummeln dringt an ihr Ohr, was sie als Ja interpretiert. Deshalb fragt sie weiter: «Was stand in dem Geheimpapier?» – «Hab's vergäh…vergessen…», gähnt Rudy und dreht sich im Bett. «Du? Vergessen?» – «Ja. Ich. Vergessen. Wenn ich will, kann ich auch das», grummelt Rudy verschlafen. Seraina lächelt und meint verliebt: «Du hast die grösste Macht auf Erden in deiner Hand und vergisst absichtlich, worum es dabei geht?» – «Ja.» – «Gib einem Menschen Macht oder Geld und schau, was das mit ihm macht… Gegen beides bist du komplett immun. Und darum…», holt Seraina aus, und ihre Verliebtheit steigert sich ins Unermessliche. Was hat sie da für ein Herz aus Gold an Land gezogen! Er hat zwar seine Macken – ist geräuschempfindlich, kein feuriger Liebhaber, braucht viel Ruhe sowie einen geregelten Tagesablauf, um nicht gestresst zu sein –, doch in einem Punkt – nebst seiner Intelligenz – ist Rudy unschlagbar: Er ist ein Menschenfreund, bedingungslos und selbstlos. Dafür liebt Seraina ihn aus vollem Herzen. Sie kuschelt sich an ihn und liebkost ihn, dann beendet sie ihren Satz erotisch flüsternd: «Und darum liebe ich dich!» – Rudy dreht sich zu ihr, jetzt komplett wach, und umarmt sie zärtlich.

* * *

Im Frühstücksraum des Hotels ist es still geworden, denn es ist schon fast halb elf. Die Rabenherz-Freunde kommen als letzte, um noch etwas zu ergattern. Die Hotel-Angestellten sind etwas genervt, weil sie eigentlich das Büffet abräumen wollen. Doch in einem Luxus-Resort ist der Gast König, und so lassen sie alles stehen für die zwei hungrigen Pärchen, die bis dato an diesem Tag lediglich ihren Liebeshunger gestillt haben.

«Fuss wieder gut, scheint mir», konstatiert Seraina als sie sieht, dass Leon nicht mehr humpelt. – «Voll. Die Arnika-Salbe aus der Paracelsus-Apotheke hat Wunder bewirkt», meint der Löwe, schnappt sich fünf dicke Brotscheiben, leert beinahe die Schale mit der Butter und häuft sich drei verschiedene Konfitürensorten auf den Teller. «Oha, da hat einer noch nicht genug gehabt», lacht Seraina mit einem Augenzwinkern Richtung Margarethe, die die Augen verdreht, weil sie es nicht so gern sieht, dass ihr Liebster futtert wie ein Mähdrescher. – Um das Thema zurück zur Medizin zu lenken, erklärt die angehende Ärztin: «Wusstet ihr, dass Paracelsus in der Nähe von Einsiedeln geboren wurde? Er gilt als der Wegbereiter einer ganzheitlichen Medizin. Naturmedizin und Spagyrik werden mit ihm in Verbindung gebracht.» – «Was für Lyrik?», grunzt Margarethe und versteht nur Bahnhof. – «Pflanzliche, mineralische und tierische Ingredienzen werden so aufbereitet, dass eine Wirkungssteigerung erzielt wird», erklärt Rudy zwischen zwei Schlucken Kakao, und Seraina fügt hinzu: «Spagyrik galt früher als Alchemie. Theophrastus Bombast von Hohenheim…» – «Wie hiess der? Ist ja bombastisch!», lacht Leon zwischen zwei Bissen, und Seraina entschuldigt sich: «Kann auch nichts dafür, dass Paracelsus bürgerlich so hiess.» – «Darum hat er sich einen Künstlernamen zugelegt, konnte ja niemand aussprechen… Theofrass… was?», grummelt Margarethe und widmet sich wieder ihrem Birchermüesli. Da zitiert Rudy gedankenversunken: «*…Darumb so lern Alchimiam die sonst Spagyria heisst, die lehret das Falsch scheiden von dem Gerechten…* Ist nicht von mir, ist vom Theo, ich meine Paracelsus.» – «Wo hast du das her, Ru?», grunzt Leon überrascht. – «Steht da auf dem Plakat. Die haben in Einsiedeln wohl so eine Ausstellung über Paracelsus», erwidert Rudy etwas verlegen, weil er es analog ablesen musste – für den Cyborg eine etwas undankbare Aufgabe. Alle drehen sich nach dem Plakat um.

«Weiter steht da: *Paracelsus, der Luther der Medizin aus dem Kanton Schwyz, durchwanderte Europa und entwickelte schliesslich vor seinem Tod im 16. Jahrhundert in Salzburg eines der ersten Rezepte für Kräutermischungen…*» – «Vielleicht basiert ja die Arnika-Salbe für deinen Knöchel auch auf einem Paracelsus-Rezept, Leo», wendet Seraina ein und kommt ins Grübeln: «Was habt ihr besprochen gestern Abend? Rudy hat mir heute Morgen kurz berichtet: Wir sollten einen Forscher daran hindern, die Geheimwaffe zu entwickeln? Das Übel an der Wurzel packen, also das Falsche vom Gerechten trennen? Tönt ziemlich nach Paracelsus. Also ich würde hier ansetzen.» – «Vielleicht hat er was entwickelt, das gegen Viren hilft und dem Geheimwaffen-Forscher seine Studie vermasselt…», überlegt Margarethe und legt ihre Stirne in Falten. Doch Rudy wehrt ab: «Die Lehre des Paracelsus zielt darauf ab, im Menschen selber etwas zu bewirken, sozusagen die Selbstheilungskräfte zu unterstützen… Der hat kein Gift entwickelt, das Viren im Labor tötet.» – «Wäre auch zu schön gewesen», seufzt Leon und schielt zum Büffet, das zwar fast leer ist, aber eben nur fast…

«Du bist wie ein Staubsauger, Leo. Lass das Büffet, du überfrisst dich noch! Dann hast du Blähungen. Und das stinkt mir…», macht Margarethe ihrem Unmut über Leons Heisshunger Luft, und die R-Fraktion lacht laut heraus. Leon setzt eine schuldbewusste Miene auf, lenkt dann aber das Gespräch schnell wieder auf ihre Mission: «Aber was können wir tun, um den Toaster zu überhitzen?» – «Toster, Christopher Toster heisst der Typ. Den Witz hast du gestern schon gebracht, nicht so kreativ heut, gell…», seufzt Rudy und fügt mit zugekniffenen Augen hinzu: «Also ich denke, wir sollten einfach den Toster daran hindern, seine Virenstämme von Australien in die Schweiz zu transferieren. Es genügt, den klimatisierten Behälter vor dem Start zu öffnen, den Rest erledigen die Hitze auf dem Rollfeld und die Kälte in der Troposphäre während des Flugs.» – Margarethe und Seraina jubeln wie aus einem Mund: «Toll, wir fliegen nach Down Under!»

* * *

Die vier Freunde sind sich in einem Punkt einig: Die zwei verbleibenden Nächte im Luxus-Hotel wollen sie voll auskosten und erst danach ihre Mission erfüllen. Als Zeitreisende haben sie ja keine Eile – es spielt keine Rolle, wann genau sie aufbrechen, um die Welt zu retten. Nach und nach finden auch die Jungs Gefallen an den Wellness-Angeboten. Leon schwärmt besonders von den sinnlichen Händen <seiner Jenny>, wie er sagt, um Margarethe eifersüchtig zu machen. Die erfahrene Masseurin hat speziell für Leon ein paar Extras eingebaut in ihrem Behandlungsprogramm. Margarethe hat es nicht geschafft, herauszufinden, worum es sich dabei handelt – obwohl sie fast eine geschlagene Stunde versucht hat, es aus Leon herauszukitzeln.

Schliesslich erkundigt sich Seraina bei Jenny – sie schiebt vor, herauszufinden, ob die besondere Behandlung auch Rudy gefallen würde – und ist erfolgreich. Dann steckt sie es brühwarm Margarethe, die fast ein bisschen enttäuscht ist, als das heisse Geheimnis gelüftet ist. «Warmes Öl? Ist das alles?», grunzt Margarethe und verzieht den Mund. Seraina grinst: «Was hast denn du gedacht?» – «Na ja… auf Tibetische Massage wäre ich nie gekommen… obwohl, Leon als Buddhist…» – «Naheliegend… Und auch wenn seine Fleischeslust gigantisch ist, da siehst du es: Er ist treu und wird nicht mal schwach, wenn er Wachs in Händen einer Massage-Zauberin ist!», bringt es Seraina auf den Punkt und ist doch manchmal etwas erstaunt, wie eifersüchtig ihre Freundin sein kann. Na ja, wenn man einen tollen Hecht als Lover hat, auf den fast alle Frauen schielen, dann ist das dann doch nicht so verwunderlich. In dem Punkt ist Seraina glücklich, dass ihr Rudy weniger auffällt – obwohl, im Anzug findet sie ihn zum Ausziehen toll.

* * *

Die angenehme Zeit voller Nichtstun neigt sich ihrem Ende zu – leider, wie man an den vier Freunden erkennen kann: lange Gesichter bei allen. Rudy trauert dem ruhigen Leben, Leon <seiner Jenny>, dem guten Essen und dem heissen Liebesspiel mit seiner Mäg nach. Für Seraina endet eine schöne Zweisamkeit mit ihrem Freund, während der ihr Rudy beinahe sorglos gewesen ist – etwas, das selten der Fall ist. Margarethe, die sich meist gestresst fühlt und von einem Termin zum nächsten hechtet, hat vor allem gefallen, dass sie während der Wellness-Tage einfach nur das machen konnte, wonach ihr der Sinn stand, und natürlich ihrem Liebsten so nahe sein durfte wie schon lange nicht mehr.

«Und wie sollen wir Australien erreichen? Können wir uns mit deinem Rabenkrallen-Amulett aktiv Ort und Zeit wünschen?», hofft Seraina, während Rudy die Fakten auf den Tisch legt, die er recherchiert hat, indem er die Uni Zürich angerufen hat: «Christopher Toster trat am 1. September 1996 in Zürich seine Professur an. Er lehrte dort drei Jahre und ist heute wieder zurück in Australien. Seine Viren-Stämme starteten am 28. Oktober 1996 mit einer Frachtmaschine der Qantas Airlines ab Sydney Richtung Zürich.» – «Toll», seufzt Margarethe hilflos wirkend, «aber ich kann dem Scheissamulett nicht befehlen, wann wir wo sein sollten.» – «Wir könnten die Ladung auch in Zürich abfangen und abfackeln. Aber auch dazu sind wir vier Jahre zu spät… Es ist jetzt das Jahr 2000 – verflucht und zugenäht!», wendet Leon genervt ein, und Rudy korrigiert: «Drei Jahre und neun Monate zu spät.» – Leon verdreht die Augen, erwidert aber nichts.

«Ok, checken wir aus und dann ab ins Ungewisse!», markiert Leon den Draufgänger, als Rudy warnend den Zeigefinger hebt und moniert: «Check-out ist ok, ins Ungewisse bitte nicht. Wir brauchen einen Anhaltspunkt…» In diesem Moment rammt ein Schiebewagen voller Geschirr scheppernd die freistehende Plakatwand mit dem Paracelsus-Aushang. Die vier Freunde drehen sich um. Rudy und Seraina drängen Richtung Leon. Margarethe erschrickt und klammert sich mit der Linken an Leon fest, ihre Rechte wandert instinktiv zur Herzgegend und erwischt unbeabsichtigt das Amulett…

18

Zur richtigen Zeit am falschen Ort

«Neiiiiiin!», schreit Margarethe herzzerreissend, und Leon nimmt sie tröstend in die Arme, «…schon wieder voll FALSCH gelandet!» – «28. Oktober 1996», wiederholt Rudy die Zeitangabe, die er erhalten hat. «Na Servus, schreiens ned so laut!», beschwert sich die Einheimische, die ihnen das aktuelle Datum bekanntgegeben hat, bevor sie sich entfernt.

Seraina blickt hinauf zu einem Hügel, an dessen Fuss jene Stadt liegt, in der sie gelandet sind. Dort oben thront eine mächtige Burg – ein atemberaubender Anblick! «Leute, wir sind zweifellos in Salzburg. Ich erkenne die Festung.» Rudy pflichtet ihr nickend bei: «Ok, ein logisches Muster kann ich herausfiltern», ist sich Rudy sicher, «Wir können unsere Zeitreisen mittels Amulett insofern steuern: Die aktuellen Gedanken sind wie in einem Lotterie-Topf. Was genau rauskommt, ist unklar, aber im Topf war das heutige Datum, Australien, aber eben auch Paracelsus und Salzburg.» – «Super, richtige Zeit, falscher Ort! So'n Scheiss!», nervt sich Leon und streichelt sanft, aber geistesabwesend über Margarethes Haar, um seine aufgebrachte Freundin zu beruhigen.

«Und was machen wir in Salzburg? Mozartkugeln kaufen, nach Zürich fahren und den Geheimwaffen-Forscher mit einer vergifteten Schokokugel stoppen?», fragt Seraina sarkastisch und fügt hinzu: «Aber nur mit der ECHTEN Mozartkugel von der Konditorei Prinz! Nicht mit einer billigen Kopie vom Discounter.» – «Vornehm wird die Welt gerettet!», unkt Leon, indem er ein bekanntes Sprichwort komplett verdreht, dann überlegt er: «Müsste dir eigentlich gefallen, Mäg. Dein Spezialgebiet, das Weltretten!» – Die Angesprochene wischt sich ein paar Tränen aus dem Gesicht und grinst: «Na gut, also machen wir das Beste draus und folgen den Spuren von Paracelsus, um die Welt zu retten.» – «Das ist meine Mäg!», jubelt Leon, packt sie an der Taille und stemmt sie kurz in die Höhe. «Aiii, das kitzelt!», windet sich Rabenherz, und Leon seufzt augenzwinkernd: «Einen Aal kann man nicht hochleben lassen, der windet sich immer raus!»

Rudy ist etwas genervt von dem Geplänkel und spricht ein Machtwort: «Fertig lustig! Lasst uns das Grab von Paracelsus suchen. Oder ein Museum über ihn. Oder sonstwas in der Art, was uns weiterhelfen könnte. Wir brauchen einen Anhaltspunkt.» – «Oder eine Stadtführung!», frohlockt Margarethe, die atemberaubende Festung Hohensalzburg im Blick.

«Aaargh!», entfährt Rudy ein für einen besonnenen Denker untypischer Schrei. Leon grinst und zuckt mit seinen Schultern: «Mäg, ich weiss genau, was du im Visier hast!» Auch Seraina folgt Margarethes hypnotisiertem Blick: «Rabenherzchen hat eine Burg erspäht, die sie erobern möchte! Nicht wahr, Schwesterherz?» Die Angesprochene reagiert mit Verzögerung, was beweist, dass der Verdacht nicht aus der Luft gegriffen ist. «Ja, natürlich!» – Leon grinst: «Zugehört hat sie nicht!» – Margarethe richtet ihren Blick direkt auf ihren Freund: «Und ob ich zugehört habe! Diese Burg muss erobert werden!» – Rudy seufzt erneut lautstark, während Seraina triumphierend auflacht: «Ha! Ich bin dabei!»

Als sich Rudy aus seiner – teils gespielten, teils echten – Verzweiflung wieder gefasst hat, spricht er langsam und mit bemüht ruhiger Stimme: «Meine – Lieben – wir – sind – nicht – aus – Vergnügen – hier – in – Salzburg!» – «Wozu denn sonst?», flachst Seraina, «Ich will ein bisschen Spass haben!» – «Nachdem wir jetzt tagelang Wellness und Erholung hatten!», gibt ihr Freund zu bedenken und verdreht seine Augen. Leon räuspert sich: «Hm, äh, also ich hätte auch nix dagegen einzuwenden, im gleichen Stil weiterzumachen, wenn ich es genauer bedenke!» – Rudy sieht schon ziemlich entnervt aus: «Bin ich eigentlich der Einzige, der versucht, den Zeitplan einigermassen einzuhalten?»

«Von wegen Zeitplan», fängt Seraina an: «Hast nicht du erst kürzlich verkündet, als Zeitreisende hätten wir ja keine Eile?» – «Genau!», doppelt Margarethe nach und stellt sich an Serainas Seite, «Weil wir die Macht haben! Die Welt können wir auch morgen retten!» – «Und heute ins schicke Hotel Kracher einchecken!», fügt Leon mit verträumtem Blick hinzu. «Dann müssen wir nämlich nicht mal über den Inn.» – «Quatsch, das ist doch nicht der Inn!», korrigiert ihn Rudy. – «Aber der fliesst doch durch Innsbruck und weiter nach Salzburg, dachte ich?», wundert sich Leon und kratzt sich am Kopf. – Rudy schüttelt seinen Kopf: «Nein, der heisst… Gopfriedstutz, wie hiess der schon wieder?» Seraina versucht, ihr Grinsen hinter ihrer Hand zu verbergen, und auch Margarethe schmunzelt: Wie selten kommt es vor, dass der neunmalkluge Rudy etwas nicht weiss? Leon streut natürlich genüsslich Salz in die Wunde: «Herr Schlauberger weiss nicht mal, wie dieses wunderliche Gewässer heisst?» Als Antwort kommt ein Knurren.

Die vier stehen am Fluss, der mitten durch Salzburg fliesst, und blicken hinüber zu den prachtvollen Kirchen und zur Festung Hohensalzburg, die sich jenseits des Gewässers befindet. «Is ja egal, wie der Fluss heisst… äh… was war jetzt nochmal mit dem Luxushotel?», lenkt Leon ab, als er Rudys bedrohliche Mimik gewahrt. Wie auf ein geheimes Kommando drehen sie sich um und finden sich direkt vor, also genauer gesagt hinter dem besagten Hotel. «Na DAS wäre in der Tat reizvoll!», gesteht Seraina, «Das ist das Kracher, das altehrwürdige Hotel am Platz!» – Leon grinst: «Und mit deinen Vermögensverhältnissen sind das doch Peanuts für dich, Ru – da kannst du uns mittellose Studenten gleich mit einladen!» Rudy erwidert das süffisante Grinsen seines Freundes mit einer säuerlichen Grimasse. Leon platzt heraus:

«Ru, *Bro*, seit wann bist du so humorlos und so theatralisch?» Jetzt sieht Rudy aus, als würde er Leon gleich an die Gurgel springen.

Margarethe schüttelt ihren Kopf, als erwache sie gerade aus einem Traum. «So, genug gescherzt!», spricht sie mit klarer Stimme, «Suchen wir das Grab von Paracelsus und retten die Welt!»

Fassungslos wenden die anderen drei ihre Blicke vom Hotel ab und ihrer Freundin zu. «Na sag mal, und gleich wieder im Befehlston?», wundert sich Leon, «Seit du keine Jungfrau mehr bist, hast du dich entschieden sprunghaft entwickelt!» – Seraina lacht: «Wie muss man DAS wieder verstehen?» – «Ganz harmlos!», winkt Leon mit echter Unschuldsmiene ab, «Sie hat das Sternzeichen gewechselt und ist plötzlich nicht mehr entschlossen und strukturiert wie das STERNZEICHEN Jungfrau, sondern chaotisch und sprunghaft wie eine WAAGE! Ich erkenne meine Mäg manchmal fast nicht wieder!»

Seine Freundin schmunzelt: «Impulsiv war ich schon immer; ihr habt das nur nie bemerkt, weil ihr immer dreingequakt habt!» – «Beziehungsweise weil MANCHE unter uns versucht haben, ein Minimum an sinnvoller Planung walten zu lassen!», bemerkt Rudy resigniert, der seinen Ärger über Leons Provokationen offensichtlich beiseitegelegt hat, «Ganz subtil!» – «Genau, du graue Eminenz, du!», grinst Leon, der es nicht lassen kann.

«Spass beiseite, Jungs», ruft Seraina die andern zur Räson, «Jetzt besprechen wir doch einfach, was wir tun sollen: Rennen wir wirklich Hals über Kopf zum Friedhof, checken wir im Hotel Kracher ein und sehen uns die Stadt an, oder essen wir zuerst was?» – «Einverstanden! In der umgekehrten Reihenfolge!», erklärt Leon kategorisch und leckt sich seine Lippen. Margarethe grinst, während Rudy seinen Blick himmelwärts richtet.

Doch die Ernüchterung folgt sogleich: «Wir haben ja gar keine Euros, nur die lumpigen paar hundert Schweizerfranken, die uns noch nach Shopping und Wellness geblieben sind!», gibt Seraina zu bedenken. – «Schilling, die haben 1996 noch keinen Euro. Und ja, Kryptowährung zählt hier noch nicht, und elektronische Zahlungssysteme sind immer noch Zukunftsmusik», stellt Rudy nüchtern fest. – «Woher wisst ihr das?», wundert sich Margarethe. Jetzt ist Rudys Blick auf sie fixiert, und er ist nicht freundlich, sondern vorwurfsvoll: «Meine Liebe, in welchem Jahr befinden wir uns? Habe ich doch eben grad gesagt!» Verwirrt fängt Margarethe an zu stottern: «J-j-ja... al-also, i-ich w...» – «Salzach», unterbricht Rudy sie mit einem triumphierenden Gesichtsausdruck, «der Fluss heisst Salzach. Jetzt weiss ich es wieder!» Und grinsend fügt der Cyborg hinzu: «Zum Mitschreiben: Wir haben heute den 28. Oktober 1996. Morgen landet die Frachtmaschine mit Tosters Killerviren in Zürich. Wir müssen also heute dieses verflixte Grab finden, den Hinweis darauf entschlüsseln, um unsere Mission zu erfüllen, und den Nachtzug nach Zürich erwischen, damit wir morgen verhindern können, dass die Geheimwaffe überhaupt entwickelt wird. Ich hoffe, die ÖBB nehmen Schweizerfranken an, sonst müssen wir noch einen Geldwechsel-Automaten auftreiben...»

«Ich stelle fest, wir stehen in Salzburg direkt vor dem Luxushotel Kracher und haben Hunger! Doch die Zeit rennt uns wieder mal davon, das Geld reicht nur noch für die Bahn, und so bleiben wir wohl hungrig...», resümiert Leon und wirkt alles andere als glücklich. Nach kurzer Zeit erhellt sich sein Gesicht wieder: «Hey, die sind hier doch so musikalisch, wir könnten uns vor 'ne Kirche stellen, singen und Geld sammeln!» Rudy schlägt sich mit der flachen Hand an die Stirne: «Fantastische Idee, Leo! Und am Besten noch mit Ukulele, nicht wahr?» – «Nee, wenn schon, mit a Schrammerl!», grinst Seraina, und Margarethe kichert: «Kann jemand von euch singen?»

19
Abenteuer in Salzburg

Entnervt winkt Rudy ab: «Die Sache mit dem Hotel und mit dem Essen hat sich doch eh erledigt. Wie du selber sagst Leo, wir haben keine Zeit und zu wenig Geld!» – «Schade!», seufzt Seraina, und Leon sieht drein wie ein Hund, dem man den appetitlichen Schinkenknochen vor die Nase gehalten und wieder weggenommen hat. Margarethe deutet auf zwei Türme und führt die anderen vom Flussufer fort, am derzeit unerreichbaren Hotel vorbei und über die Strasse: «Lasst uns mal in die Altstadt gehen!» – «Aber die ist doch drüben!», wendet Seraina ein. – «Ich will sehen, was da ist; kommt!» Margarethe steuert zielstrebig auf eine markante Kirche zu, und die anderen folgen ihr. «Da!», ruft Seraina und deutet auf eine Tafel vor einem hübschen Haus. «Wir stehen vor dem Mozarthaus!» – «Ihr habt den falschen Mann!», winkt Rudy ab, «Wir brauchen Paracelsus, nicht Mozart!»

«Also, in der Kirche wird er wohl nicht sein… aber vielleicht ist das ja genau diejenige, die wir suchen», rätselt Leon und deutet auf die bauchige Kirche mit den imposanten Türmen. Seine Freundin seufzt: «Wir brauchen eine Karte!»

«Kriegen wir das nicht auch so auf die Reihe? Wie war das nochmals? Dieser bombastische Paraglider kam doch irgendwie im 15. Jahrhundert zur Welt, oder?», sinniert Leon. Rudy schickt ihm einen Seitenblick: «Also wenn ich nicht wüsste, wie intelligent du bist, würde ich mich echt fragen bei solchen Bemerkungen!» Leon lächelt versonnen: «So ein schönes Kompliment!» – «Sogar ein doppeltes!», fügt Seraina hinzu, «Bekanntlich legt Mäggys Herzbube grössten Wert darauf, alle nur erdenklichen Sprüche zu klopfen, die man in egal welchem Zusammenhang klopfen kann!» Leon strahlt wie ein Honigkuchenpferd, und Rudy grummelt: «Wenn er klopfen will, soll er's doch im Steinbruch versuchen!»

Der Angesprochene hebt mahnend einen Zeigefinger: «Ich präzisiere: Ich lege grössten Wert darauf, alle erdenklichen ZWEIDEUTIGKEITEN aufzudecken! Das ist auch eine Kunst im Fall!» – «Allerdings!», pflichtet ihm Margarethe seufzend bei, «Das geht auf keine Kuhhaut, was mein Liebster manchmal kalauert!» – «Aber ihr lasst euch normalerweise auch nicht lumpen, wenn es um's Parieren geht!», erwidert Leon. «Nur Ru macht mir Sorgen, der ist so humorlos im Moment…»

Diese Bemerkung bringt dem Sprecher einen finsteren Blick seitens des Genannten ein. «Und die Zorneswolke über deinem Kopf hilft auch nicht wirklich!», fügt Leon hinzu und weicht instinktiv einen Schritt zurück, obwohl ihn Rudy niemals tätlich angreifen würde. Ein Hupen lässt die vier Freunde aufschrecken, denn Leon ist unversehens auf die Fahrbahn geraten. «Pass auf, Liebster, sonst wirst du noch überfahren!», warnt Margarethe erschrocken und zieht ihren Freund wieder auf den Bürgersteig. Rudy schnalzt kopfschüttelnd: «Wankt wie ein besoffener Tourist auf die Strasse!» – «Ist aber auch eine unmögliche Verkehrsführung», beschwert sich Seraina. «Man kommt ja gar nicht zum Kircheneingang, ohne überfahren zu werden!» Leon, der sich von seinem Schrecken erholt hat, flachst: «Eindeutig zu viel Verkehr hier! Bereichern werden sich die Salzburger jedenfalls nicht an ihren Touristen, wenn sie sie vorher überfahren!»

Kaum hat er das ausgesprochen, saust ein Radfahrer an der Gruppe vorbei, auf dem markierten Streifen auf dem Bürgersteig, worauf die vier zusammenzucken und beschliessen, über die stark befahrene Strasse zu gelangen, um sich auf den Stufen vor dem Kircheneingang zu sammeln. «Hier sind wir sicher vor Rowdies – hoffe ich!», bemerkt Seraina.

Als wäre nichts geschehen, referiert Rudy: «1492 kam Theo... lassen wir das ...PARACELSUS zur Welt.» – «Am Etzel, gell!», wirft Margarethe ein. Der Unterbrochene nickt gequält und fährt fort: «Er studierte in Ferrara.» – «Da war ich mal mit meiner Tante, ein hübsches italienisches Städtchen mit beeindruckender Stadtmauer!», unterbricht Seraina begeistert. – «DURCH-WANDERTE EUROPA», fährt Rudy mit lauter Stimme unerbittlich fort, «und lehrte in Basel.» – «Wär auch mal wieder einen Besuch wert!», bemerkt Leon, der sich mit dem Rücken an die ausgebauchte Fassade der Kirche lehnt. «Hübsches Städtchen, hatte mal ein Kolloquium an der Uni dort.» – «Kolloquium haben wir auch hier», erwidert Rudy gereizt, «oder eben nicht. Jeder quasselt mir drein!» – «Ja, das war in Basel nicht anders... dort hatte es Studentinnen aus Deutschland, und die Damen liessen mich ja gar nicht zu Wort kommen! Dachte eigentlich, es sollte ein Austausch unter Biologen sein...» – «Womit feststeht, dass sich die Frauen von Leon gar nix sagen lassen, egal, wie viel Sex-Appeal er hat!», grinst Seraina, und nun sehen beide Männer ärgerlich drein.

Diesmal ist es Margarethe, welche zur Ordnung ruft: «Leute, lasst den armen Rudy doch mal zu Wort kommen! Ich weiss, wie nervig es ist, wenn einem keiner zuhört!» Rudy winkt ab: «Jetzt hab ich keine Lust mehr! Ihr könnt mich alle mal!» – «...gernhaben!», säuselt Seraina und schmiegt sich an ihren Liebsten, welcher hin- und hergerissen ist zwischen zwei Emotionen: Einerseits ist er beleidigt, weil ihn alle systematisch unterbrochen haben, andererseits freut er sich über die Zärtlichkeitsbekundung seiner Freundin.

Leon wirkt schwer angeschlagen und lässt sich auf eine der Stufen vor dem Kircheneingang plumpsen. Margarethe erkennt die Not ihres Freundes und streichelt ihm übers lockige Haar. – «Mein Magen knurrt, das ist nicht auszuhalten!», jammert er. Eine fremde Stimme schreckt ihn auf: «Na Servus, für'ne Jause!» Verwirrt blickt Leon hoch, und Margarethe und er finden sich Auge in Auge mit einer elegant gekleideten Dame mit Hut, die dem am Boden Sitzenden etwas in die Hand drücken möchte. Verdutzt öffnet Leon seine Handfläche und gewahrt eine Banknote. «D-d-danke!», stottert er völlig verblüfft. Die Dame lächelt: «Gern gschehn, wünsche wohl zu speisen!» Hüftschwingend zieht sie von dannen, und Seraina quittiert anerkennend: «Voll stylisch, das Röckchen!» Leon aber hat ausnahmsweise keine Augen für die Schönheit einer Frau, sondern starrt auf das Geld in seiner Hand. Seine Erstarrung löst sich erst, als ihm Rudy lachend auf die Schulter klopft: «Leo, du Bettelknabe bist Gold wert!»

Als sich Leon gefasst hat, zieht sich ein breites Grinsen über sein Gesicht: «Entweder träume ich, oder ein wunderschöner Engel hat uns soeben gerettet!» – «In Salzburg geschehen Zeichen und Wunder! Den Geldwechsler brauchen wir nicht mehr!», schwärmt Seraina. – «Was ist 'ne Jause?», fragt Margarethe grübelnd. – Rudy brummt: «Ein Zvieri! …Gut und schön, aber was machen wir jetzt mit Paracelsus, wenn ihr eine Kalorienzufuhr unserer Mission vorzieht?» – «Wir sind immerhin in der richtigen Stadt, und Paracelsus ist tot, rennt uns also nicht davon», gibt Margarethe zu bedenken, «Der starb Mitte des 16. Jahrhunderts in Salzburg. Und hier sind wir! Aber was machen wir jetzt?» – «Ist doch klar wie Klossbrühe!», erklärt Leon: «Wir suchen doch erst mal ein Café und genehmigen uns Salzburger Nockerln! Das ist nämlich die hiesige Spezialität!» Unter Rudys Protestgegrummel machen sich die Freunde auf, eine Gaststube zu suchen.

* * *

Als sie die luftige süsse Spezialität der Stadt Salzburg genossen haben – für die sie über den Fluss gehen und sich ein altehrwürdiges Café suchen mussten, weil auf der <Kracher>-Seite der Altstadt am frühen Nachmittag kein Gasthaus geöffnet war –, tätschelt sich Leon zufrieden seinen Bauch. Seraina quittiert das grinsend: «Na, Löwe, bist du wieder gestärkt fürs nächste Abenteuer!» – «Kommt auf die Definition von Abenteuer an… ein Nickerchen im edlen Hotelbett mit einem flotten Betthaserl wär nicht übel!» Diese Bemerkung bringt ihm einen strafenden Blick von Margarethe ein: «Alles, was recht ist, aber ich lasse mich weder beleidigen noch hintergehen!» Leon packt seine Liebste und drückt ihr einen Kuss auf den Mund: «Mmmmmeine allerliebste Dampfnudel!» Sie versucht, sich seiner Umarmung zu entwinden, Seraina grinst: «Quatsch kein Blech, Leo! Das heisst Salzburger Nockerl!» – «Weiss ich doch! Beides ist fein – und Germknödel auch. Und Kaiserschmarrn erst!» – «Erzähl keinen Schmarrn, Leo!», kommentiert Rudy, dessen Laune sich dank des Zuckerkonsums beträchtlich verbessert hat, obwohl ihm der Abstecher ins Café zeittechnisch gegen den Strich geht. Seraina fügt hinzu: «Wenn Mäggy wählen kann zwischen imposanter Burg und süssem Löwen, stimmt sie offenbar für die Festung!» – «Wie hast du das erraten?», wundert sich Margarethe, «Aber es ist wahr: Ich brauch jetzt mal Bewegung und will was Historisches erkunden!»

Seufzend gibt sich Rudy geschlagen: «Ich geb's auf, mit euch kann man keinen Staat machen und erst recht nicht die Welt retten… heute zumindest! Ihr habt nur Fressen und Sightseeing im Kopf.» – «Also essen ist lebensnotwendig!», verteidigt sich Leon, «Und ich saufe immerhin nicht!» – «Und im Übrigen haben wir noch Zeit», gibt Seraina zu bedenken. «Der Nachtzug fährt ja erst heut Abend ab. Ein bisschen mehr Lockerheit liegt durchaus drin. Ich würde auch gern noch ein bisschen was anschauen, wenn wir schon mal hier sind. Was meint ihr? Wir können ja da mal hochfahren.»

Da die anderen ausser Rudy einverstanden sind, müssen sie nur noch der Versuchung widerstehen, sich mit den berühmten Mozartkugeln einzudecken. Dies wäre ohnehin daran gescheitert, weil sich die vier nicht einigen können, welches die <echten> Mozartkugeln sind, und weil die grosszügige Spende lediglich für die <Jause> gereicht hat – sowie für die Reisekosten, auf die Rudy und Margarethe bestanden haben.

«Die Wirtin hat erklärt, der Sebastiansfriedhof sei beim Mozarthaus», berichtet Seraina, die auf die Toilette musste und sich unterwegs Informationen beschafft hat. – «Das Geburtshaus vom Wolferl ist gleich um die Ecke!», ruft ein molliger Mann vom Nebentisch herüber. – «Wie praktisch!», freut sich Margarethe, «Dann sind wir ja nahe beim Ziel!» So begeben sich die Freunde an mehreren imposanten Kirchen vorbei durch Gassen und über Plätze, bis sie auf dem Kapitelplatz angelangt sind, von wo sich ein atemberaubender Blick auf die imposante Burg bietet. «Bloss: Wie kommen wir da rauf?», grübelt Seraina. – «Zu Fuss!», antworten Margarethe und Leon im Chor. «Kommt nicht in Frage!», winkt Rudy ab und zeigt auf einen Wegweiser, «Wenn man schon mit der Seilbahn fahren kann!» – «Und du, Raina?», fragt die Bewegungshungrige ihre Freundin. Diese druckst herum: «Also… ehrlich gesagt fahre ich lieber. Wir latschen ja dort oben noch genug herum. Und sonst dauert das alles zu lange.» – «Allerdings haben wir fast kein Geld mehr, und das kostet sicher», gibt Margarethe zu bedenken. Sie überlegen noch eine Weile hin und her, ob sie sich aufteilen sollen, dann willigen aber auch die Wanderlustigen ein, mit der Bahn zu fahren, sofern die Fahrt erschwinglich ist und Schweizerfranken neueren Datums angenommen werden. Die vier spazieren zur Seilbahn, welche hinauf zur Festung Hohensalzburg fährt.

Bei der Talstation angekommen, stellen sie fest, dass die Bahn nicht fährt: «Wegen Sanierung vorübergehend geschlossen», liest Seraina verärgert ein Hinweisschild, «So ein Mist!» – «Na, vermutlich haben die Zwischensaison hier», vermutet Leon. Rudy wirkt erleichtert: «Damit sparen wir Zeit und Geld; ist mir nur recht.» – «Dann mal los zum Friedhof!», schlägt Margarethe vor, die erstaunlich ruhig reagiert. – «Bist du nicht traurig wegen deiner Burg?», wundert sich Leon. – «Nein, aufgeschoben ist nicht aufgehoben», erwidert sie, «Die erobern wir lieber mal in Ruhe – in unserer eigenen Zeit. Oder….» – Sie erntet fragende Blicke – «…oder wir reisen gleich zurück in die Vergangenheit und erleben ein Stück Geschichte mit!» – «Aber bitte nicht wieder eine Belagerung oder sonst eine stressige Situation!», wehrt Rudy ab, «Nicht so wie damals in Rapperswil….» – «…oder Glanzenberg», ergänzt Seraina in Erinnerung an frühere Abenteuer, welche die Freunde jeweils unfreiwillig in kriegerische Verstrickungen verwickelt hatten. Leon nickt und bläst Luft aus seinen Backen: «Puuh, auf eine Pandemie bin ich im Fall auch nicht scharf, obwohl die Pest beziehungsfördernd war», fügt er mit Seitenblick auf Rudy und Seraina hinzu. Die beiden tauschen Blicke aus, und Seraina seufzt versonnen: «Also, sehr romantisch war es ja nicht, eher verstörend… dennoch bin ich der Pest fast dankbar, weil es sonst nie gefunkt hätte zwischen uns!» Rudy schickt ihr einen zweifelhaften Blick: «Soso, du meinst, nur mit Teufel, Pest und Schwefel konnte aus uns ein Paar werden? Das ist ja mal ein schönes Kompliment!»

Leon prustet laut heraus: «Und Mäg und ich haben uns dafür im Knast verliebt! Genauer gesagt, im Kerker des Towers von London!» Die vier schweigen, bis Margarethe nachdenklich spricht: «Ist schon interessant, wie eine bedrängte Situation als Katalysator für die Liebe wirken kann.» Seraina nickt: «Offenbar braucht es ein gewisses Mass an Drama für die Entfaltung der Liebe.» – «Der Umkehrschluss wäre», fängt Rudy an, «dass ohne Aufregung keine Liebe entsteht. Irgendwie traurig, nicht wahr?» Jetzt nickt Leon und stimmt ihm zu: «Dabei wäre es doch viel entspannter, sich ohne den ganzen Stress zu verlieben!» Rudy spielt den Ball zurück zu den Mädchen: «Unsere Herzdamen verlangt es offensichtlich nach Aufregung!» Diese Bemerkung bringt ihm entrüstete Blicke ein, und Seraina will gerade zu einer Tirade ansetzen, da entfährt Margarethe ein leiser Schrei: «Der Russe!»

Alles geht blitzschnell: Die vorbeihuschende Gestalt wird wahrgenommen, und alle vier Beobachter setzen sich in Bewegung, in der Absicht, den Agenten zu erwischen. Sie rennen an Kirchen vorbei, durch Gassen, über Kopfsteinpflaster, fallen beinahe in eine Grube bei einer Baustelle und müssen immer wieder Passanten ausweichen und Touristengruppen, welche die malerische Stadt an der Salzach, wie der Fluss tatsächlich heisst, besuchen. «Scheisstouris!», flucht Rudy, und Leon hält plötzlich eine fremde Frau in seinen Armen, welche er zuvor fast umgerannt hätte. «Sorry! Ich meinte, küss die Hand, schöne Frau!», murmelt er und lässt ein zauberhaftes Lächeln blitzen, welches die verdatterte Frau mit verwirrtem Gesichtsausdruck quittiert – und Margarethe mit Zähneknirschen: «He! Keine Zeit zum Flirten, Hase!»

Atemlos jagen die vier Schweizer dem Dunkelgewandeten nach, welcher um eine Ecke biegt und dann wie vom Erdboden verschluckt scheint. Die vier schwärmen aus und treffen sich dann wieder. «Der Kerl ist über alle Berge!», stöhnt Rudy ausser Atem. Auch Leon hält sich die Seiten. «Meine Kondition war schon mal besser!», ächzt er frustriert. – «Wo sind wir eigentlich?», rätselt Margarethe. – «Irgendwo am Fusse des Schlosses», vermutet Seraina. – «Schätze, das da ist der Dom!», vermutet Leon, und seine Freundin nickt. Rudy stimmt ihm zu: «Ist anzunehmen, mit den grössten Türmen.» Leon grölt, und Margarethe seufzt: «Ich sag's ja: Wir brauchen eine Karte!»

Zackig marschiert sie auf einen Eingang zu, über welchem <Fremdenverkehrsbüro> steht, und kommt mit einer Stadtkarte bewehrt zurück zu den anderen, die direkt vor dem majestätischen Dom stehen. «Typisch Mäggy!», lacht Seraina. – «Denk an Rom!», raunt ihr die Kartenträgerin zu, «Als Rudys Ding nicht funktioniert hat!» – Seraina prustet los: «Und jetzt kriegt er es gar nicht erst hoch!» Der Gemeinte scheint den Kommentar nicht mitgekriegt zu haben, zu erschöpft wirkt er von der wilden Jagd. Allein, Leon mimt das Echo: «Wer hat ihn nicht hochgekriegt?» Mehrere Passanten wenden sich nach den vier Schweizern um. «Pscht!», beschwichtigt Rudy, «Ihr seid wiedermal sowas von *cringe*!» – «Nimms locker, *Bro*!», erwidert Leon und klopft Rudy auf die Schulter. – «Spricht nicht mit mir wie mit einem Zwölfjährigen!», murmelt Rudy, dem die Sache peinlich ist. – «Die Leute finden uns sowieso schon *sus* hier, also nehmt euch zusammen!», ermahnt auch Seraina scherzend ihre Freunde. – «Ich hab den Stadtplan!», verkündet Margarethe, und Leon fügt hinzu: «Was gleichbedeutend ist mit: Mäggy hat die Macht!»

Die vier stecken ihre Köpfe zusammen über der Karte. «Da ist doch auch schon ein Friedhof, ganz in der Nähe», stellt sie fest. – «Der falsche Friedhof!», blafft Rudy, «Brauchst du etwa auch eine Brille?» Seraina rückt ihr Nasenvelo zurecht, welches ihr ausgezeichnet steht. «Ja, Mäggylein, der heisst Petersfriedhof. Den Peter brauchen wir nicht, sondern den Sebastian…» – «Schon, aber wir sind jetzt ein Stück gerannt, vielleicht sind wir schon in der Nähe… wo ist er denn?», wundert sich Leon, «Also, wir sind jetzt hier… der Dom ist da…» – «Da bei den Sehenswürdigkeiten am Kartenrand steht was von einem Sebastian, der auf dem Petersfriedhof begraben liegt und zu seinen Lebzeiten alle seine sieben Frauen eine nach der anderen zu Tode gekitzelt haben soll…» – Leon schaut Margarethe und Seraina eine nach der anderen an und setzt ein sadistisches Grinsen auf. Mit den Händen vollführt er Kitzelbewegungen in der Luft. Margarethe kontert frech: «Du weisst doch, ich schreie so laut, dass ich dir damit das Hirn wegpuste, BEVOR du mich zu Tode gekitzelt hast!» – Rudy verdreht die Augen und ermahnt seine gesamte Begleitschar, den Ernst der Lage nicht aus den Augen zu lassen.

Margarethe versucht ihn zu besänftigen und blickt auf eine andere Stelle auf der Karte: «Ok, fertig lustig, schaut mal, der Sebastiansfriedhof ist doch bei der gleichnamigen Kirche, hier», erklärt Margarethe und deutet mit ihrem Zeigefinger auf eine Markierung auf dem Plan. – «Stimmt, und wenn das die Sebastianskirche ist, dann muss der Friedhof gleich dahinterliegen», pflichtet ihr Leon bei. – «Ja, schon, aber…», fängt die Kartenträgerin an und seufzt konsterniert: «Oje!» – «Mann, ich glaub's einfach nicht!», ruft Rudy aus. Die beiden tauschen Blicke.

Seraina spricht unbeirrt: «Die im Gasthaus haben uns ja erklärt, das Mozarthaus sei ganz in der Nähe. Dann muss die Kirche ja auch ums Eck sein, wie sie hier so sagen.» – «Die Frage ist nur», wirft Leon ein, «sind wir bei der richtigen Kirche? Salzburg hat so viele!» Rudy schüttelt konsterniert seinen Kopf: «Könnt ihr nicht mehr Karten lesen? Wir sind doch offensichtlich am falschen Ufer!»

«Selber vom falschen Ufer!», gibt Leon lachend zurück, «Hört auf zu labern!» Dann macht er kurzen Prozess und spricht einen Mann an, der wie ein Mönch gewandet ist: «Pardon, ist das denn die Sebastianskirche?», fragt Leon. Der Angesprochene bleibt stehen und schüttelt den Kopf: «Nein, dies ist die Peterskirche. Die Sebastianskirche befindet sich auf der anderen Seite des Flusses.» – «Na also!», ruft Leon triumphierend, «Der Bastl ist vom anderen Ufer!» – Margarethe zeigt auf die Karte: «Hinter der Dreifaltigkeitskirche, wo Leon den Bettler markiert hat!» Seraina seufzt laut auf: «Dann hätten wir doch gleich beim Wolferl bleiben können!» Rudy seufzt noch lauter und konsterniert: «Sag ich doch schon die ganze Zeit!»

«Aber… wieso erzählen die im Café denn so einen Schmarrn?», ereifert sich Seraina, «Von wegen: Mozarthaus gleich um die Ecke!» Margarethe findet die Lösung auf der Karte: «Schau mal, Rai: Es gibt in Salzburg zwei Mozarthäuser: das Geburtshaus, an diesem Ufer der SALZACH». Worauf sie Rudy einen verschmitzten Blick zuwirft, der kurz verärgert dreinschaut, dann aber trotzdem übernimmt: «Und eines auf der anderen Seite, wo wir vor dem Essen waren. Dort ist er aufgewachsen, der Wolfi, der berühmte Komponist, auf den die Salzburger so stolz sind!» – «WOLFERL», korrigiert Seraina süffisant.

«Das Mozarthaus ist dort, neben der Dreifaltigkeitskirche, vor der Leon gebettelt hat», pflichtet ihm Margarethe bei und erntet einen Knuff vom <Bettelknaben>.

«Wir sind jetzt aber hier, am falschen Ufer», erinnert Rudy die anderen drei und deutet auf Margarethes Karte, «Peterskirche – hier. Dann ist das hier der Kapitelsplatz, dort vorne ist der Dom.» – «Irgendwie sind wir im Kreis gelaufen», vermutet Leon. – «Wurscht jetzt!», fährt ihm Margarethe über den Mund, «Wir müssen an der Michaelskirche vorbei, und dann ab über den Fluss!» – «Genauer gesagt, wir müssen über den Alten Markt und kommen dann zur Staatsbrücke», präzisiert Rudy, indem er sich auf der Karte orientiert.

Ungeduldig winkt Seraina ab: «Egal. Hauptsache, die Richtung stimmt!» – Margarethe seufzt: «Und der Kerl ist natürlich über alle Berge!» – Rudy murrt: «Wenn ihr nicht so verfressen wärt, hätten wir schon am anderen Ufer bemerkt, dass der Friedhof gleich um die Ecke vom Mozarthaus ist. Was uns das an Zeit erspart hätte!» – «Dafür hätten wir nichts gegessen, und voller Bauch verfolgt nicht gern!», gibt Leon zu bedenken, «Und die Salzburger Nockerl waren also erste Sahne!» – «Aber wieso verfolgt uns der Russe eigentlich, er ist doch tot!», grübelt Seraina über den <Iceman> nach, dann meint Rudy mit gekräuselter Stirn: «Vermutlich ist das des Russen *alter Ego*, sein Zeitreise-Körper, der vor seinem Tod mal hier war, um genau das herauszufinden, was wir suchen: Einen Hinweis auf Paracelsus' Grab. Allerdings will er es nutzen, um die Waffe einzusetzen. Wir wollen die Killerviren unschädlich machen!»

Als sie durch die Gassen gehen, staunen die jungen Frauen über die prachtvollen Kirchen. Margarethe ist bei jedem Eingang versucht, einen Blick hineinzuwerfen, und auch Seraina zögert jeweils. Leon drängt sich zwischen die Frauen und hakt bei beiden unter: «Kommt, ihr Hübschen, wir haben erst noch eine Welt zu retten, bevor wir Kerzen anzünden können.» Unwillig reagiert Margarethe: «Aber das holen wir nach!» Seraina nickt: «Abgemacht!»

Über eine elegante Brücke über die Salzach gelangen die vier Freunde auf die richtige Seite und finden rasch den Sebastiansfriedhof. «Hey Leute! Braucht ihr eine Brille? Hier ist es doch, bei den Treppen zum Eingang in die Sebastianskirche!», pfeift Seraina ihre Freunde zurück, die sich schon angeschickt haben, den Friedhof zu betreten. Leon grunzt etwas mürrisch in seinen Bart: «Immer Extrawürste, diese Berühmtheiten…» – «Sagt der Richtige, du Wurstfreak!», rächt sich Rudy genüsslich an Leon für dessen Sticheleien. Doch der Angesprochene grinst nur und zuckt mit den Achseln: «Dann bin halt auch ich bald berühmt, von innen heraus, ist doch alimentär, mein lieber Watson!» – Margarethe sagt kein Wort, obwohl ihr schon aufgefallen ist, dass Leon den Sherlock-Holmes-Spruch <Elementar, mein lieber Watson> witzig abgewandelt hat: <alimentär> statt <elementar>. Stattdessen stürmt sie an allen dreien vorbei zum pompösen Grabmal, das in eine Wandnische eingelassen ist: Paracelsus' Grab besteht aus einem Marmorsockel mit lateinischer Inschrift und einem obeliskenähnlichen Aufbau, auf dem alle relevanten Personendaten wie auf einer Identitätskarte eingraviert sind.

Margarethe versucht krampfhaft, die lateinische Inschrift auf dem Sockel zu übersetzen: «Bestattet ist hier Theodings blabla… Doktor der Medizin… blabla… Lepra, äh, und andere Krankheiten… ein ansteckender Wunder-Künstler… hä?» – «…er war jener, der Ansteckendes mit wunderbarer Kunst hinwegnahm…», korrigiert Rudy sie und erntet erstaunte Blicke der anderen, die Lateinkenntnisse bisher nicht zu seinen Stärken gezählt haben, da Rudy mathematisch und technisch hochbegabt ist. Der Cyborg räuspert sich verlegen und meint: «Ich habe etliche Online-Wörterbücher auf meine digitalen Implantate geladen, unter anderem auch eines für Latein-Deutsch…» – Margarethes Augen verfinstern sich, dann brummt sie missgelaunt: «Na dann mach doch gleich weiter, du Tausendsassa!» – Rudy entschuldigt sich wortlos mit hochgezogenen Achseln und Händen sowie Schamröte im Gesicht, dann übersetzt er weiter: «…und der seiner Habe an die Armen verteilt und zugeordnet zu werden die Ehre erwies…» – «Hä?», entfährt es nun den anderen wie aus einem Mund, und Rudy wird erneut rot: «Sorry, das steht da, die meinen damit… ach egal, das ist irrelevant. Viel interessanter ist folgender Satz: im Jahre 1541 am Tag 24 des Septembers das Leben mit dem Tode vertauschte…» – «Na und? Da ist er abgenibbelt, hat ins Gras gebissen und sieht die Radiesli jetzt von unten…», frotzelt ein ungeduldiger Leon, da fasst sich Seraina an den Kopf, setzt ein Heureka-Gesicht auf und jauchzt: «Das ist genial! Das Leben mit dem Tod vertauschen? Genau das müssen wir machen!» – «Hä?», machen die anderen, da verdreht Seraina die Augen: «Ihr wiederholt euch! Ein *Hä* pro Tag reicht. Du checkst das etwa auch nicht, Rudolfino mio?» – Der Angesprochene wird zum dritten Mal in Folge rot, diesmal knallrot, weil es ihm unendlich peinlich ist, bildlich ausgedrückt auf dem Schlauch zu stehen.

«Du willst die Killerviren, also den Tod, mit…», beginnt Margarethe, und Leon beendet den Satz, als er merkt, dass sie nicht mehr weiter weiss: «…mit dem Leben vertauschen, mit Mikroorganismen, die nicht töten, sondern Leben retten?» – Seraina strahlt über beide Ohren und nickt: «Genau! Rudy, du weisst doch bestimmt, welche Mikroorganismen sich eignen würden!» – Bevor der Angesprochene antworten kann, kommt wie aus der Pistole geschossen aus Leons Mund: «Bakteriophagen! Hey, schon vergessen, ICH bin der Biologe hier. Der Cyborg da ist zuständig für logische Zusammenhänge und für alles, was mit Zahlen und Berechnungen zu tun hat.» – Rudy ist total perplex, aber keinesfalls eingeschnappt, denn wenn eine Situation logisch und stimmig ist, kratzt es ihn überhaupt nicht, wenn jemand anders die Lösung findet. Ihn stresst es nur, wenn jemand versucht, ihn ungerechtfertigterweise auszubooten oder zu übertrumpfen.

Margarethe räuspert sich und fasst zusammen: «Okay, wir sollten die Killerviren morgen am Flughafen Zürich abfangen und mit Bakteriophagen austauschen… äh, wie kommen wir zu Bakteriophagen… und was machen die eigentlich?» – Leon setzt ein ernstes Gesicht auf und doziert feierlich: «Bakteriophagen. Der Name leitet sich aus dem Griechischen ab und bedeutet treffend *Bakterienfresser*. Phagen sehen aus wie mikroskopische Mondlandekapseln. Sie sind hochspezialisiert darauf, an Bakterien anzudocken, ihr Erbgut einzuschleusen und die Bakterien zu zwingen, neue Phagen zu produzieren. Auf diese Weise machen sie die Bakterien unschädlich, denn sobald die neue Phagen-Generation fertig ist, zerbirst das Bakterium und setzt die neuen Phagen frei, die scharf sind, weitere Bakterien zu entern. Wenn kein Antibiotikum mehr hilft, können Bakteriophagen einem Menschen das Leben retten. Aber für jedes krankmachende Bakterium braucht es einen passenden Bakteriophagen. Die Forschung dazu ist, je nach Krankheit, sozusagen Neuland – Forscher können sich so profilieren und allenfalls den Nobelpreis holen.» – «Forscherinnen auch», fügt Seraina indigniert hinzu, und jetzt wird Leon rot.

Rudy grinst, weil er den Löwen selten rot anlaufen sieht. Nur Margarethe ist mit ihren Gedanken schon einen Schritt weiter: «Wann fährt der Nachtzug nach Zürich?» – «22 Uhr 28. Wir sind dann mit einmal Umsteigen morgens um 8 Uhr 05 in Zürich», beeilt sich Rudy zu antworten, bevor es jemand anders tut. Da kontert Leon unwirsch: «Der Fahrplan für ganz Europa ist wohl auch auf deinen Implantaten gespeichert? Bist du sicher, dass dies nicht die Zeiten vom Jahr 2023 sind?» – «Irrelevant, wir haben jetzt frühen Abend. Wenn wir jetzt zum Hauptbahnhof Salzburg eilen, sind wir locker vor 22 Uhr auf dem Perron. Es reicht sogar für ein Znacht, du Fresssack!» – Leon grinst fies und hält Rudy seine rechte Hand mit fünf vor und zurück zuckenden Fingern entgegen. «Sag Stopp, Ru!», fordert er seinen Kumpel auf, der seufzt und antwortet: «Die Wahrscheinlichkeit, dass der Mittelfinger stehen bleibt, liegt bei 100%.» – Seraina packt Leons Hand und zwinkert ihm gespielt verführerisch zu: «Der Scherz ist uralt. Und ich wusste gar nicht, dass du deine Glieder einzeln bewegen kannst!» – Margarethe wird knallrot vor Fremdscham, weiss aber nicht, ob sie eifersüchtig oder genervt reagieren soll, da unterbricht Rudy die scherzenden Freunde: «Wenn jetzt alle mal aufhören würden, Blödsinn zu treiben und der Reihe nach rot zu werden, könnten wir schon lange im Bahnhofsrestaurant sitzen und etwas essen.» Dieser Einwand bringt alle auf den Boden der Realität zurück.

20
Wo sich Viren und Phagen gute Nacht sagen

Das Essen aus dem Fast-Food-Imbiss im Salzburger Hauptbahnhof liegt allen ziemlich schwer auf dem Magen. Und das Rattern und Rütteln des Zuges verhindert ebenfalls, dass die Freunde Schlaf finden.

«Das ist Folter!», stöhnt Margarethe und wälzt sich im Viererabteil herum, «Es ist laut, das Bett wackelt, die Laternen blitzen beim Vorbeifahren herein, ich will doch nur SCHLAAAAAFEN…» Auch Seraina jammert. Und Leon grummelt: «Wenn wir wenigstens Privatsphäre hätten, Mäg und ich, dann könnten wir uns die Zeit vertreiben…» – «Untersteht euch!», kontert Rudy, «Und haltet endlich die Goschen, ich muss nachdenken!» – «Goschen?», fragt Margarethe, da übersetzt Leon: «Mund auf Österreichisch.» – «Sind wir nicht schon in der Schweiz? Wo fahren wir denn grad durch?», versucht Seraina mittels Ablenkung einen drohenden Streit im Keim zu ersticken. Rudy stöhnt: «Kurz vor der Grenze. Vermutlich gibt es eine Grenzkontrolle, der Schengenraum ist für EU-Staaten erst in einem Jahr, per 1997, durchgehend frei passierbar, und für die Schweiz sogar noch viel später…» – «WAAAAAAAAS!!!», ruft Seraina entsetzt aus und stösst sich beim Aufsitzen im Bett den Kopf am oberen Kajütenbett. «Verdammt, autsch!», flucht sie, und nun sitzen alle aufrecht im Bett. Rudy ist hin- und hergerissen zwischen Verzweiflung über die Lage, in der sie sich befinden, und der Sorge um Serainas Kopf.

«Wir können uns nicht ausweisen! Und selbst wenn… Wir sind ja offiziell noch gar nicht auf der Welt!», bringt es Margarethe auf den Punkt. – Leon gähnt und schlägt dann vor: «Ach was, wir nutzen die Star-Fight-Methode: …unsere Pässe sind in Ordnung, wir sind nicht jene, die Sie suchen…» – Sarkastisch kontert Seraina, die sich noch mit schmerzverzerrtem Gesicht den Kopf massiert: «Na toll, hast du das jemals hingekriegt, jemanden zu hypnotisieren?» – «Nö, aber in den Filmen funktioniert das doch immer, wenn die Helden am A…», erklärt Leon seinen Plan. – «Stopp! Jetzt bleibt auf dem Boden!», spricht Rudy ein Machtwort, «Wir machen das so: Mäggy und Raina spielen die Drama-Queens, denen die Koffer mitsamt den Papieren geklaut wurden. Sie jammern den Zollbeamten so lange was vor, bis diese aufgeben, uns an die Schweizer Polizei verweisen und uns stehen lassen. Dann können wir weiterfahren.» Margarethe und Seraina blicken sich an und stöhnen im Duett. Sie erinnern sich noch an ihre Ablenkungsmanöver in der fernen Zukunft, als sie einen liebestollen Forscher ablenken mussten, während die Jungs Sabotageaktionen durchführten. Auf noch so einen Einsatz haben beide Frauen keine Lust. Doch sie sehen ein, dass dies wohl oder übel nötig ist.

Doch oft kommt es anders, als man denkt. Als ein Mann in Uniform an ihre Kabinentür klopfen will, geht ein Alarm im Zug los. Der Zollangestellte zieht seine klopfbereite Hand zurück und eilt davon, um das Problem zu lokalisieren und zusammen mit dem Bahnpersonal zu beseitigen. Bis zu ihrer Ankunft in Zürich bleiben die vier Freunde unbehelligt.

«Das war ja ein Riesenglück!», frohlockt Leon, doch Rudy schaut verlegen nach draussen zum Sonnenaufgang. Seraina mustert ihren Freund und ahnt schon was: «Rudolfino, hast du den Alarm ausgelöst mit Hilfe deiner Implantate?» – Ein Lächeln huscht über Rudys Gesicht. Seraina schmiegt sich an ihren Freund, säuselte ihm etwas ins Ohr und küsst ihn dann zärtlich. «Gell, du hast gemerkt, dass wir keine Lust auf Drama hatten, so übernächtigt wie wir sind…» – Rudy nickt, Seraina umarmt ihn stürmisch. «Umpf», macht der Cyborg, während Leon vor lauter Entzugserscheinungen seine Mäg packt, leidenschaftlich an sich drückt und küsst. «Muscht nischt jescht, wi afen ane Mischion!», spricht sie, während Leons Mund den ihren liebkost.

Ziemlich übermüdet besteigen die vier Freunde, kurz nachdem sie im Hauptbahnhof Zürich den Nachtzug verlassen haben, eine S-Bahn Richtung Flughafen Zürich. In wenigen Minuten werden sie dort eintreffen. Allen ist jetzt ziemlich mulmig zumute, denn nun heisst es: Sicherheitspersonal überlisten, Biosicherheits-Container öffnen, Viren entfernen und vernichten sowie mit Bakteriophagen austauschen. Margarethe stellt die Gretchenfrage: «Müssen wir jetzt noch Phagen jagen? Wo sollen wir die so schnell herbekommen?» – Seraina und Leon blicken ihre Freundin konsterniert an.

Alle drei fragen sich, weshalb sie nicht schon früher darüber nachgedacht haben, wie sie das Problem lösen wollen. Vermutlich sind sie es sich schon so gewohnt, dass Rudy immer sämtliche Szenarien durchgespielt und wichtige Details minutiös geplant hat, bevor irgend ein anderes Hirn überhaupt auf die wichtigen Fragen kommt. Drei Augenpaare richten sich auf Rudy, der lächelt, kurz entschuldigend die Schultern hebt und erklärt: «Als ich über Christopher Toster recherchiert habe, bin ich auch auf seine Bakteriophagen-Forschung gekommen. Er hat in seinem Gepäck tatsächlich auch Phagen dabei. Wir müssen uns also darum nicht um Phagen kümmern. Unsere Mission besteht lediglich darin, die Killerviren unschädlich zu machen.»

Seraina runzelt die Stirn: «Immerhin eine Vereinfachung der Mission. Allerdings wird mir schon mulmig, wenn ich daran denke, dass wir ungeschützt diese Viren an uns nehmen müssen, um sie zu vernichten. Was, wenn wir uns anstecken?» – «Sehr unwahrscheinlich», kontert Rudy blitzartig, «Tosters Viren sind aktuell noch nicht an den Menschen adaptiert. Das geschieht erst während seiner Forschung in Zürich. Somit können wir das Material problemlos entfernen…» – Seraina gibt zu bedenken: «Schon, aber wie wissen wir, was wir zu entsorgen haben? Steht da überall *Killerviren* drauf, so wie *Küche* und *Bad* auf den Umzugskisten?» – Margarethe lacht laut auf, Rudy verzieht das Gesicht: «Lasst mich machen, ich finde die Viren. Mehr Bauchweh bereiten mir die Sicherheits-Checks. Wie kommen wir in die sensible Zone, ohne…?» – «Ach komm, nicht tiefstapeln… Du hast sicher schon eine Idee, du Klugscheisser!», fordert Leon ihn heraus. Rudy atmet schwer ein und dann aus: «Ja, aber es wird euch nicht gefallen. Leon, du musst einen Grossalarm auslösen und das Sicherheitspersonal auf Trab halten. Du riskierst Gefängnis. Raina, du musst dich als Ärztin ausgeben und sämtliches Kontrollpersonal in fachliche Diskussionen verwickeln. Irgendwann wirst du auffliegen und unter Arrest gestellt. Mäggy, du wirst als Erste zum Biosicherheits-Behälter hingehen. Du wirst mit 90% Wahrscheinlichkeit verhaftet. Wenn das geschieht, springe ich in die Bresche und erledige die Mission. Wenn es nicht geschieht, sind wir zu zweit, um die Viren zu erledigen. Wir verbrennen sie noch vor Ort im dortigen Autoklaven. Danach werden wir beide mit 99% Wahrscheinlichkeit verhaftet.» – Margarethe wird kreidebleich und stammelt: «Gibt es denn kein Szenario ohne Knast?»

Leon zieht eine Augenbraue hoch: «Habe ich *Auto* gehört?» – «Autoklav», berichtigt ihn Rudy, «Das müsstest du wissen, in so einem Ofen wird biologisch aktives Material zerstört…» – Leon errötet, denn jetzt fällt es ihm wieder ein, was ein Autoklav ist. «Und was machen wir, wenn dort kein Autoklav steht?», mimt Margarethe <the devils advocate>. Rudy seufzt entnervt, doch Leon ist schneller mit Antworten: «Dann fackelt ihr's halt sonstwie ab!» – «Oder so…», hat Rudy das letzte Wort, bevor die S-Bahn am Flughafen ankommt und die vier Freunde mit etlichen ahnungslosen Reisenden aussteigen.

* * *

«Ein starker Kaffee wäre jetzt ganz toll», bemerkt Leon sehnsüchtig und schnüffelt wie ein Jagdhund in der Luft, um den Hauch von frisch gemahlenen Bohnen zu erhaschen. Auch die Mädchen finden das eine gute Idee, denn der Coup, den sie geplant haben, ist auch im ausgeschlafenen Zustand nur mit höchstem Geschick und sehr viel Glück zu schaffen. Das Glück können sie nicht beeinflussen, das Geschick hingegen schon. Wenn sie total übernächtigt schon alle vier nach drei Metern verhaftet werden, dann hat sich die ganze Quälerei nicht gelohnt.

Rudy schlürft seinen Kaffee nur widerwillig. «Wie kann man sowas Grusiges überhaupt trinken, da dreht sich mir der Magen schon beim Riechen um!» – Leon überhört Rudys Gemotze und geniesst jeden Schluck. Auch Margarethe und Seraina tut das tiefschwarze Aufputschmittel richtig gut. «Ach, Raina, weisst du noch, wie toll der Kaffee in Rom war!», schwelgt Margarethe in Erinnerungen. Die Angesprochene nickt und schliesst die Augen. Doch in ihrer Fantasie sieht sie keinen starken Espresso vor sich, sondern erinnert sich, von nostalgischen Gefühlen übermannt, an ihre erste Liebesnacht mit Rudy.

Letztgenannter reisst alle drei Geniesser aus ihren jeweiligen Tagträumen: «Fertig geschlürft, jetzt geht die Post ab! Die Frachtmaschine aus Sydney ist gelandet. Konzentrierte Aktion!»

* * *

Leon hat sich von den anderen abgesondert und beobachtet, hinter Abfallcontainern versteckt, den Eingang zur Halle, wo gemäss Rudys Anweisungen angeblich das Frachtgut, das ausgeladen wurde, inspiziert wird. Ihm ist klar, dass seine Mission ein

Freiticket in den Knast ist, denn er wird in Kürze das gesamte Sicherheitspersonal und vielleicht noch die herbeigerufene Verstärkung auf seinen Fersen haben. Lange wird er sich nicht halten können. Aber er hofft, so lange durchzuhalten, bis die anderen ihren Teil des Jobs erledigt haben.

Was ihn etwas erstaunt, ist der Umstand, dass der Eingang recht klein und unauffällig ist. Würde er Rudy nicht blind vertrauen, er wäre sich sicher, dass sich hinter der kleinen Metalltür, die in seinem Blickfeld ist, bloss das Facility Management verbirgt, also die Wartungsabteilung für alle Anlagen und Gebäude. Aber bestimmt würde er nicht die ganze Fracht-Logistik des Flughafens Zürich dahinter vermuten.

In diesem Moment erkennt er Seraina, wie sie – mit hellen Hosen und einem schneeweissen Arztkittel gekleidet – selbstsicher und unerschrocken auf ebendiese Metalltür zusteuert. In diesen Sekunden fühlt er sich einen kurzen Moment lang unwiderstehlich von dieser faszinierenden Frau angezogen. Was für eine bezaubernde Erscheinung! Eine Göttin in Weiss! Er schüttelt kurz seinen Kopf mit der Löwenmähne und flüstert zu sich selber: «Leo, du Schürzenjäger, denk nicht mal dran! Erstens gehört diese Verzauberin zu meinem besten und einzigen Kumpel, und zweitens ist die Anziehung bloss körperlicher Natur. Zu deiner Mäg hast du eine seelische Verbindung, vergiss das nie! Und sexy ist meine Mäg ja sowieso!»

Während der Löwe im Selbstgespräch vertieft ist, merkt er gar nicht, dass ihn ein Sicherheitsmann entdeckt und schon mit der Dienstpistole im Visier hat…

* * *

Seraina hatte sich in der Notaufnahme des Flughafens mit Hose und Arztkittel sowie geklautem Ausweis eingedeckt. Zuerst hatte sie – in der Rolle einer Passagierin – vorgetäuscht, auf einer Rolltreppe verunfallt zu sein. Als die diensthabende Ärztin kurz das Behandlungszimmer verlassen hatte, schlich sie sich in den Personalraum, wo zu ihrem Glück die nötige <Ausrüstung> herumlag.

Mit falscher Identität kann sie sich problemlos Zutritt zum Sicherheitsbereich verschaffen. Gut, dass die Ärztin ihr ziemlich ähnlich sieht, auch wenn sie kurzhaarig ist.

Das Sicherheitspersonal blickt fünf Mal auf den Ausweis in Serainas Hand und ebenso häufig auf Seraina… Stirnrunzelnd meint der eine von zwei Beamten: «Lassen Sie sich einen neuen Ausweis machen, Brille und lange Haare irritieren, Frau Doktor Zimmermann.» Seraina legt den Kopf leicht schief, klappert mit ihren langen Wimpern und säuselt: «Ja-aa, ich werde Ihren Rat gerne befolgen. Passen Sie aber unterdessen auf Ihre Lunge auf, Ihr Atem rasselt etwas. Sie sollten das Rauchen aufgeben.» – Wie ein kleiner Junge, der beim Klauen erwischt wurde, fühlt er sich ertappt, schaut betreten zu Boden und räuspert sich mit hochrotem Kopf. Kurz darauf bekommt er einen heftigen Hustenanfall. Seine Kollegin packt ihn beim rechten Arm, wirft einen säuerlichen Blick auf Seraina und geleitet den Kollegen in den Personalraum, wo er sich setzen und einen Schluck Wasser trinken kann.

In diesem Moment winkt Seraina Rudy und Margarethe herbei, die sich durch die Metalltür stehlen und mit Seraina zusammen im nächsten Raum, einer Art Zwischenlager, verschwinden. Dort befindet sich viel Frachtgut – darin Früchte aus Übersee, exotische Pflanzen und sonstige verderbliche Ware. Stichproben werden von Fachkontrolleuren untersucht. Seraina mimt die Expertin und erklärt mit lauter Stimme: «Hier müssen wir die Frischware nach Krankheiten und Schädlingen untersuchen. Wenn ein

Quarantäneorganismus entdeckt wird, muss die gesamte Fracht vernichtet werden, um zu verhindern, dass die schädlichen Organismen in der Schweiz Fuss fassen.»

Das <Theater> scheint zu verfangen, niemand dreht sich nach der Fachfrau um, die zwei <Auszubildende> einweist. Seraina fährt fort: «Hinter der Glasfassade dort ist das Labor. Dort führen wir Schnelltests durch. Was wir hier nicht durchführen können, senden wir mit Kurieren in spezialisierte Kompetenzzentren wie etwa Agrocoop.»

Die Undercover-Kontrolleure steuern einen gekühlten Spezialraum am Rande des Zwischenlagers an. Seraina lässt ihre Freunde allein weiterziehen. Sie verlässt, im Schutz von hohen Frachtgut-Türmen, das Zwischenlager und gelangt zurück zu den beiden Sicherheitsleuten. Da sieht sie durch eine Glasscheibe, dass Leon in Handschellen in einem Nebenraum unter Arrest steht…

* * *

Rudy öffnet die schwere Tür zum Kühlraum und lässt Margarethe hinein. Drinnen ist es deutlich unter null Grad. Margarethe fröstelt. Als Rudy sich vergewissert hat, dass niemand sie gesehen hat und auch kein Alarm losgegangen ist, folgt er Margarethe. Er lehnt die Tür hinter sich nur an, damit sie sich nicht selbst einsperren, und schaltet das Licht ein. «Ich krieg Platzangst hier drin, Rudy. Und saukalt ist es auch noch!», wendet sich eine bleiche Margarethe an ihren Schulfreund. Dieser hebt einen Zeigefinger: «Fünf Minuten! Das schaffst du!» – «Mach schnell!», bittet sie ihn. Rudy untersucht die Beschriftung der im Raum stehenden Behälter in der Grösse von Tiefkühltruhen. Einer fällt ihm sofort auf: Das Logo der Universität Sydney prangt darauf. «Bingo!», flüstert Rudy, grinst selbstzufrieden, doch dann flüstert er überrascht: «Da ist ein digitales Schliesssystem dran! Aber… das erste derartige Modell wurde 1997 fertig entwickelt! Also… in unserer Zeitreise-Ereignisskala erst in einem Jahr! Wie ist das möglich? Ist das eine Spezialanfertigung für hochgefährliche Transporte?» – Margarethe grummelt genervt: «Ist doch egal, knack das Ding!» Damit bringt sie Rudy aus seinen Überlegungen zurück in die Gegenwart. Er überlistet innert Sekunden das digitale Schloss des Behälters. Seine implantierten Chips sind absolut perfekt geeignet, um elektronische Sicherheitsschlösser zu öffnen, ohne Spuren zu hinterlassen oder gar einen Alarm auszulösen – besonders, wenn es sich um sehr frühe Modelle handelt, die regelrecht eine Beleidigung für die hochmodernen Mini-Computer unter seiner Haut darstellen.

Als die Truhe offen ist, blicken die beiden auf diverse feinsäuberlich beschriftete, handgepäckgrosse Einzelbehälter. Auf einem davon prangt das Gefahrensymbol für Biogefährdung – ein gelbes Dreieck mit schwarzem Rand, darin drei im Zentrum miteinander verbundene, nach aussen jeweils an einer Stelle durchbrochene Kreise. Der Schriftzug <Biohazard> ist zu lesen. Margarethe erschaudert, denn das Warndreieck wirkt wie ein Symbol für ein <Triumvirat des Todes>. Rudy stemmt unbeeindruckt das <Handgepäck> heraus, verschliesst den Mutter-Container wieder und knackt dann den Biohazard-Behälter. In dem Moment betreten Sicherheitsleute den Raum…

* * *

Seraina und Leon sitzen mit Handschellen aneinander gefesselt im verschlossenen Arrestraum. «Hast du alles verraten?», fragt sie ihn leise und vorwurfsvoll. Der Löwe schüttelt indigniert den Kopf: «Ich doch nicht! Niemals!» – «Aber warum wissen sie, dass wir den Biohazard-Container zum Ziel haben? Der Kettenraucher hat mich dauernd danach gefragt.» – «Hab ich mitbekommen. Habe gehört, wie sie dich im Nebenraum verhört haben. Sie haben dauernd nach den Viren gefragt… schon sehr seltsam… als wären wir verraten worden. Aber von wem?», grübelt Leon leise vor sich hin. Dass er mit Handschellen an Seraina gefesselt ist, blitzt ihm ein paar Mal durch's Gehirn, doch er versucht tapfer, weder Herz noch andere Organe ins Geschehen mit einzubeziehen.

* * *

Margarethe stürzt sich auf die Sicherheitsleute, die in den Kühlraum eintreten, und fleht: «Ich bin eine Geisel, holen Sie mich raus! Bitte!!!» Damit verschafft sie Rudy die nötigen Sekunden, damit er mit einem mitgebrachten, explosiven Gemisch im Biohazard-Koffer einen Brand auslösen kann, der für kurze Zeit so hohe Temperaturen erzeugt, dass alle Viren unwiederbringlich abgetötet werden.

Rudys Kleider, Gesicht und Hände sind schwarz vor Russ, der durch den von ihm selbst entfachten Mini-Brand entstanden ist. Doch glücklicherweise hat er sich nicht verletzt. Dennoch ist Seraina höchst alarmiert, als ihr Liebster mit angesengten Kleidern und schwarz wie ein Panther zusammen mit einer bleichen Margarethe unsanft zu ihr und Leon in die Arrestzelle bugsiert wird. «Ein Schornsteinfeger im Team bringt uns Glück!», amüsiert sich Leon über Rudys <neuen Look>. Rudy reagiert nicht mal säuerlich, denn ihm ist mit dem Gelingen der Mission eine grosse Last von den Schultern gefallen.

Trotz der groben Behandlung lächelt Rudy selig. Er zwinkert Seraina und Leon zu, was die andern dahingehend interpretieren, dass der Job erledigt ist. Das freut alle vier ungemein. Dennoch ist ihre Lage alles andere als gemütlich: Die Weltretter werden als Terroristen angesehen. Margarethe und Rudy werden Rücken an Rücken aneinander gekettet und darüber hinaus mit einem an der Wand verankerten Rohr verbunden, damit sie nicht gefesselt weglaufen können.

Leon nervt sich sichtlich über die Behandlung und brüllt: «Wir haben euch und euren Kindern den Arsch gerettet, verdammt nochmal!» – «Lass gut sein, Löwe, Undank ist der Welten Lohn! Wir sind beisammen, wir finden einen Weg hinaus!», versucht Seraina, ein wutentbranntes Raubtier zu bändigen, während Margarethe missmutig grummelt: «Wenn ich doch nur an mein Amulett herankommen könnte, Körperkontakt ist nicht das Problem, Rudy habe ich im Rücken, und euch beide könnte ich mit den Füssen berühren…» Doch weder mit ihrem Kinn oder ihren Knien, noch mit den auf dem Rücken gefesselten Händen, die mit den Handschellen von Rudy verbunden sind, vermag sie das Amulett zu berühren…

21
Endstation auf Chinesisch

Die vier Freunde werden losgekettet und erhalten separate Handschellen, die ihre Hände auf den Rücken fesseln. Ein Dutzend Sicherheitsleute eskortieren die Häftlinge hinaus und bugsieren sie unsanft in einen gesicherten Gefangenentransporter.

Der kettenrauchende Beamte wendet sich, bevor die Schiebetür zugeknallt wird, mit einem erleichterten Gesicht an Seraina: «Ich wäre fast auf Ihr Gefasel über meine Lunge reingefallen.» – Die Angesprochene erwidert gefasst: «Das allerdings, mein Lieber, war das Einzige, das nicht gelogen war!» Der Kettenraucher schluckt leer und wendet sich ab, während hinter ihm die Tür des Gefangenentransporters im Schloss einrastet und sofort gesichert wird. Vorne nehmen zwei Personen Platz, ein mittelgrosser Fahrer und eine kleine Beifahrerin mit asiatischen Zügen…

Nach einigen Minuten Fahrt stoppt der Wagen. Die vier Weltretter schauen einander beunruhigt an. Sie erkennen aus dem einzigen, winzigen und erst noch vergitterten Fenster, dass sie sich auf einer Landstrasse befinden. «Was zum Höllen-Geier passiert jetzt?», stellt Leon diese berechtigte Frage halblaut in die Runde. – «Beruhig dich, Löwe, der Fahrer muss sicher für kleine Jungs», vermutet Seraina. Im nächsten Moment fällt ein Schuss… «Das tönt nicht nach Notdurft, definitiv nicht!», konstatiert Rudy, doch ihm sieht man als einzigem nicht an, dass er erbleicht, denn der schwarze Russ klebt noch an seinem Gesicht.

Nach mehreren Minuten gespenstischer Stille hören sie die vorderen Autotüren zuknallen. Das Fahrzeug setzt sich erneut in Bewegung und fährt nun eine geschlagene Stunde einem unbekannten Ziel entgegen.

Als der Wagen stoppt und die Tür zu den Gefangenen geöffnet wird, grinst ein bekanntes Gesicht bis über beide Ohren und begrüsst die verdattert dreinblickenden Häftlinge: «Willkommen, willkommen. Endstation, liebe Kinder, Endstation! Bitte aussteigen, wir wollen nun sehen, was ihr zu sagen habt. Dank eurem Wissen wird China zur alleinigen Weltmacht!»

* * *

Unter vorgehaltener Waffe werden die an den Händen gefesselten Freunde gezwungen, in einen düsteren Keller hinabzugehen. Margarethe fürchtet sich davor, mit den Händen auf dem Rücken das Gleichgewicht auf der steilen Treppe zu verlieren. Immerhin sind die Gefangenen nicht mehr aneinander gekettet.

Im Verlies unten angekommen, erleben die vier Freunde zunächst einmal die Überraschung ihres Lebens: Ein spärlich bekleideter und völlig hilfloser Gerry ist an ein x-förmiges Andreas-Kreuz gefesselt, Hände und Füsse weit von der Körpermitte entfernt.

«Wo haben Sie DEN hergeholt?», fragt Leon furchtlos, da zeigt die Agentin auf ihr Amulett, das sie dem toten Russen entwendet hat. «Natürlich, das Amulett! Sie können auch in der Zeit reisen!», entfährt es Leon. Da wird es Margarethe wieder bewusst, dass sie nicht nur eine mit allen Wassern gewaschene Kontrahentin, sondern auch eine der Zeitreise mächtige Widersacherin haben.

«Sie, Herr von Arx, Sie wissen, was in dem Geheimpapier stand. Reden Sie! Sie wissen ja: Ich könnte auch in der Zeit reisen, um mir die Information zu beschaffen, aber es ist einfacher so, denn Sie kennen den Viren-Code», redet die Chinesin auf den Cyborg ein und drückt die Aufnahme-Taste auf ihrem Smartiefon, dann droht sie: «Wenn Sie nicht reden, leidet und stirbt dieser Junge auf grausame Weise!» Und die Agentin zeigt grinsend auf den bemitleidenswerten Gerry, der so traumatisiert ist, dass er alles nur noch verschwommen wahrnimmt. Rudy schluckt leer. In der Primarschule hätte er sich Gerry manchmal in einer solchen Situation gewünscht. Doch nun tut ihm der Mistkerl einfach nur leid.

Alle Augen sind nun auf Rudy gerichtet, den schwarzen Panther. Seine Augen sind leer, sein Hirn denkt auf Hochtouren. «Jetzt bloss keinen Fehler machen», denkt er bei sich, dann blickt er hoch, der Agentin direkt in die Augen: «Heute bekommen Sie den Gencode für ein Killervirus, morgen werden Sie verantwortlich sein für den Tod von Millionen, vielleicht sogar von Milliarden von Menschen...» – Leon nutzt Rudys Redepause für ein Intermezzo: «...und als Buddhistin müssten Sie wissen, was dies karmisch bedeutet: beinahe ewige Verdammnis in den Höllenbereichen von Samsara, dem Rad der Wiedergeburten...» – Für einen kurzen Moment scheint die steinerne Fassade der Agentin zu bröckeln. Rudy fährt fort und beginnt, die ersten Sequenzen des Viren-Gencodes preiszugeben. Als er eine Pause macht, fügt Seraina hinzu: «Ich will Medizin studieren, den hippokratischen Eid leisten, also meine Mitmenschen bewahren vor Schaden und willkürlichem Unrecht... Wie ist es möglich, dass ein Mensch wie Sie das Gegenteil anstrebt?» – Die Agentin schluckt leer, zeigt aber keine andere Regung als komplette Entschlossenheit, ihre Mission zu vollenden. Rudy indes setzt seinen Monolog zum Gencode fort und macht dann einen Unterbruch speziell für Margarethe, die mit fester Stimme, aber klammem Herzen spricht: «Mein Urahne hat das Geheimnis der Unsterblichkeit erlangt, in einer Art, die sehr angenehm ist. Doch Sie werden Unsterblichkeit erlangen als jene Person, die der Menschheit den Untergang gebracht hat. Um wie viel qualvoller muss eine solche Unsterblichkeit wohl sein, wenn schon jene meines Urahnen eine schwere Bürde ist, wie er selber gesagt hatte, als ich einmal seinem Geistwesen begegnet war…» – Die Agentin scheint jetzt zu zittern. Rudy monologisiert weiter über seine Aminosäuren-Sequenzen, da ist die Agentin für einen kurzen Moment so mit ihren Gedanken beschäftigt, dass sie nicht bemerkt, wie Margarethe ihre linke Hand erfolgreich aus den Handschellen gequetscht hat und nun mit der zur Faust geballten rechten Hand der kleinen Agentin einen dermassen heftigen Schlag in die Schläfe versetzt, dass die Getroffene bewusstlos zu Boden sackt.

Schnell sucht Margarethe nach den Schlüsseln für die Handschellen ihrer Freunde. Erleichtert stellt sie fest, dass die bewusstlose Agentin sie bei sich trägt. Als alle wieder volle Bewegungsfreiheit geniessen, befreien sie Gerry aus seiner misslichen Lage. Er sackt halb tot zu Boden. «Was hat die mit ihm gemacht?», fragt sich Leon halblaut, und Seraina antwortet: «Na ja, in dieser Lage ein paar Stunden oder gar Tage verbringen zu müssen kann einen schon um den Verstand bringen. Lasst uns Kleider für den armen Kerl finden, der hat ja kaum was an. Vielleicht hilft uns der tote Fahrer aus. Leo, schau doch mal nach, ob dessen Leiche auf dem Beifahrersitz liegt.» – Der Angesprochene hechtet die Treppen hoch, nicht ganz unglücklich, diese Aufgabe zu erledigen, denn sie führt ihn an die frische Luft.

* * *

Seraina tritt zur bewusstlos am Boden liegenden Agentin hin, bückt sich, fühlt ihr den Puls und nimmt wahr, dass sie noch atmet. «Sie lebt», flüstert die angehende Ärztin. Da fällt ihr Blick auf das Amulett, das sie der Agentin im Handumdrehen entwendet. Kurz schaut sie zu Margarethe, die noch gar nicht realisiert hat, was sie genau angestellt hat. Dann hängt sich Seraina die Lederkette mit dem Amulett selbst um den Hals. Zu ihrer Freundin gewandt meint sie geheimnisvoll lächelnd: «Nun sind wir beide Zeitreisende, so wie unser gemeinsamer Urahne. Und Plonk müssen wir nicht mehr behelligen.» – Beim Stichwort <Plonk> fühlt Margarethe einen Stich in ihrer Brust, als würde ein Schwert ihr Herz durchbohren. Sind Plonk und Corvina noch bei Meinrad? Geht es den beiden gut? Finden sie einen Weg zurück ins Jahr 2023?

Gerry erhält die Kleider des toten Fahrers. Leon und Rudy helfen dem völlig Verstörten beim Anziehen. Jetzt begeben sich alle an die frische Luft. Leon trägt die immer noch bewusstlose Agentin hoch und bettet sie auf hohes Gras, das neben dem abbruchreifen, ehemaligen Bauernhaus wächst. Vermutlich war dort früher der Misthaufen. Das erinnert ihn an Gerrys Missgeschick auf einer ihrer Zeitreisen, und er muss schmunzeln. Ein Seitenblick zum Genannten offenbart ihm, dass dieser sich in einer psychischen Notsituation befindet. Gerry brabbelt nur vor sich hin, manchmal erschrickt er, wenn jemand ihn berührt. Margarethe nimmt seinen Kopf in beide Hände und raunt: «Gerry, schau mich an. Es ist vorbei. Der Albtraum ist vorbei. Du bist gerettet. Denk an deine Familie, an deine Yacht, an den Führerschein, den du gerade gemacht hast, an den Sportwagen, den du fährst, an das Familienunternehmen, das du mal übernehmen wirst…» Gerry atmet schwer, doch es scheint ihm zu helfen, den Fokus auf andere Dinge zu lenken – andere Dinge… wie etwa die immer noch reglos daliegende Agentin. Plötzlich kriecht ein Gedanke in Margarethe hoch, und sie erschrickt fürchterlich. Sie richtet sich auf und legt nun sich selbst beide Hände an die Backen. «Ich habe sie getötet!», jammert Rabenherz. Leon blickt zur Agentin und erfasst sofort, was in seiner Mäg vor sich geht. Er tritt zu ihr und umarmt seine Freundin, dann raunt er ihr ins Ohr: «Du hast uns alle gerettet! Nein, was sage ich da, du hast die Welt gerettet! Dein Faustschlag rettet Millionen, wenn nicht Milliarden! Wenn diese Agentin stirbt, was ich nicht glaube, dann ist es keine Absicht gewesen, sondern Notwehr. Die Shaolin-Mönche in China üben sich in Kung Fu – nicht um Kriege anzuzetteln, sondern um sich und andere im Notfall verteidigen zu können. Und so hast du gehandelt, liebste Mäg, im Einklang mit allen irdischen und spirituellen Gesetzen! Wenn du dich schuldig fühlst, zeigt es noch viel mehr, dass du ein gutes Herz hast!»

Rudy unterbricht die andächtige Stille, die Leons tröstenden Worten gefolgt ist, und schlägt vor: «Lasst uns ins Jahr 2023 zurückreisen. Raina und ich nehmen Gerry. Ihr nehmt die Agentin und bringt sie ins Krankenhaus. Das wird dich beruhigen, Mäggy, denn dann hast du sie nicht dem Schicksal überlassen.»

22

Zwei fast aussichtslose Fälle

So geschieht es, dass die beiden Pärchen unabhängig voneinander in ihre eigene Zeit zurückfinden, dank der beiden Amulette. Seraina mustert Rudy nach der Ankunft in ihrer gewohnten Gegenwart, im Januar 2023, von Kopf bis Fuss. Der Russ aus seinem Gesicht ist verschwunden, und er trägt dieselben Kleider wie vor dem allerersten Zeitsprung nach Einsiedeln: neue, dunkelblaue Jersey-Hosen, ein altes, verwaschenes Hemd, das ursprünglich gleichmässig hellblau gewesen sein musste, darüber einen Wintermantel aus edlem Tweed und an den Füssen dunkelbraune, halbhohe Winterschuhe. Schnell zieht Rudy seinen Mantel aus, denn sie befinden sich im warmen Haus seiner Eltern. Seraina entledigt sich ihres grünen Dufflecoats. Darunter kommen schwarze Jeans und ein maisgelber Pullover zum Vorschein, ihre Füsse stecken in stylischen Boots.

In der Ecke neben der Eingangstür liegt Gerry wie ein Häuflein Elend. Er hat seinen dunkelgrünen Anzug mit gelber Krawatte an. Das schicke Outfit wirkt so neu, als wären alle Missgeschicke seiner Zeitreise nicht passiert – also speziell der Misthaufen, auf dem er versehentlich übernachtet und der dem Anzug den Rest gegeben hat, scheint gar nie seine desaströse Wirkung entfaltet zu haben. Während die Zeitreisen auf den Kleidungsstücken keine Spuren hinterlassen, werden die psychischen Folgen niemals einfach ausradiert – Gerry wirkt nach wie vor schwer traumatisiert. «Was hat die Sadistin mit dem gemacht?», fragt sich Seraina. Von Gerry erwartet sie gar keine Antwort, sieht aber aus dem Augenwinkel, dass Rudy bereits auf seinem Smartiefon den Notruf wählt, um Gerry so schnell wie möglich einer adäquaten Therapie zukommen zu lassen. Der Cyborg hält das kleine Gerät fest in seiner linken Hand, als müsste er zuerst einmal seine Entzugserscheinungen nach der digitalen Welt auskurieren. Seraina verdreht ihre Augen und denkt bei sich, dass sie es nun wieder mit ihrer alten <Nebenbuhlerin> um die Gunst von Rudy aufnehmen muss – mit der virtuellen Welt.

Gerry wird in die Psychiatrische Universitätsklinik eingewiesen, wo er betreut und therapiert wird. Seine Eltern sind überhaupt nicht überrascht, obwohl sie den eigentlichen Grund für die Einweisung nicht kennen, denn Gerry war schon einige Zeit negativ aufgefallen, wegen unkontrollierter Aggressionen und diverser Drogenexzesse.

Seraina und Rudy besuchen ihn nach zwei Wochen das erste Mal. Gerry hockt in Pantoffeln, Jeans und T-Shirt auf seinem Bett im Zimmer, das er mit einem anderen jungen Mann teilt, der aber gerade in einer Therapiestunde weilt. Somit sind Seraina und Rudy allein mit Gerry. «Wieder einigermassen ok, Gerry?», fragt ihn Rudy reserviert. Er wird wohl nie allzu warm mit seinem früheren Klassenkameraden werden, zu präsent ist ihm noch das Schulmobbing, dass Gerry damals ihm und vor allem Margarethe angedeihen liess. Seraina indes kennt Gerry nur als grossspurigen Halbstarken, der nervt, aber sonst nicht wirklich ein Problem darstellt. Sie legt ihm aufmunternd die rechte Hand auf die linke Schulter und setzt sich neben ihn aufs Bett. «Willst du quatschen?», fragt Rudy gelangweilt, als Seraina mit ihrer linken Hand eine dezente Bewegung macht, die Rudy darauf hinweisen soll, mental <runter vom Gas> zu gehen. Der Cyborg seufzt und setzt sich zu Gerrys Rechten.

Nach rund zehn Minuten, während derer alle drei geschwiegen haben, fragt Gerry plötzlich: «Sind alle Zeitreisen so… so… so… äh… also, existenzbedrohend?» Er starrt dabei weiterhin zum Fenster hinaus. Rudy zuckt mit den Achseln, und Seraina seufzt: «Nicht immer, aber immer… äh, ja, immer öfter…» – «Hast du den Spruch aus einem Werbefilm?», grinst Rudy und fügt hinzu: «Also ich finde, alle Zeitreisen sind eine Zumutung, die einen mehr, die anderen weniger. Wir landen dauernd im Schlamassel…» – Schweigen, bedrücktes Schweigen. Gerry atmet schwer, dann beginnt er plötzlich von sich aus zu erzählen: «Das Schlitzauge ist plötzlich in der Armee-Küche der Franzosen wie aus dem Nichts aufgetaucht. Eigentlich war sie ganz nett und hat mir anerboten, mich zurück in meine Welt zu bringen, wenn ich ihr einen Gefallen mache und euch zum Reden bringe. Ich sagte zu…» – «WAAAAAS?», ruft Rudy aus und erhält von Seraina von hinten einen Knuff in die linke Schulter, so dass Gerry es nicht bemerkt. Sofort ist der Cyborg still. Innerlich aber brodelt es in Rudy, weil er es erbärmlich findet, dass Gerry bereit war, sie in eine Falle zu locken, um seinen eigenen Kopf aus der Schlinge zu ziehen.

Seraina indes ermutigt Gerry, weiterzureden. Doch der Patient ist noch etwas verunsichert wegen Rudys Ausruf. Schliesslich aber spricht er weiter: «Na ja, sonst wollte mir ja niemand helfen. Ihr seid ja ohne mich auf und davon…» – «Nur um die Welt zu retten, nicht um nach Hause zu gehen!», kontert Rudy unwirsch, da blickt Gerry dem Cyborg direkt in die Augen und erwidert: «Konnt' ich doch nicht wissen! Ich dachte, ihr hättet mich absichtlich zurückgelassen… nun, mich hat sie ja auch verarscht, das Schlitzauge…» – «Hey, nicht so rassistisch!», weist Rudy ihn zurecht, da der Angesprochene schon zum zweiten Mal die Agentin so bezeichnet hat. – «Wie soll ich sie denn nennen, die Chinafrau? Ach, diese falsche Schlange hat mich dann gezwungen, mich halb nackt auszuziehen, und mich dann auf dieses Holzkreuz gebunden. Sie hat mir zwar kein Haar gekrümmt, aber es war so schrecklich, in dieser Position stundenlang auszuharren, bin fast verrückt geworden – und dann erst noch fast nackt, das war so… so… peinlich…» – Seraina erinnert sich daran, wie Leon sie beim Nacktbaden erwischt hat. Sie kann sich dieses Gefühl gut vorstellen. Gefesselt und wehrlos müsse es noch viel schlimmer sein, denkt sie bei sich.

Gerry steht plötzlich auf und giesst sich Mineralwasser ein. «Zu trinken gab sie mir auch nichts. Und die Notdurft...» – «Keine Details bitte!», interveniert Rudy und fühlt sich unwohl, denn er erinnert sich an sein eigenes traumatisches Erlebnis im Folterkeller der Russen während ihres DDR-Abenteuers. Seraina scheint mehr Mitgefühl und weniger eigene Flashbacks zu haben, deshalb bleibt sie cooler und muntert Gerry sogar noch auf: «Du hast es überlebt. Gut ist es, wenn du es in dein Leben integrieren und sagen kannst: *Das Erlebnis war grauenvoll, aber es hat mich auch stark gemacht, denn was könnte mir jetzt noch Schlimmeres passieren.* Dann werden dir die schönen Momente im Leben umso süsser vorkommen.» – Rudy atmet hörbar auf. Irgendwie fühlt er sich ebenfalls angesprochen. Und als er zu Seraina blickt, erkennt er, dass sie nicht Gerry anschaut, sondern ihn.

In den nächsten Wochen macht Gerry schnell Fortschritte, und Seraina hofft, dass der Gerry, der das Purgatorium durchschritten hat, die Chance bekommt, nun ein wirklich aussergewöhnlich schönes Leben zu führen. Und so kommt es auch, dass der Patient nach einem Monat zurück zu seinen Eltern darf und ein fast schon ruhiger, angenehmer Zeitgenosse ist. Rudys zweifelndes Fazit: «Mal sehen, ob das nachhaltig ist. So einer wie Gerry dreht doch auf, sobald er das Gefühl hat, wieder Oberwasser zu haben...» Seraina grinst nur.

* * *

Margarethe und Leon haben die bewusstlose Agentin nach ihrer Rückkehr in die Gegenwart sofort ins Krankenhaus gebracht. Die Ärzte versetzen sie nach einer Notoperation, in der sie ein grösseres Blutgerinnsel im Gehirn abgesaugt und weitere Blutungen gestoppt haben, ins künstliche Koma. Doch wie konnte ein Faustschlag auf den Kopf solche Auswirkungen nach sich ziehen? Der Schläfenbereich, wo Margarethes Faust die Agentin getroffen hatte, ist eine sehr fragile Stelle. Deshalb kam es wohl zu dieser Hirnblutung, die mit der Zeit immer mehr Druck auf einige Gehirn-Areale ausgeübt und so zur Schwere des Schädel-Hirn-Traumas beigetragen hatte. So ähnlich zumindest hat es ein Arzt erklärt.

Das Pärchen fährt mit Leons Wagen zurück zur Studentenbude des Löwen. Rabenherz ist erleichtert, dass die Agentin noch lebt, doch es tut ihr immens leid, dass sie so schwer verletzt ist. «Ich bin schuld an ihrem Zustand...», seufzt Margarethe schwermütig. Leon hat sie schon mehrfach getröstet und ihr versichert, dass es Notwehr war. Irgendwie mag er jetzt nicht zum x-ten Mal wiederholen, was bei Margarethe zum einen Ohr rein und zum anderen wieder raus zu gehen scheint. Wortlos holt er sich einfach ein Bier in der Küche.

Als er zurück im Wohnzimmer ist, brüllt seine Liebste ungehalten: «DU hörst mir GAR NICHT richtig zu! Mir geht's NICHT gut und du denkst nur an dein ScheissBIER!» – Leon schluckt leer, doch irgendwie will ihm nichts einfallen, was jetzt die Situation entschärfen könnte. Stattdessen schweigt er, was Margarethe noch wütender macht: «Dir ist scheissEGAL, wie es MIR geht!» – Jetzt platzt Leon der Kragen: «Verdammt! Nein, ist es mir NICHT! Aber WAS soll ich denn sagen? Ich habe dir gefühlte TAUSEND Mal erklärt, dass du uns alle und eigentlich ja auch die gesamte Menschheit GERETTET hast! Du hast sie NICHT umgebracht! Und schwer verletzen wolltest du sie ja gar nicht, nur ausser Gefecht setzen. Diese Agentin ist doch VOLL selber schuld! Was muss die auch nach der Superwaffe greifen, damit ihr Land die Weltherrschaft erlangt!»

Leon würde am liebsten die volle Bierflasche an die Wand knallen, doch er sieht vor seinem geistigen Auge die Sauerei, die dabei entstehen würde. Darum lässt er es bleiben. Stattdessen meint er gefühlskalt: «Mäg, ich lass dir zwei Möglichkeiten offen: Entweder kriegst du dich ein oder wir sehen uns mal einen Monat lang nicht, während du in Therapie gehst. Ich halte das nämlich sonst nicht aus!»

Margarethe erschrickt, denn es ist das erste Mal in ihrer Beziehung, dass eine Trennungsabsicht ausgesprochen wird. Meint er es wirklich ernst? Der Schock wirkt, in Margarethe steigt Panik hoch, gleichzeitig aber auch Wut. Wenn sie von zwei Gefühlen regelrecht zerrissen wird, geschieht immer dasselbe: Sie heult los. Diese Reaktion wiederum ist eine Zerreissprobe für Leon, der nun ebenfalls im Patt gegensätzlicher Gefühle feststeckt: Sollte er sie umarmen und trösten, dem <unschuldigen> Sofa einen Fusstritt verpassen oder sich selbst die Faust auf den Oberschenkel hämmern? – Stattdessen nimmt er eine kitschige Blumen-Vase vom Wohnzimmertisch und knallt sie mit voller Wucht an die Wand. Das Scheppern ist derart laut und die Sauerei dermassen grotesk – es waren noch verwelkte Pflanzen und Wasser drin –, dass Margarethe und Leon einander überrascht anstarren.

Leon grinst: «Das Ding wollte ich schon lange an die Wand knallen! Superkitschig und erst noch von einer *cringen* Tante!» Die Situation löst die Anspannung bei beiden. Margarethe lächelt leicht, geht auf ihren Liebsten zu und macht Anstalten, ihn zu umarmen. Er zögert kurz, packt sie dann aber leidenschaftlich und drückt sie fest an sich.

* * *

Als die Agentin nach drei Wochen aus dem Koma erwacht, ist sie zu Margarethes Freude nicht gelähmt, aber sie erinnert sich an gar nichts mehr. Statt Chinesisch spricht die ehemalige Agentin fliessend Russisch und unterhält sich gerne mit Leon, der diese Sprache ebenfalls spricht. Eifersucht kriecht in Margarethe hoch, die kein Wort versteht und das Gefühl hat, die Patientin flirte mit ihrem Liebsten. Margarethe steigert sich hinein, bis sie sie am liebsten erwürgen oder anderweitig beseitigen möchte – so schnell können sich Schuldgefühle in Mordgelüste verwandeln. Für Margarethe hat es den guten Effekt, dass sie sich nicht mehr als Täterin fühlt.

«Wieso spricht sie Russisch und versteht kein Chinesisch mehr?», fragt Margarethe Leon, als sie nach dem Spitalbesuch wieder in Leons Studentenbude angekommen sind. Der Löwe zuckt mit den Achseln und meint: «Davon habe ich schon gelesen: Komapatienten wachen auf und sprechen eine total andere Sprache. Das ist sehr selten, aber dies ist definitiv nicht der erste solche Fall. Ich sehe es als Beweis für die Wiedergeburt an.» – «Wie das?», wundert sich Margarethe. Leon kratzt sich am Kopf und erwidert: «Nun ja, eine Wiedergeburt soll wie ein Neustart sein, die Erinnerung an frühere Leben sind tief in dir drin *vergraben*. Bei einem einschneidenden Ereignis, wie ein Koma-Zustand etwa, wenn das Gedächtnis ramponiert ist und du nicht mehr weisst, wer du bist, können sich diese älteren Erinnerungen im aktuellen Leben manifestieren, um die entstandenen Lücken zu füllen. Du kannst plötzlich etwas, dass du in einem früheren Leben gemeistert hast – im Fall der Chinesin: Sie verbrachte wohl ihr letztes Leben in Russland und spricht daher kein Wort Chinesisch mehr. Ihre Erinnerungen an dieses Leben hast du aus ihr rausgeprügelt, Mäg, an deren Platz sind jene gelangt, die tief verborgen lagen…» – Margarethe ist nicht restlos überzeugt, doch etwas Gutes hat das Ganze: Die Agentin wirkt zufrieden und im Reinen mit der Welt. Sie trachtet nicht mehr danach, eine Superwaffe zu ergattern, denn sie erinnert sich an keine Mission. Und sie fühlt sich auch nicht mehr dem chinesischen Geheimdienst verpflichtet.

Etwas Seltsames aber ist passiert, denn die genesende Chinesin sagt, dass sie <Oleg> heisst – das ist ein männlicher Vorname, der in Russland und der Ukraine beliebt ist. «Wechselt man das Geschlecht, wenn man wiedergeboren wird?», grübelt Margarethe, und Leon meint grinsend: «Na klar, wäre sonst doch einseitig das Ganze!» – «DU warst mal eine Frau? Erinnerst du dich daran?», bohrt Margarethe weiter, da wird Leon ganz ernst, was selten passiert: «Ich erinnere mich an Bruchstücke von früheren Leben. Ich war tatsächlich mal eine Frau… und es war… in Russland…» – «WAS? Kannst du darum so gut Russisch?», ruft Margarethe erstaunt aus. Leon zuckt mit den Achseln: «Weiss nicht, schon möglich. Vielleicht hat der Russisch-Kurs im Gymi die Erinnerungen an diese Sprache hervorgezaubert… aber im Koma war ich nie…» – «Nö, ich weiss, den Dachschaden hast du seit Geburt», zieht ihn Margarethe auf, da blitzt ein fieses Leuchten in Leons Augen auf. Er packt Margarethe, die laut quiekt, legt sie unsanft aufs Sofa und kitzelt sie gnadenlos durch.

Nach überstandener <Kitzelfolter> muss sich Margarethe erst mal von der Reizüberflutung erholen. Leon indes holt sich ein Bier. Die Anstrengung hat ihn durstig gemacht. Margarethes Blick fällt auf einen Karton, der in einer Ecke des Wohnzimmers steht. Sofort fällt die Leichtigkeit des Moments von ihr ab und überlässt sie einer bleiernen Schwere. Denn: In dem Karton hatte sie Plonk aufgepäppelt, als er wegen des Rapperswil-Abenteuers hatte Federn lassen müssen. Das Bild ihres stolzen Raben manifestiert sich wie eine Fata Morgana vor ihrem geistigen Auge. Es ist ihr, als höre sie seinen Ruf. Doch das kann nicht sein, denn Plonk und Corvina weilen in der Vergangenheit, beim Eremiten Meinrad. Rabenherz ist plötzlich voller Sorge: Geht es den beiden gut? Margarethe flüstert: «Plonk, Corvina, kommt bitte bald nach Hause…»

23

Zwei gefiederte Engel für Meinrad

Corvina trillert vor Entzücken. Wohlhabende Pilger haben wundervoll glänzende Objekte am Schrein vor Meinrads Einsiedlerhütte zurückgelassen. Das Rabenweibchen liebt alles, was glitzert – eine Leidenschaft, die eigentlich eher bei Elstern vorkommt. Plonk fliegt interessiert zu seiner Frau und landet neben ihr auf dem laubfreien Teil eines Eichenastes. Er folgt Corvinas Blick und erspäht goldene Kelche und silberne Teller, alle gefüllt mit leckeren Speisen. Plonk selber bleibt stumm, nur sein lässig aufgeplustertes Gefieder zeugt davon, dass er sich wohl fühlt beim Anblick der ganzen Gabenpracht. Doch wo steckt der Eremit Meinrad? Plonk ist sich sicher, dass er ebenfalls grosse Augen machen wird, wenn er die Bescherung sieht. Leider hat es kein frisches Obst dabei, nur Wintergemüse und Backwaren, denn es ist Januar des Jahres 861.

Da! Ein Rascheln im Gebüsch! Meinrad müsse wohl Brennholz sammeln gegangen sein, schliesst Plonk daraus. Doch er und Corvina sind völlig überrascht, als zwei Landstreicher in gebückter Haltung aus der Vegetation kriechen. Beide Raben weichen zurück, höher auf den Ast hinauf, dort, wo sie sich im Laub verstecken können. Beide Tiere wirken ängstlich, ihre Kopffedern liegen nun plötzlich ganz eng am Schädel. Den zwei Raben schwant Übles. Was sollen sie tun? Corvina blickt irritiert zu ihrem Gatten, der weit mehr Erfahrung mit Menschen hat als sie.

Die beiden Landstreicher haben den Schrein erreicht und lecken sich die Lippen. Hemmungslos greifen sie nach den Leckereien und stopfen hungrig einige der Backwaren in sich hinein. Plonk fühlt irgendwie Mitleid mit den beiden Frevlern, denn er kennt das Gefühl von nagendem Hunger sehr wohl. Doch was anschliessend geschieht, bringt ihn in Rage, denn die Landstreicher nehmen das kostbare Geschirr an sich. Plonk sträubt gehässig sein Gefieder und kriegt dabei richtige Federohren. Dann lässt er sich vom Ast fallen, breitet die Flügel aus und startet einen Luftangriff. So etwas hat er schon ewig nicht mehr machen müssen. Ist der mittlerweile nicht mehr ganz so junge Rabe immer noch so ein Fliegerass wie zu Jungendzeiten?

Plonk fährt die Krallen aus und verpasst einem der Diebe beim Vorbeiflug ein paar Schrammen in die Kopfhaut. «Aargh, Satansbraten, weiche!», zetert der Getroffene und fuchtelt mit einem Goldkelch nach dem Kampfflieger, der sich sofort zurückzieht – aber nur, um erneut von einer anderen Seite einen weiteren Überraschungsangriff zu fliegen. Das Gefluche ruft den Eremiten auf den Plan, der es nicht gewohnt ist, dass man in seiner Nähe so viel Radau veranstaltet. Als er erkennt, was los ist, hebt er einem Arm und befiehlt: «Plonk! Frieden!» – Der Angesprochene bricht seine zweite Attacke ab und segelt seitlich weg, zurück zum Ast, wo Corvina auf ihn wartet. – «Möge der Herr mit Euch sein! In Gottes Namen: Esset, trinket! Aber lasset die anderen Gaben am Schrein zurück», wendet sich Meinrad voller Mitgefühl an die Frevler. Doch diese reagieren verärgert: «Schweigt, alter Mann! Dies sichert uns Essen für ein Jahr!» Und der eine Dieb schwenkt eine besonders kostbare Schale, die nicht nur vergoldet, sondern auch mit Edelsteinen bestückt ist. – «Haltet Euch an das achte Gebot!», fordert Meinrad die beiden Landstreicher auf, doch diese lachen nur und frotzeln: «Was? Ehebrechen sollen wir nicht? Harharhar!» – «Das wäre das siebte Gebot, Unwissender! Das achte Gebot verlanget, dass Ihr nicht stehlet!», korrigiert Meinrad den Dieb etwas ungehalten, dennoch versucht er, voller Nächstenliebe zu handeln, «Dann arbeitet für mich! Ich schenke Euch die edle Schale. Sammelt für mich Brennholz für den Rest des Winters.» – Die Landstreicher blicken sich etwas überrumpelt an, doch keiner der beiden hat Lust auf Arbeit, da sie den Hauptgewinn ja schon an sich genommen haben. Der Vorlautere unter den beiden Frevlern kontert: «Arbeit? Wozu arbeiten, wenn wir einfach nehmen können!» – und beide lachen hämisch und dreckig.

Meinrad seufzt und macht ein paar Schritte auf die Diebe zu, dabei hält er ihnen das Kreuz entgegen, das er an einer Kette um den Hals trägt. Den Dieben fallen fast die Augen aus dem Kopf, denn das hölzerne Kreuz hängt an einer Goldkette. Einer der beiden packt den Eremiten, der andere reisst Meinrad unsanft die Kette vom Hals. Der Eremit will sich mit einer Hand schützen, da ohrfeigt er unbeabsichtigt einen der Räuber, der sofort und gnadenlos mit einem massiven Goldkelch zuschlägt…

Meinrad liegt bewusstlos am Boden. Die Landstreicher schauen sich erschrocken und ratlos an, dann packt der eine den anderen und reisst ihn vom Tatort weg. Die Verbrecher verschwinden im Wald. Plonk und Corvina sind sofort am Boden bei Meinrad, um ihm zu helfen, doch der Niedergeschlagene rührt sich nicht. Plonk schreitet zu seinem Kopf hin und horcht, ob er Atemgeräusche wahrnehmen kann. Instinktiv legt Plonk seinen Kopf anschliessend an Meinrads Brust. Doch da sind weder Atem- noch Herzgeräusche zu hören. Meinrad muss wohl tot sein.

In Plonk und Corvina steigt Wut hoch – Empörung über dieses ruchlose Verbrechen, über diesen sinnlosen Mord aus Raffgier. Nur kurz schauen sich die beiden Raben in die Augen, und als klar ist, dass beide dasselbe denken, fliegen sie los. Sie rasten nicht, bis sie die beiden Mörder wiedergefunden haben.

Zuerst verfolgen die Raben die Eremitenmörder nur wie Schatten. Plonk ist sich nicht sicher, wie er sie bestrafen soll. Doch als die Mörder ein paar Tage später die Stadt Zürich erreichen, um die Kostbarkeiten zu Geld zu machen, da vernimmt Plonk, dass der tote Eremit bereits Stadtgespräch ist. Vermutlich ist ein Pilger auf die Leiche gestossen und voller Entsetzen schnurstracks zurück nach Zürich gerannt – und war schneller als die Verbrecher, die es nicht so eilig hatten.

Plonk geht nun aufs Ganze: Er ändert seine Taktik – aus einem stillen Schatten wird eine fliegende Alarmsirene. Und Corvina tut es ihm gleich. Die Stadtbewohner verstehen die Welt nicht mehr: Da versuchen zwei armselige Landstreicher, sich zwei wütende Raben vom Leib zu halten. Das ruft ein paar Wachleute auf den Plan. Der eine Mann, der seine Lanze fest umklammert hält, spricht: «Was habet Ihr da für ein Problem! Ihr seid ja noch kein Rabenaas, oder? Erst am Galgen fallen die schwarzen Vögel über Euch her. Habet Ihr etwas getan, was die Vögel ermuntert, Euch schon wie Verurteilte zu behandeln?» – Die Mörder schütteln wehement die Köpfe und erbleichen, da fällt dem einen scheppernd ein goldener Kelch zu Boden – er hatte die Kostbarkeit unter seinem weiten Mantel versteckt. Ein Gutbetuchter, den der Radau aus dem Haus gelockt hat, ruft entsetzt: «Dieses Trinkgefäss habe ich an Meinrads Schrein gelegt! Das sind Diebe!» – Und eine Frau neben ihm doppelt nach: «Und Mörder! Pilger Heinrich uns vom gewaltsamen Tode des Ermiten erzählet hat.» – Der wachhabende Soldat mit der Lanze hebt seinen Arm und meint: «Ein ordentliches Gericht wird die Taten dieser Leute beurteilen und eine gerechte Strafe sprechen!» Kurz darauf nehmen er und sein jüngerer Kollege die beiden Verbrecher fest und führen sie in den Kerker.

Meinrads Mörder werden wenig später zum Tode verurteilt. Als das Urteil vollstreckt ist, kehren die beiden Raben zu Meinrads verlassener Hütte zurück. Sobald sie auf seinem Grab landen, verschwimmt ihnen alles vor Augen.

* * *

«Plonk! Corvina! Ihr seid endlich zurück!», frohlockt Margarethe, die einen Monat lang jeden Tag beim Baum auf dem Horgenberg nachgeschaut hat, wo die beiden Vögel ihren Horst haben. Nun fällt endlich eine grosse Last von ihren Schultern, denn ihre geliebten Raben sind zurück – es ist mittlerweile Anfang Februar 2023.

Epilog

«Ein Löwenamulett, wie adrett!», staunt Seraina über den Halsschmuck ihrer Freundin. «Das hast du neu, gell? Hab ich noch nie an dir gesehen. Ungewohnt….» Margarethe lächelt: «Ich konnte einfach nicht widerstehen. Dabei war ich nicht einmal mit Leon in Basel. Ich hatte die Gelegenheit, an der Uni einen Schnuppernachmittag zu absolvieren im Historischen Seminar. Weil die doch so auf Genderforschung spezialisiert sind. Und danach ging ich noch ein bisschen bummeln in Basel und kam auf dem Weg zurück zum Bahnhof am Antikenmuseum vorbei.» – «Na, das war ja ein gefundenes Fressen für dich!», grinst Seraina, und Margarethe nickt: «Allerdings! Ich kannte das noch gar nicht. Basel bietet ja tolle Museen, und mit Leon war ich mal bei Tinguély und im Historischen Museum, aber das Antikenmuseum….» Ihr Gesicht bekommt einen schwärmerischen Ausdruck. – «Steht dir aber super, dieser Löwe!», stellt ihre Freundin bewundernd fest. «Was ist das, ein Fragment einer Keramik oder was?»

Margarethe räuspert sich: «Das macht die Sache eben für mich so interessant: Der Schmuck lag im Laden, ohne jegliche Angaben, und auch die Dame am Museumsschalter konnte sich keinen Reim darauf machen und war auch verwundert, dass es sich offenbar um ein Unikat handelt.» – «Sicher schweineteuer! Mäggy!», versetzt Seraina tadelnd, aber Margarethe schüttelt ihren Kopf: «Im Gegenteil! Der Löwenkopf mit der hübschen ringförmigen Lederkette war spottbillig! Ich habe es fast nicht geglaubt und musste einfach zugreifen.» – «Verstehe ich», pflichtet ihr Seraina bei mit unverhohlenem Neid in ihrer Stimme. «Sieht elegant aus und irgendwie… zeitlos. Und mysteriös.» Sie lacht auf: «Mal abgesehen davon, dass du irgendso eine obskure Verbindung zu einem Löwen pflegst…» Beide Mädchen lachen herzlich.

«Ja, es ist ausnahmsweise mal kein Rabe… aber beide haben mein Herz erobert», gesteht Rabenherz. – «Und zu Rabenherz passt ein Löwenherz, das du nicht nur in, sondern auch auf deiner Brust tragen kannst», stellt Seraina fest. «Wirklich faszinierend… war denn in der Ausstellung das Original zu sehen?» – «Eben nicht, das hat mich sehr erstaunt. Die Sonderausstellung drehte sich um Römer, Kelten und Germanen am Rhein. War unglaublich spannend!» – «Römer… Kelten», wiederholt Seraina, und ein schwärmerischer Ausdruck umnachtet ihre Augen.

Margarethe ist sich sicher, dass ihre Freundin sich auch an ihre vergangenen Abenteuer erinnert. Das erste Mal, als sie zusammen auf Zeitreise gingen, in Begleitung von Rudy, waren sie auf den Spuren der Kelten, mit Ausgangspunkt Schloss Neu-Bechburg bei Oensingen. Aber die Kelten haben sie nie ganz losgelassen. Und die Römer und Rom erlebten sie immersiv während einer Städtereise, in der sie in den beiden bekanntesten Arenen Roms landeten, als ihre beiden Freunde ihren Mut unter Beweis stellen mussten als Gladiatoren und Wagenlenker. Es schaudert beide jungen Frauen, als sie daran denken. Prickelnd, gefährlich – und zum Glück in einer anderen Zeitzone.

Gegenwärtig befinden sie sich Anfang Februar 2023, stehen ein paar Monate vor der Matur und sind erleichtert, dass das neuste verrückte Abenteuer – das sie durch die Geschichte von Einsiedeln und sogar bis nach Salzburg geführt hatte – überstanden ist. «Bloss keine Zeitreisen jetzt, bis wir die Schule fertig haben!», seufzt Margarethe, als ein Krächzen an ihre Ohren dringt.

«Plonk!», ruft sie freudig! Die beiden Freundinnen haben sich nämlich im Wald getroffen, an idyllischer Stelle auf dem Horgenberg, unweit des Baumes, den Margarethes Rabe mit seiner Frau Corvina seit mehreren Jahren bewohnen. Plonk wirkt immer noch kraftvoll und dynamisch, obwohl er schon acht Jahre alt ist. In der Natur werden Kolkraben meist nur 15 Jahre alt, in einem Tierpark können sie aber bis zu 40 Jahre leben. Weil Plonk seine Jugend bei Margarethe zuhause verbracht hat, wird er wohl älter als Raben, die sich durchgehend in der freien Wildbahn behaupten mussten. Seine Ziehmutter vermutet aber auch, als Zeitreiserabe altere er vielleicht langsamer oder gar nicht. Kann er sich womöglich durch Zeitreisen sozusagen selber <erneuern>? Als würde Seraina ihre Gedanken lesen, spricht sie: «Plonk, alter Knabe, du siehst so jung aus! Du alterst nie, gell?» – «Dachte ich auch gerade», gesteht Margarethe. «Aber ich bin froh. Was würde ich ohne Plonk machen?» – «Poonk mache!», wiederholt ihr Rabe, und es scheint, als würde er lachen. «Poonk imma daaa, Grrita!»

* * *

Historische Fakten

800 wurde Meinrad geboren in der Gegend von Tübingen und Rottenburg. Er ging auf die Klosterschule auf der Insel Reichenau und trat dort ins Kloster ein. Leben und Tod Meinrads sind durch Quellen gut belegt.

835 liess er sich an dem Ort nieder, wo heute die Benediktinerabtei von Einsiedeln steht, und baute eine Kapelle. Als Einsiedler lebte Meinrad im Finsteren Wald. Der Überlieferung nach rettete er zwei Rabenküken, die in ihrem Nest von einem Sperber bedroht wurden, indem er den Raubvogel vertrieb. Der Einsiedler zog die beiden Raben auf, die ihm treue Freunde wurden.

861 wurde er von zwei Landstreichern, offenbar einem Rätier und einem Allemannen, ermordet, die ihn ausrauben wollten. Die Legende erzählt, dass Meinrads Raben, ihren «Ersatzvater» rächten und die Mörder bis nach Zürich verfolgten, wo die Räuber ergriffen und zum Tode verurteilt wurden – je nach Überlieferung aufs Rad geflochten oder zum Feuertod auf dem Scheiterhaufen. Die Raben zieren bis heute das Wappen von Einsiedeln. Meinrads Leichnam wurde nach Reichenau gebracht,. Die wertvollste Meinrads-Reliquie ist noch im Kloster Einsiedeln: Meinrads Kopf.

900, 40 Jahre nach Meinrads Tod, baute der Strassburger Domherr Benno die Meinradszelle wieder auf, um dort als Einsiedler zu wohnen. Der Name «Einsiedeln» erinnert an die ersten Eremiten.

928-934 lebte Benno und später auch sein Verwandter Eberhard, Domprobst zu Strassburg, in der Meinradszelle. Der Domprobst bildete eine klösterliche Gemeinschaft unter der Regel Benedikts und wurde ihr erster Abt.

947 verlieh Otto I. dem Kloster die Immunität – die Befreiung von Abgaben, Lasten und vor allem weltlichen Eingriffen und das Recht der freien Abtwahl –, ein Jahr später wurden Kirche und Kapelle eingeweiht. Otto I., auch Otto der Große genannt, war Herzog der Sachsen, ab 936 König des Ostfrankenreichs und ab 962 Kaiser des Heiligen Römischen Reiches. Er war der bedeutendste Ottonenherrscher.

1000 wurden Einsiedler Mönche Äbte in Klöstern der Umgebung (Pfäfers, St. Blasien, Hohentwiel) und führten dort Reformen der klösterlichen Lebensweise ein.

1018 übertrug Heinrich II., seit 1014 Kaiser des Heiligen Römischen Reiches Deutscher Nation, das Gebiet nördlich des Grossen Mythen und Hoch-Ybrig an das Kloster Einsiedeln. Seither lagen Einsiedeln und Schwyz im sogenannten Marchenstreit. Dieser Streit um die Grenzen führte später zum Bundesbrief von 1291 und zur Morgartenschlacht 1314.

1029 brannte das Kloster zum ersten Mal.

1039 wurden die Reliquien des heiligen Meinrad von der Reichenau nach Einsiedeln übertragen und die neue Klosterkirche eingeweiht.

1018 schenkte Kaiser Heinrich II der Heilige dem Kloster Einsiedeln den Finsteren Wald, ein Gebiet von 229 Quadratkilometern.

1073 bestätigte der römisch-deutsche König (und spätere Kaiser) Heinrich IV. in Augsburg in einer Urkunde vom 24. Mai dem Kloster Einsiedeln seine Besitzungen und die freie Abtwahl.

1100 Im Marchenstreit zwischen dem Kloster Einsiedeln und Schwyz über die Landesgrenzen entschied der Salier Heinrich V. (Mitkönig mit seinem Vater Heinrich VI.) zugunsten des Klosters Einsiedeln. Zu dieser Zeit waren die Rapperswiler Schirmvögte des Klosters Einsiedeln.

1130 schenkten Lütolf und Judenta von Regensberg dem Stift Einsiedeln den Ort Fahr an der Limmat, um dort ein Frauenkloster zu errichten.

1142 anerkannte der Vogt Rudolf von Rapperswil den neugewählten Abt nicht an und überfiel das Kloster Einsiedeln, um Abt und Mönche aus dem Kloster zu vertreiben. 1172 kam es zu einer ähnlichen Situation.

1217 sprach Graf Rudolf II. von Habsburg den südlichen Stiftsgebietsteil den Schwyzern zu.

1220 war die Halbinsel der Stadt Rapperswil Lehen der Klöster Einsiedeln, St. Gallen und Pfäfers. Rapperswil ist zum ersten Mal urkundlich dokumentiert.

1226 brannte das Kloster zum zweiten Mal.

1283 übten die Habsburger die Schirmvogtei über Einsiedeln aus. Mit der Übernahme der Schirmvogtei spitzte sich der Grenz-Konflikt zu, denn: Die Habsburger waren die Erzfeinde der Schwyzer.

1314 überfielen die Schwyzer das Stift Einsiedeln, nahmen die Mönche gefangen und raubten den Einsiedlern das Vieh. Die Klosterinsassen blieben mehrere Wochen gefangen. Dieser Überfall war das auslösende Moment zur Morgartenschlacht, welche mit einer Niederlage für die Habsburger endete. Nach der Schlacht von Morgarten rissen die Schwyzer die Schirmvogtei über das Kloster Einsiedeln an sich. (Heute gehört Einsiedeln zum Kanton Schwyz)

1350 schloss das Kloster durch Vermittlung des Abts von Disentis Frieden mit Schwyz und verlor die Hälfte seines Besitzes.

1386 schloss Einsiedeln mit Zürich Burgrecht, worauf die Schwyzer mit Unterstützung der Luzerner in Einsiedeln einmarschierten. Das geschah im Zusammenhang mit der Auseinandersetzung mit den Habsburgern vor der Schlacht von Sempach. Einsiedeln kam zum Kanton Schwyz.

1394 traten die Habsburger die Schirmvogtei und Gerichtsbarkeit über die Leute von Einsiedeln an Schwyz ab, behielt sie aber über das Kloster.

1403 ist das Frauenkloster Au mit den «Waldschwestern» belegt, das vermutlich bereits im 13. Jahrhundert existierte.

1424 überliess König Sigmund den Schwyzern die Vogtei über das Kloster.

1452 befreite Papst Nikolaus V. das Stift von der Gerichtsbarkeit des Bischofs von Konstanz.

1465 dritter Klosterbrand

1493 wurde am Etzel Theophrastus Paracelsus geboren, der schon mit neun Jahren aus der Einsiedler Gegend fortzog und später die Medizin erneuerte. Sein Vater Wilhelm von Bombast zog mit dem Sohn nach Villach, als dieser neun Jahre alt war. Der Sohn studierte in Ferrara, wanderte durch Europa, lehrte in Basel, starb 1541 in Salzburg. Durch seine Mutter gehörte er dem Kloster als Untertan an (sie war eine Gotteshausfrau).

1509 vierter Klosterbrand

1516 wurde Ulrich (genannt Huldrych) Zwingli Leutpriester in Einsiedeln. Am Vorabend der Reformation lebten nur noch zwei Mönche im Kloster, die Seelsorge übernahm Zwingli.

1526 intervenierte der Schirmvogt Schwyz im Kloster Einsiedeln, zwang den Abt zum Rücktritt und holte einen neuen Abt aus St. Gallen: den Dekan Ludwig Blarer. Das Adelsprivilieg wurde abgeschafft.

1536 wurden erstmals Nichtadlige im Kloster aufgenommen.

1577 zerstörte der fünfte Brand das ganze Kloster.

1602 wurde die schweizerische Benediktiner-Kongregation in Einsiedeln gegründet.

1645 einigte man sich mit Schwyz im Streit über die Landeshoheit in Einsiedeln, dafür begann 1646 die Auseinandersetzung mit dem Bischof von Konstanz über die Jurisdiktion und die Befreiung von der Gerichtsbarkeit.

1664 wurde eine Buchdruckerei im Kloster eingerichtet.

1670 plante das Kloster die Entsumpfung der Moore und den Aufbau einer Heimindustrie für den Wohlstand der Bevölkerung, ab 1674 wurde gebaut in der Klosterkirche: Chor, Beichtkirche, Sakristei, und Besitz gekauft in Bellinzona (von den Jesuiten) und im Thurgau (Sonnenberg)

1704 begann der Neubau des Klosters, bis 1748 wurden die neue Klosterkirche, die Stiftsbibliothek und weitere Projekte realisiert.

1764 kam es zu sozialen Unruhen in Einsiedeln.

1782 schloss Einsiedeln Frieden mit dem Bischof von Konstanz.

1798 marschierten die Franzosen in Einsiedeln ein: Am 3. Mai besetzten sie Einsiedeln mit 6000 Soldaten unter General Schauenburg und beschlagnahmten das Kloster. Am 17. Mai erfolgte die formelle Aufhebung des Klosters, der Stiftbesitz wurde zum französischen Nationaleigentum erklärt. Der Abt und die meisten Mönche flohen nach St. Gerold in Österreich. Kirche und Kloster wurden geplündert, die prächtigen Pferde aus dem Marstall erfreuten die hohen Offiziere. Die Bibliothek wurde ausgeräumt. Das Gnadenbild der Maria wurde nach Paris geschickt und als Kopie identifiziert, denn: Die schwarze Madonna war schon vor der Ankunft der Franzosen in Sicherheit gebracht worden und auf abenteuerlichen Wegen durch Italien nach Österreich geschmuggelt. Die Franzosen zerstörten die Gnadenkapelle, und damit hörte die Wallfahrt nach Einsiedeln auf, und grosse wirtschaftliche Not machte sich bereit, die durch Tragung der Besatzungskosten nur grösser wurde.

1801 ergriff Napoleon 1801 in Frankreich die Macht. Das Amnestiegesetz vom 18. November 1801 erlaubte es den Konventualen, wieder ins Kloster Einsiedeln zurückzukehren. Die Mediationsakte Napoleons erklärte die Aufhebungsakte von 1798 als nichtig, das Kloster konnte neu erstehen – allerdings ohne das frühere Untertanenverhältnis. Einsiedeln wurde politisch selbständig.

1802 kehrten Mönche und Abt zurück ins ramponierte Kloster. Die alte Eidgenossenschaft existierte nicht mehr. Das Kloster blühte langsam wieder auf, die Stiftsschule erlebte einen Aufschwung, ebenso die Wallfahrt. Neue Klöster entstanden von Einsiedeln aus in Nord- und Südamerika

1804 wurde Einsiedeln ein schwyzerischer Bezirk.

1838 bedrängten soziale Wirren im Kanton Schwyz das Kloster.

1847 konnte das Kloster im Sonderbundskrieg seine Existenz retten, ein Jahr später wurde die Stiftsschule erweitert.

1852 wurden die ersten Mönche in die USA gesandt zur Gründung des Klosters St. Meinrad, weitere Gründungen in Übersee folgen (1893 in Devils Lake).

1861 wurde das 1000-Jahr-Jubiläum von St. Meinrad gefeiert.

1934 1000-Jahr-Jubiläum der Klostergründung.

1948 expandierte Einsiedeln nach Argentinien.

1984 besuchte Papst Johannes Paul II. Einsiedeln und weihte den neuen Hochaltar der Klosterkirche.

Dank

Grosser Dank geht *post mortem* an **Jimmi Rabenherz**, Plonk-Fan der ersten Stunde, der mit Rabenherz seine Begeisterung für Raben entdeckt hat und uns immer zu neuen Geschichten angespornt hat. Jimmi trug sogar eine Tätowierung des Raben Plonk, entworfen von Michèle, eine grosse Ehre für die zeichnende Co-Autorin. Jimmi Rabenherz hat seine Flügel ausgebreitet und ist mit seinen lieben Raben davongeflogen in schönere Gefilde. Vielleicht besucht er uns auf einer Zeitreise?

Natürlich gebührt auch diesmal **Petra Vogt**, einer Historikkollegin von Michèle, und **Christine Frank**, einer treuen Lektorin der Rabenherz-Bände, ein herzliches Dankeschön für die Durchsicht des Manuskripts und etliche Verbesserungsvorschläge.

Ein spezieller Dank geht an **Pater Daniel** vom Dekanat des Klosters Einsiedeln für Hilfestellungen bezüglich Daten und Fakten, die einen direkten Bezug zum Kloster Einsiedeln haben.

Literaturnachweis

Nach Titel:

- Abgestaubt! Fundstücke aus dem Bezirksarchiv Einsiedeln, Ausstellung, Hg. Susanne Bingisser, Einsiedeln 2016

- Benediktinerabtei Einsiedeln, Text Frater Bruno Greis, Strassburg 2002

- Die schwarze Muttergottes von Einsiedeln, Gnadenbild und Gnadenkapelle in der Geschichte, Hg. Kloster Einsiedeln, Einsiedeln 2020

- Die Stiftskirche Einsiedeln, Kunstführer, Text Georg Holzherr, Regensburg 2020

- Dr Tüfel isch lous: Einsiedler Fasnacht, Hg. Albert Bingisser und Madeleine Schönbächler, Einsiedeln 2004

- Einsiedeln im Umbruch 1798-1848, Hg. Madeleine Schönbächler-Bissegger und Walter Kälin, Einsiedeln 1997

- Zauberwahn & Wunderglauben: Amulette, ex voto und Mirakel in Einsiedeln, Ausstellung Museum Fram 2011-2012, Einsiedeln 2011/12

- Die Legende von Mönch Meinrad und seinen Raben: https://www.luzernerzeitung.ch/panorama/kloster-einsiedeln-die-legende-von-moench-meinrad-ld.128057

- Das Mauritius-Reliquiar: https://www.kath.ch/newsd/aus-marco-wurde-mauritius-zum-namenstag-gibts-im-kloster-einsiedeln-den-ehrenwein/

- Der heilige Meinrad: https://www.kloster-einsiedeln.ch/kloster/geschichte/heiliger-meinrad

- Paracelsus' Grab in Salzburg: https://www.sn.at/wiki/Paracelsus-Grab

Nach AutorInnen:

- Bosshard-Kälin, Susann: Leben im Kloster Fahr, Freiburg 2007

- Bosshard-Kälin, Susann: Im Fahr – die Klosterfrauen erzählen aus ihrem Leben, Baden 2018

- Böck, Hanna: Einsiedeln; das Kloster und seine Geschichte, Zürich und München 1989

- Eberle, Josef: Das alte Einsiedeln in Wort und Bild, Einsiedeln 1984

- Holzherr, Georg: Heiteres und Weiteres aus dem Klosterleben; Abt Georg erzählt Anekdoten aus dem Kloster Einsiedeln, Einsiedeln 2007

- Kälin, Wernerkarl. Die Waldstatt Einsiedeln; ein Führer durch Geschichte und Kultur, Einsiedeln 1983

- Möller, Renate: Salzburg, ADAC-Reiseführer, München 2017

- Salzgeber, Joachim: Das Kloster Einsiedeln, Einsiedeln 2006

Über die Autorinnen

Michèle Combaz Thyssen

Die Historikerin, die auch Russisch studierte, wurde am 28. September 1972 in Zürich geboren. Wenn Michèle Combaz Thyssen Ruinen und Burgen sieht, gerät sie in Begeisterung und recherchiert am Liebsten immersiv. Sie hat nebst Rabenherz die Scarabäus-Trilogie verfasst und drei Bilderbücher gezeichnet, auch gemeinsam mit ihren Töchtern. Darin verfolgt sie die Sehnsuchtsthemen Reisen und Suche (Quest), basierend auf eigenen Erlebnissen. Die Autorin arbeitete etliche Jahre als Journalistin und Geschichtslehrerin. Heute ist sie Fachlehrerin für Deutsch und Tanz.

Carole Enz

Die Biologin wurde am 3. August 1972 in Zürich geboren und interessierte sich schon früh für die Natur und fürs Schreiben. Als Vierzehnjährige brachte sie die Abenteuer des Rehbocks «Fao» zu Papier. Dieser Roman erschien allerdings erst 1997 und ist heute bei Sistabooks erhältlich. Mehrere Manuskripte folgten auf den ersten Streich, und meist spielt die Natur eine wichtige Rolle in ihren Büchern. Die Autorin arbeitete etliche Jahre als Biologin und erhielt dafür einen Doktortitel. Dann wechselte sie in den Wissenschaftsjournalismus. Heute ist sie in der Wissenschaftskommunikation tätig.

* * *

Die beiden Autorinnen haben sich vor über dreissig Jahren kennengelernt. Damals hätten sie wohl nicht gedacht, dass ihr gemeinsames Buchprojekt Rabenherz beinahe die literarische Schallmauer durchbricht, denn Band 10 ist bereits in Arbeit – und kein Ende in Sicht.

Weitere Bücher der Rabenherz-Autorinnen

Carole Enz, Michèle Combaz Thyssen
Rabenherz – Teil 1 – ISBN 978-3-907860-00-7
Rabenherz auf Schloss Neu-Bechburg – Teil 2
– ISBN 978-3-907860-14-4
Rabenherz und das Schwert von Glanzenberg – Teil 3
– ISBN 978-3-907860-22-9
Rabenherz im Banne der Pandemie – Teil 4
– ISBN 978-3-907860-23-6
Rabenherz – von der Engelsburg zum Teufelsberg – Teil 5
– ISBN 978-3-907860-24-3
Rabenherz – vom Ritter zum Cyborg – Teil 6
– ISBN 978-3-907860-25-0
Rabenherz auf der Route 66 – Teil 7
– ISBN 978-3-907860-26-7
Rabenherz und die weissen Hirsche von Rapperswil – Teil 8
– ISBN 978-3-907860-28-1

Lisa Thyssen
Magic Kids – Das Erwachen des Grauens – Teil 1
– ISBN 978-3-907860-27-4
Magic Kids – Dunkle Geheimnisse – Teil 2
– ISBN 978-3-907860-29-8
Magic Kids – Der einzige Weg – Teil 3
– ISBN 978-3-907860-31-1

Michèle Combaz Thyssen
Der Schlüssel des Scarabäus – Fantasy – ISBN 978-3-907860-01-4
Die Rache des Scarabäus – Fantasy – ISBN 978-3-907860-06-9
Die Tochter des Scarabäus – Fantasy – ISBN 978-3-907860-15-1
Die kleine Schildkröte, die gern fliegen wollte – Bilderbuch
– ISBN 978-3-907860-16-8

Lisa Thyssen, Michèle Combaz Thyssen
Kleiner Specht auf grosser Reise – Bilderbuch
– ISBN 978-3-907860-18-2
Little Bird on a Big Journey – Bilderbuch
– ISBN 978-3-907860-19-9

Lisa Thyssen, Désirée Thyssen, Michèle Combaz Thyssen
Das Abenteuer der Baum-Seele – Bilderbuch
– ISBN 978-3-907860-20-5

Carole Enz
Fao oder Der Aufschrei der Wildnis – Aus dem Leben eines Rehbocks – ISBN 978-3-907860-07-6
Waldkauz Hannu –
Tier-Fabeln – ISBN 978-3-907860-12-0
Psi oder Die letzte Hoffnung für Jado 2 – Science Fiction – ISBN 978-3-907860-03-8
Psi und das Geheimnis der Jado-Schattenblattpalme – Science Fiction – ISBN 978-3-907860-04-5
Psi und die Abgründe des Jenseits – Science Fiction – ISBN 978-3-907860-05-2
Sieben Leben, sechs Entscheide und ein Piraten-Kapitän – Fantasy – ISBN 978-3-907860-13-7
Leon – eine Rabenherz-Story
– ISBN 978-3-907860-32-8

Carole Enz, Jeannette Lagler
Rehkitz Rafael hat Angst vor dem Gewitter – Bilderbuch
– ISBN: 978-3-907860-17-5

Ebenfalls bei Sistabooks erschienen

Viktoria Abdai
Alle Wege führen in die Schweiz – Odyssee einer Exil-Ungarin
– ISBN 978-3-907860-02-1

Steffi Gmür
«Ich bin d'Steffi» – «Ich bin krank, und trotzdem ist mein Leben lebenswert!» – ISBN 978-3-907860-11-3

Harry Schneider
Bosco Quarino – Die Walser in Bosco Gurin
– ISBN 978-3-907860-08-3
Picchio Rosso – Schweizer Agententhriller im Zweiten Weltkrieg – Teil 1: ISBN 978-3-907860-09-0 / Teil 2: ISBN 978-3-907860-10-6

Thomi Eichhorn
Fördern – Wie Fördern gelingen kann (Fachbuch für Lehrkräfte)
– ISBN 978-3-907860-21-2

eBooks von Sistabooks

Etliche Sistabooks-Bücher sind auch in digitaler Form erhältlich, allerdings nicht über den Verlag, sondern in diversen Online-Shops.

www.sistabooks.ch